T0135693

Big Data – Der Umgang mit persönlichen Daten

Auswirkungen des potenziellen Missbrauchs personenbezogener Daten auf das Online-Nutzerverhalten im Gesundheitsbereich

eine Studie

von

Martin Adam

Bibliografische Information der Deutschen Nationalbibliothek

Die Deutsche Nationalbibliothek verzeichnet diese Publikation in der Deutschen Nationalbibliografie; detaillierte bibliografische Daten sind im Internet über http://dnb.d-nb.de abrufbar.

©Copyright Logos Verlag Berlin GmbH 2016
Alle Rechte vorbehalten.

ISBN 978-3-8325-4236-8

Logos Verlag Berlin GmbH
Comeniushof, Gubener Str. 47,
10243 Berlin
Tel.: +49 (0)30 42 85 10 90
Fax: +49 (0)30 42 85 10 92
INTERNET: http://www.logos-verlag.de

Inhaltsverzeichnis

Abkürzungsverzeichnis

App	Applikation Software (Anwendungssoftware im Bereich mobiler Betriebssysteme)
BSI	Bundesamt für Sicherheit in der Informationstechnik
Cyber Sec. Adv.	Advanced Computer Security Certificate Program
eGK	Elektronische Gesundheitskarte
G-BA	Gemeinsamer Bundesausschuss
gematik	Gesellschaft für Telematikanwendung der Gesundheitskarte mbH
HANA	High Performance Analytic Appliance
HIPAA / HiTech	Health Insurance Portability and Accountability Act/Act Enforcement Interim Final Rule
IT	Informationstechnik
Logs	Ereignisprotokolldatei; englisch log file
MVZ	Medizinisches Versorgungszentrum
NSA	National Security Agency
QS	Qualitätssicherung
SAP	Systemanalyse und Programmentwicklung
Telematik	Zusammensetzung aus Telekommunikation und Informatik

Abbildungsverzeichnis

Tabellenverzeichnis

1 Einleitung

1.1 Big Data als gesellschaftliche Herausforderung

Die gegenwärtige Vernetzung aller Lebensbereiche nicht zuletzt durch die Allgegenwärtigkeit des Internets führt zu vielen Fragen. Eine davon ist, wie die Bürger Kenntnis darüber bekommen können, welche ihrer Daten im Umlauf sind und wer was damit tut. In der Welt spielen unterschiedliche Protagonisten mit verschiedensten Interessen in verschiedenen Systemen dabei eine Rolle. So hat sich im Kapitalismus – begünstigt durch Machtinteressen von Militär, Geheimdiensten und Finanzwelt – eine eigene Realität der Datenströme entwickelt, in der Daten u. a. zu einer Ware geworden sind. Die zur Darstellung der Verflechtungen notwendigen Modelle sind allerdings „ […] eine Projektion einer komplexen Welt auf eine weniger komplexe Beschreibung – da mag man an Platons Schatten denken – und aus dieser Projektion ist die tatsächliche Komplexität der Welt nicht rekonstruierbar.“[1]

Zudem beeinflussen Illusionen über das Internet sowie ein immer besserer Lebensstandard einen großen Teil der deutschen Bevölkerung und insbesondere die Generation der sogenannten *Digital Natives.* Hedonismus und Subjektivität werden stetig genährt.[2] Das hat zur Konsequenz, dass die Betroffenen auch offensichtlich existierende Gefahren wie z. B. das Ausspähen von Daten, Identitätsdiebstahl, Internetbetrug, Verstöße gegen das Verbreitungsverbot oder den Jugendmedienschutz, Urheberrechtsverletzung, Cyber-Mobbing u. a. zuweilen verdrängen oder erst gar nicht erkennen.[3]

Damit haben sich in den vergangenen zehn Jahren des technologischen Fortschritts innerhalb der Gesellschaft Parallelwelten entwickelt. Das bezieht sich zum Einen auf die Welt derer, die in großem Maßstab und ohne Grenzen über das Internet personenbezogene Daten ohne jede Rücksicht auf die im deutschen Grundgesetz verankerte informationelle Selbstbestimmung sammeln, um ihre Geschäftsmodelle zu nähren. Und es geht zum Anderen um die Welt derer, die als Nutzer oder Konsumenten dazu beitragen, die maximale Datenoffenheit smarter Computer und Mobilgeräte zu bedienen und daran mitzuwirken, unbekannten Dritten Einsicht in das eigene Privatleben zu gewähren. Dies geschieht häufig nicht allein aus Gleichgültigkeit, sondern auch aus Mangel an Wissen über technische Machbarkeiten.[4] Dass diese Angst mancher Menschen vor permanenter Überwachung und dem Verdacht, sie könnten etwas zu verbergen haben, nicht gänzlich unbegründet ist, kann spätestens seit den Snowden-Enthüllungen nicht

---

[1] Helbing (2013), S. 268.
[2] Vgl. Frieling (2010), S. 31.
[3] Vgl. Frieling (2010), S. 38.
[4] Vgl. Buchmann (2013), S. 35f.

mehr angezweifelt werden. Es ergibt sich eine Gesellschaft „ ... in der Bürger nicht mehr wissen können, wer was wann bei welcher Gelegenheit über sie weiß.“[5]

Neu ist bei all dem aber nicht, dass u. a. Geheimdienste menschliche Kommunikationsströme in der Gesellschaft überwachen; neu ist, dass durch die Verschmelzung militärischer, privatwirtschaftlicher und öffentlicher Sphären die Auswertung, Aggregation und Verwendung von Daten *ökonomisch organisiert* ist.[6] Eine informationsorientierte Staatsform als verborgene Seite der Wissensgesellschaft entsteht, in der Privatunternehmen ihre Produkte partiell geheimdienstlich und Geheimdienste ihre „Produkte“ partiell privatwirtschaftlich herstellen. In Anbetracht dessen drängt sich der Verdacht einer fatalen gesellschaftlichen Vernachlässigung des *Datenschutzrechts* auf, sowohl auf staatlicher wie auch auf Seiten des Bürgers. Wurden das Internet und die damit einhergehenden potenziellen Gefahren nicht ernst genug genommen? Und wie konnte es passieren, dass sich in nur wenigen Jahren ein für die Demokratie und die Privatsphäre bedrohlicher Zustand wegen einer zu großen Freizügigkeit mit persönlichen Daten entwickeln konnte?

Die Antwort darauf heißt: Big Data.

Dies bezeichnet primär das Phänomen einer sich rasant entwickelnden *Technologie*, mit der selbst technikaffine Experten kaum noch Schritt halten können. Kleinerer räumlicher Bedarf für Speichermedien und ein sich alle vier Jahre verdoppelnder Speicherplatz sind Normalität und ermöglichen das Speichern von riesigen Datenmengen. Zu wirksamen Informationen werden diese Daten dann im weiteren Verlauf, weil “intelligente” Maschinen[7] mit von Menschen gemachten mathematischen Modellen und deren Algorithmen technisch überprüfbare Korrelationen analysieren, die so vor wenigen Jahren allein der technischen Beschränkung wegen gar nicht möglich waren. Die Technik ist sogar so weit entwickelt, dass sich aus ihr selbst heraus Emergenzen bilden – wie es Mathematiker oder Programmierer überhaupt nicht beabsichtigt hatten.[8] Das heißt, die Algorithmen sind so programmiert, dass sie sich von allein ohne das Zutun des Menschen optimieren. Das Ergebnis eines solchen automatisierten Optimierungsprozesses ist jedoch nicht vorhersehbar. Das macht eine Verwendung korrelationsgestützter Algorithmen bei der Verarbeitung personenbezogener Daten sowohl im öffentlichen wie auch kommerziellen Bereich umso effektiver. Und auf der *Anwenderseite* scheint einer „Generation Internet“[9] währenddessen das Gespür im Umgang mit den eigenen personenbezogenen Daten und für die Grenze zwischen Privatem und Öffentlichem abhanden gekommen zu sein.

---

5 Kotteder (2011), S. 36.
6 Vgl. Schirrmacher (2013), S. 274.
7 Vgl. Hofstetter (2014), S.12f.
8 Vgl. Pohle (2014), S. 96.
9 Gasser (2008), S. 63.

Die Debatte um den Schutz personenbezogener Daten, insbesondere vor dem Hintergrund der deutschen Geschichte unter dem nationalsozialistischen Regime und dem Ministerium für Staatssicherheit der DDR, ist nicht neu. Dies lässt sich z. B. bereits am Aufbegehren der Bevölkerung anlässlich einer im Jahre 1987 groß angelegten Volkszählung ablesen. Aus dieser Debatte heraus wurde der Begriff der *informationellen Selbstbestimmung* erschaffen, welche grundrechtlich durch das aus Art. 2 Abs. 1 i. V. m. Art. 1 Abs. 1 GG abgeleitete „Recht auf informationelle Selbstbestimmung" geschützt wird und wonach die „Befugnis des Einzelnen, grundsätzlich selbst über die Preisgabe und Verwendung seiner persönlichen Daten zu bestimmen"[10], gewährleistet werde. Außerdem macht ein 1998 beauftragtes Projekt zur Modernisierung des Datenschutzrechtes deutlich, dass sich die damalige Regierung unter Gerhard Schröder nach ihrem Antritt sehr wohl und mit gewissenhaftem Weitblick den noch verborgenen Gefahren des Internets insbesondere hinsichtlich personenbezogener Daten bewusst war. Das Gutachten zum Projekt wurde zwar im Sommer 2001 fertiggestellt, jedoch aufgrund der Terroranschläge auf das World Trade Center im September 2001 nie veröffentlicht.Denn der Staat musste sich seitdem die Option offen halten, aufgrund einer neuen politischen Lage, der Terrorbekämpfung, an so viel Kommunikationsdaten wie nur möglich zu gelangen. Dem stand eine Novellierung des Datenschutzgesetzes eher im Wege. Somit blieb es bei einem hoffnungslos veralteten Datenschutzgesetz, welches bereits zu dieser Zeit in keiner Weise mehr den gegebenen technologischen Machbarkeiten gerecht wurde.[11]

Es erscheint schwer nachzuvollziehen, dass Mitglieder einer in weiten Teilen gut gebildeten deutschen Gesellschaft bisher nicht dazu in der Lage waren oder sein wollten, eigenständig bestehende Angebote und Initiativen gegen den Missbrauch ihrer Daten auf freiwilliger Basis zu entwickeln. Hier hätte in den vergangenen Jahren bereits eine Chance bestanden, eine Ethik des Datenschutzes auch im digitalen Einflussbereich zu etablieren. Es hätte das Ausmaß der heutigen Dringlichkeit der Planung und Umsetzung eines IT-Sicherheitsgesetzes allein nach ministerialen Vorstellungen eingrenzen können.

Hinzu kommt eine nicht unerhebliche Schwäche des derzeitigen Gesetzesentwurfes eines IT-Sicherheitsgesetzes, welche in der Formulierung bereits zutage tritt. Denn der Entwurf bezieht sich allein auf die Sicherheit der bereits erhobenen Daten, nicht aber auf die Art und Umstände der Erhebung. So sollte IT-Sicherheit nicht allein dem Schutz von bestehenden Datenspeichern dienen, sondern bereits im Vorfeld auf private und öffentliche Leistungserstellung anwendbar sein. „Dem Gesetzentwurf ist nur beiläufig zu entnehmen, dass der Schutz des allgemeinen Persönlichkeitsrechts allgemein und des Datenschutzes speziell konkret ein zent-

[10] Schade (2009), S. 36.
[11] Vgl. Schaar (2009), S. 227.

rales Anliegen von IT-Sicherheit ist.“[12] Auch adressiert der Entwurf derzeit lediglich Bereiche wie Energie, Informationstechnik und Telekommunikation, Transport und Verkehr, Gesundheit, Wasser, Ernährung, Finanz und Versicherungswesen sowie deren Betreiber der aufgezählten und sogenannten kritischen Infrastrukturen. Der Bürger als Lieferant von Daten, die in diesen Strukturen verarbeitet werden, wird nur teilweise explizit geschützt. Somit ist zu befürchten, dass dieses Gesetz zwar ein wertvoller und notwendiger Anfang ist, jedoch in seiner Tragweite nicht dazu beiträgt, die Gesellschaft für die eigenen Daten und ihre Schutzbedürftigkeit im IT-Bereich nachhaltig zu sensibilisieren. Er ist in seinem Ansatz vom Schutz personenbezogener Daten, bevor sie in die Hände von Dritten geraten, so weit entfernt wie der Anwender von der Aufklärung und Wahrnehmung über die möglichen Missbrauchsquellen seiner Daten im Netz.

An dieser Stelle wird die vorliegende Untersuchung ansetzen: Direkt an der Quelle, die den Rohstoff des 21. Jahrhunderts[13] generiert - dem Bürger und User. Dabei soll es im Folgenden nicht darum gehen, Barrieren durch Datenschutz zu errichten oder auszubauen, denn den technologischen Fortschritt, die Entfaltung der Informationsgesellschaft kann, will und soll der Datenschutz keinesfalls aufhalten. Im Gegenteil: Das Datenschutzrecht soll diese dynamische Entwicklung mitprägen und sich vor allem mit ihr weiterentwickeln. Der Mensch soll darin allerdings Subjekt, nicht Objekt der Information sein.[14] Es werden also die Möglichkeiten beleuchtet, die sich dem Subjekt selbst bieten, um persönliche Daten zu schützen. Dabei fokussiert die Studie mit dem Thema „Big Data – der Umgang mit persönlichen Daten“ auf einen der gesellschaftlich umstrittensten Bereiche der kritischen Infrastruktur: Das *Gesundheitswesen*.

1.2 Gang der Untersuchung

Im folgenden Kapitel 2 wird ein umfassender Einblick in die möglichen Chancen bei den momentan bestehenden Risiken der Datenverarbeitung mit Big-Data-Technologie im Allgemeinen gegeben. Dabei wird neben den beteiligten Personen, Unternehmen und öffentlichen Körperschaften auf die technische Machbarkeit, deren juristische Voraussetzungen und gesellschaftliche Aspekte eingegangen. Diese kritische Darstellung der Chancen und Risiken von Big Data wird in Kapitel 3 auf den Kontext des Gesundheitswesens bezogen. In diesem Zusammenhang wird auch auf das sogenannte „privacy paradox“, also die Veröffentlichung eigener persönlicher Daten trotz einer Ablehnung deren freier Zugänglichkeit, eingegangen. Auch im Gesundheitsbereich spiegelt das die Ambivalenz zwischen der Inanspruchnahme umfangreicher Informations- und Hilfsangebote

[12] Weichert (2014), Online: https://www.datenschutzzentrum.de/presse/20140820-it- sicherheitsgesetz.htm (abgerufen am 06.11.2014).
[13] Mayer-Schönberger (2013), S. 24.
[14] Schaar (2009), S. 228.

einerseits und der Angst eigene Schwachstellen preiszugeben andererseits wider. Außerdem wird auf Widersprüche und Schwachstellen in der deutschen Gesetzeslage aufmerksam gemacht, welche meist kriminelle Datenmissbräuche durch „Big-Data-Verarbeitungsprozesse" im Gesundheitswesen befördern können, ohne jedoch mit der notwendigen Anpassung eines geeigneten Datenschutzrechtes einherzugehen.

Ziel und Interesse dieser Studie ist es, am Beispiel des Users im Gesundheitswesen zu erforschen, ob ein stärkeres Bewusstsein im Umgang mit eigenen personenbezogenen Daten im Sinne gesellschaftlicher Selbstverantwortung durch verbesserte Transparenz entsteht und welche Konsequenzen sich daraus ergeben. Auf dieser Erkenntnis aufbauend wird weiterhin untersucht, welches Maß an neuer gesetzgebender Regulierung für Datenschutz und -sicherheit für einen sachgerechten Lösungsansatz im Umgang mit Big Data notwendig erscheint. Im Spannungsfeld zwischen Datenschutz und unterschiedlich transparenten Anwendungsmöglichkeiten von Big Data scheint ein bewussterer Umgang der User mit ihren persönlichen Daten notwendig, gestützt durch bessere rechtliche Rahmenbedingungen. Die daraus resultierende zentrale Forschungsfrage dieser Studie lautet: *Stehen das zunehmende Wissen um die komplexen Möglichkeiten von „Big Data" und der mangelhafte gesetzliche Schutz personenbezogener Daten in erkennbarem Zusammenhang mit einem veränderten Verhalten von Nutzern von Online-Angeboten im Kontext Gesundheit?*

Um dieses bislang wenig systematisch erforschte Gebiet speziell im Gesundheitswesen sinnvoll untersuchen zu können, wendet sich die empirische Erhebung und Analyse im Rahmen der Studie an Experten aus verschiedenen Bereichen. Für die die wissenschaftlich fundierten Themenkreise des Theorierahmens – Gesundheitsmanagement, Datenschutz, Technik, Soziologie und Psychologie – wurden je zwei bis drei Personen befragt, die sowohl übergreifend mit Big Data Erfahrungen gesammelt haben als auch über Spezialwissen in ihrem Bereich verfügen.

Im Anschluss an die Durchführung der Forschungsinterviews erfolgt nach deren Transkription und dem Kodieren der Interviewtexte mithilfe eines deduktiv-induktiven Kategoriensystems eine quantitative Analyse der thematischen Schwerpunkte (Themenranking) im Antwortverhalten der Experten. Danach erfolgt eine inhaltlich strukturierende qualitative Inhaltsanalyse. Die Ergebnisse der empirischen Analyseschritte werden im Anschluss verwendet, um die offenen, den Themenkreisen zugeordneten Hypothesen zu beantworten. Diese Erkenntnisschritte führen aufeinander aufbauend sukzessiv zur Klärung der zentralen Forschungsfrage dieser Studie und münden in ein Fazit mit Ausblick im abschließenden Kapitel 6.

2 Das Phänomen Big Data

Im vorliegenden zweiten Kapitel werden Begriffe und Konzepte von Big Data und die dahinterstehende Technologie historisch rekonstruiert, um zu verstehen, wie die Entwicklung des Konzeptes und der Technik ablief und welches übergeordnete Ziel damit verfolgt wird. Da es sich bei Big Data bereits um ein gesamtgesellschaftliches Phänomen handelt, wird im Verlauf des dieses Kapitels ein fünfteiliges hierarchisches System der beteiligten Akteure mit ihren Zielen konstruiert, das mit dem Staat als gesetzgebende und die Gesellschaft umschließende Makroeinheit beginnt und mit dem für das Forschungsinteresse dieser Studie so wichtigen User als Mikroeinheit der Gesellschaft endet. Die an Big Data gesellschaftlich Beteiligten werden wiederum durch die Beschaffenheit der immanenten Technik (Datentypen, Analyseverfahren), durch den normativen Rahmen der herrschenden Gesetzgebung sowie durch allgegenwärtige ethische Diskurse in ihrer Motivation beeinflusst. Um dieses Ineinandergreifen besser nachvollziehen zu können, wird im Schlussteil dieses Kapitels eine Auseinandersetzung mit den Sphären und Instrumenten von Big Data vollzogen, um so den Kreis des Gesamtphänomens zu erschließen.

2.1 Begriff und Eigenschaften von Big Data

Der Begriff Big Data ist gewachsen und beruht auf Überlegungen und Konzepten, die bereits in der Antike zu finden sind. Neben der inhaltlichen Entwicklung hat Big Data auch einen dem technischen Fortschritt angepassten Verlauf genommen, der noch lange nicht abgeschlossen ist. Sowohl die inhaltliche als auch die technische Seite zielen ab auf eine übergeordnete Intention, deren Erreichung mit Big Data angestrebt wird.

2.1.1 Entwicklung der systematischen Datensammlung

Über den Ursprung des Begriffs „Big Data" und dessen genaue Definition wird seit Jahrzehnten debattiert. Bis in die 90er Jahre wurde darunter eine Informationsmenge verstanden, die zu groß für den Arbeitsspeicher des verarbeitenden Computers war.[15] Heute umschreibt Big Data neben Begriffen wie „Cloud", „Mobile", „InMemory" und „Social Media" im weiteren Sinne einen Trend in der IT-Branche. Die Menge der Informationen ist infolge einer exponentiell gewachsenen und stetig weiter steigenden Datifizierung noch größer geworden. Sie ist aber auch durch den technologischen Fortschritt der vergangenen zehn Jahre im Bereich der Spei-

[15] Vgl. Mayer-Schönberger (2013), S. 253.

cher- und Verarbeitungsmedien besser handhabbar geworden. Das heutige Big Data im engeren Sinne ist ein Synonym für diese Handhabbarkeit von Exabytes[16] und steht dazu für eine neue Qualität der Datenanalyse.[17]

Die westliche Kultur ist geprägt von der unter Aristoteles eingeführten Kategorisierung in der Wissenschaft. Er verfasste 350 v. Chr. enzyklopädisch geordnete Wissensbestände zu Themen der Forschung. Seine Unterteilung der Kausalität in vier Arten von Ursachen, auch aitia genannt, der Material-, Form-, Wirkungs- und Zweckursache ist philosophiegeschichtlich von großer Bedeutung – erst alle aitia eines Phänomens angeben zu können, bedeutete Wissen über diese Sache zu besitzen.[18]

Bereichert wurde die westeuropäische Kultur durch arabische Einflüsse, die auf griechischer Mathematik, Medizin und Philosophie sowie der arabischen Adaption indischer Mathematik und Ziffernschreibung beruhten. Durch Anwendung mathematischer Verfahren und einer schnelleren Berechnung konnten Informationen ab dem 15. Jahrhundert nicht nur aufgezeichnet und gespeichert, sondern auch analysiert werden. Festgelegte Regeln für die Buchhaltung sind erste Beispiele für standardisierte Aufzeichnungen. Als zusätzlich unterstützend erwies sich das durch den Franziskaner Mönch Pacioli im Jahre 1494 an Laien gerichtete „Lehrbuch der Mathematik und ihrer Anwendung in der Wirtschaft“.[19]

Parallel zur Weiterentwicklung der Datenaufzeichnung wurden auch *Messtechniken* für Zeit, Entfernung, Fläche, Rauminhalt und Gewicht immer präziser. Aus dem durch die Seefahrt erweiterten Reiseradius entstand die Idee, dass im Sammeln so vieler Daten, Informationen und Gegenstände wie möglich Vorteile liegen könnten. Man versuchte diese Daten nach bestimmten Kriterien zu klassifizieren. Dabei entstanden groß angelegte Datensammlungen und Auswertungen von gedruckten taxonomischen Kompendien. Der ausschließliche Fokus auf Taxonomie und Klassifikation wurde jedoch als leere Tätigkeit angesehen. So entstand ein Verlangen nach neuen Theorien, gerade auch solchen, welche die zeitliche Entwicklung der Natur abbilden sollten. Als zentraler Begriff kristallisierte sich 2.000 Jahre nach Aristoteles immer mehr die *Kausalität* heraus.[20]

Der amerikanische Matrose Maury kam 1840 dem eigentlichen Prinzip der Datenverarbeitung im Sinne des heutigen „Big Data“ unwissentlich sehr nahe: Er verknüpfte seine aus vielen unterschiedlichen Logbüchern separat gewonnenen Erkenntnisse. So gelang es ihm, aus anfänglich individuellen Einzelzuständen verschiedener Schiffsfahrten präzise Wahrscheinlichkeiten für Winde und Strö-

[16] **Exabyte** steht für eine Trillion (1018) Bytes, eine Milliarde Gigabyte, eine Million Terabyte, Tausend Petabyte.

[17] Vgl. Markl (2013), S. 9f.

[18] Vgl. Hennig (2009), S. 4.

[19] Vgl. Wußing (2008), S. 265.

[20] Vgl. Hagner (2013), S. 239.

mungen auf den Schiffsrouten zu berechnen. Er veröffentlichte dieses Wissen 1845 in dem Gesamtwerk „Wind- und Strömungskarten", anhand dessen die meisten Reisen drastisch verkürzt werden konnten.[21]

Die industrielle Revolution des 19. Jahrhunderts machte es erforderlich, verstärkt alltägliche Dinge wie Verhandlungsgespräche, Abläufe bei der Fertigung von Gütern oder auch personelle Krankheitsstände aufzuzeichnen, als Erinnerungshilfe, als Beweismittel oder als Hilfsmittel bei der Planung.[22] Weitere 100 Jahre später wurde mit der maschinellen Verarbeitung der Daten begonnen. Der erste Durchbruch der modernen Massenverarbeitung von Daten gelang in den USA bei der Volkszählung 1890/91 unter dem Einsatz von IBM Lochkarten. Diese Lochkarten ermöglichten es, die Selektions- und Sortierprozesse erheblich zu beschleunigen. In der Folge wurde die – stetig verbesserte – Lochstreifentechnik, die ursprünglich zur Steuerung von Webmaschinen entwickelt worden war, zunehmend in Bereichen der öffentlichen Verwaltung und auch in Großunternehmen zur *Verarbeitung von Daten* eingesetzt.[23] Die Kehrseite der neuen Technologie zeigt die Verwendung der IBM Lochkartentechnik unter dem NS-Regime Ende der 1930er Jahre, das erkannte, „ [...] welche Möglichkeiten die automatisierte Verarbeitung von Massendaten eröffnete, sei es bei der „rassischen" Erfassung der Bevölkerung in Deutschland und in den besetzten Ländern, sei es bei der Vorbereitung und Abwicklung der Judenvernichtung und des Euthanasieprogramms oder bei der logistischen Bewältigung der logistischen Herausforderungen des Angriffskrieges."[24]

Der Bau eines universell programmierbaren Computers durch Konrad Zuse im Jahre 1941 stellte ein digitales Mess- und Speichergerät zur Verfügung,[25] welches die *Datifizierung* von Informationen um vieles effizienter machte. Der Computer erweiterte auch die Möglichkeit, mit Hilfe mathematischer Analysen den in den Daten enthaltenen Mehrwert zu gewinnen. Die Digitalisierung wurde zum „Turbolader für Datifizierung".[26] Eine der Anwendungen der neuen technischen Möglichkeiten wird in der Nutzung als Airborne Warning and Control System, kurz: AWACS, auch als fliegendes Auge bekannt, deutlich. Es wird sowohl in militärischem als auch in zivilem Kontext eingesetzt[27] und folgt den klassischen drei Schritten der Datenanalyse von Big Data: „ [...]erstens, große Datenmengen aus nicht Kommensurablen sammeln, aggregieren und bewerten; zweitens, eine Lageanalyse und Prognose berechnen, und drittens, eine informierte Entscheidung treffen, um auf die Lage einzuwirken und sie zum eigenen Vorteil zu verändern."[28]

---

21 Vgl. Mayer-Schönberger (2013), S. 95ff.
22 Vgl. Schaar (2008), S. 37.
23 Vgl. Schaar (2008), S. 37.
24 Vgl. Schaar (2008), S. 38f.
25 Vgl. Bruderer (2012), S. 1ff.
26 Vgl. Mayer-Schönberger (2013), S. 106.
27 Vgl. Hofstetter (2014), S. 44.
28 Hofstetter (2014), S. 214.

Auch in der Finanzindustrie mündete die neue Technologie seit der Jahrtausendwende in ein algorithmisches Wettrüsten. Der Siegeszug von Handelsalgorithmen, des sogenannten Algorithmic Trading, und der ihnen zugrunde liegenden mathematischen Modelle wurde besonders durch die technische Entwicklung der vergangenen zehn Jahre befeuert: „We live and die by how well [the algorithms] perform."[29]

Als zeitgleich in den Naturwissenschaften, etwa der Astronomie oder Genetik, eine weiter gesteigerte Datensicherung möglich wurde, entstand der Begriff Big Data als semantische Einheit. Neu an diesem Big Data ist seine *Skalierbarkeit*, also die Übertragung seiner Anwendungen in jeden Lebensbereich, seit es eine hinreichende leistungsfähige technische Infrastruktur gibt, die es faktisch jedermann erlaubt, sich auf dem Feld der engmaschigen Überwachung und Kontrolle zu bewegen. Ob bei Facebook, Ratingagenturen oder Erbgutanalysen: Immer umfangreicher und detaillierter wird die Welt des 21. Jahrhunderts digitalisiert und so am Computer erforschbar. Doch je größer die Datenmengen, desto schwieriger sind darin verborgene Zusammenhänge zu erkennen.[30] „Big Data" als eine Kombination aus Speichern, Analytik und automatisierter Auswertung ermöglicht, diese Zusammenhänge zu entdecken und zu erforschen und verhilft damit Informationen in Form digitalisierter Daten zu einer neuen Erscheinung , einem neuen Wert.

2.1.2 Technische Grundlagen und Entwicklungspotenzial

Die Technik hinter bzw. zu einem Phänomen bewegt sich im Spannungsfeld zwischen „Wie?" und „Womit?". Zurückzuführen auf die Überlegungen von Platon und Aristoteles liegt dem Begriff einerseits das Kunstfertige einer Handlungsweise (Wie), andererseits aber auch das Mittelhafte einer Technik an sich (Womit) zugrunde. So teilt sich auch die Betrachtung der Technik im Zusammenhang mit Big Data in einerseits die Tätigkeiten des Sammelns und Verknüpfens (Wie) und andererseits die technische Basis in Form von Rechnerkapazitäten und anderen Anlagen (Womit).[31]

In Bezug auf das *Wie* stehen gesellschaftliche Veränderungen im Fokus, die mit der Art und dem Umfang der Datensammlung in Verbindung stehen: Die Gesellschaft hatte bisher zwei implizite Kompromisse geschlossen, die für das Handeln so selbstverständlich geworden waren, dass sie nicht mehr als Kompromisse angesehen wurden, sondern als natürlicher Zustand. Erstens wurde angenommen, dass nicht mehr Daten verwendet werden konnten als bisher, weshalb es auch nicht versucht wurde. Aber diese Einschränkung wurde im Kontext von Big Data immer unwichtiger und der Gewinn durch den Einsatz möglichst aller Daten

[29] Vgl. Economist (2005).
[30] Vgl. Schmid, S. 15.
[31] Vgl. Passoth (2008), S. 74f.

ist hoch. Der zweite Kompromiss betraf die Informationsqualität: Im Zeitalter der wenigen verfügbaren Daten war es vernünftig, bei Stichproben auf Exaktheit zu bestehen, weil die wenigen erhobenen Daten im Gegenzug so genau wie möglich sein mussten. In einer Reihe von Situationen, z. B. analytische Modellierungen mit Stichproben[32], wird das auch so bleiben, aber in vielen anderen Fällen ist rigorose Genauigkeit weniger wichtig als eine schnelle Sicht auf den generellen Trend. Unschärfe und Mehrdeutigkeit selbst in Bereichen, in welchen bisher Eindeutigkeit verlangt wurden, werden toleriert, wenn es dafür ein vollständigeres Gefühl für die Wirklichkeit gibt.[33]

Zur Betrachtung des *Wie* gehören aber auch die *Systematik der Datensammlung* und damit die Art der *Software*, die dazu verwendet wird. Denn auch sehr teure und komplexe Hardwaresysteme kommen nicht ohne eine strukturierende Software aus.[34] Ob MapReduce, Hadoop-Systeme oder NoSQL-Datenbanken, Big Data benötigt eine Softwarelösung für eine stringente Verarbeitung der verteilten Daten.

- Beim *MapReduce*-Verfahren werden die Daten in drei Phasen verarbeitet (Map, Shuffle, Reduce), von denen zwei durch den Anwender spezifiziert werden (Map und Reduce). Dadurch lassen sich Berechnungen parallelisieren und auf mehrere Rechner verteilen. Bei sehr großen Datenmengen ist die Parallelisierung unter Umständen bereits schon deshalb erforderlich, weil die Datenmengen für einen einzelnen Prozess (und das ausführende Rechnersystem) zu groß sind.[35]
- *Apache Hadoop* ist ein freies, in Java geschriebenes Framework für skalierbare, verteilt arbeitende Software. Es basiert auf dem MapReduce-Algorithmus von Google Inc. sowie auf Vorschlägen des Google-Dateisystems und ermöglicht es, intensive Rechenprozesse mit großen Datenmengen (Big Data, Petabyte-Bereich) auf Computerclustern durchzuführen. Applikationen können mit Hadoop komplexe Computing-Aufgaben auf viele Rechnerknoten verteilen und Datenvolumina im Petabyte-Bereich verarbeiten.[36]
- *NoSQL* hingegen ist ein Datenbank-Typus, der von der herkömmlichen relationalen Datenbankstruktur abweicht und auf kein festes Datenbankschema setzt. Somit werden Tabellenverknüpfungen, die viel Rechenzeit beanspruchen, vermieden.[37]

[32] Vgl. Stedman (2014), S. 1.
[33] Vgl. Mayer-Schönberger (2013), S. 64.
[34] Vgl. Zacher (2013), S. 3f.
[35] Vgl. Lämmel (2012), S. 3f.
[36] Vgl. Hadoop (2015), S. 1.
[37] Vgl. Bagnoli (2012), S.46.

Auch das *Womit* unterlag einer steten Entwicklung, um Big Data zu ermöglichen: In Bezug auf die *Hardware* umfasst die Entwicklung riesige Datenbanken und die schnelle technologische Weiterentwicklung von Datenspeicherung und -analyse kombiniert mit sinkenden Preisen für Datenspeicher.[38] Bezeichnend für Big Data ist eine neue Art der Datenkomplexität. Handelsübliche Datenbanksysteme sind nicht mehr länger in der Lage den Anforderungen von Daten im Kontext von Big Data hinsichtlich ihres Volumens (volume), ihrer Rate (velocity), Heterogenität (variety) und Qualität (veracity) gerecht zu werden.[39]

Das Internet bedeutet als *Infrastruktur* für Big Data, was die Digitalisierung für die Datifizierung war. Über die zahlreichen Dienste wie z. B. E-Mail, Internet, Telenet, Usenet, FTP werden unfassbare Datenmengen über den Internetzugang von immer mehr Geräten generiert. Waschmaschinen, Digitalkameras oder auch Fahrscheinautomaten sammeln selbstständig Informationen über Standort, Zeit, Datum oder Benutzeraktivitäten und geben die Daten an das „Internet der Dinge" ab.[40] Eine entscheidende Rolle dabei spielt auch der Mensch, denn seine Online-Aktivitäten machen einen großen Teil der gesammelten Daten aus. Er twittert, blogged, posted, sucht Wege mit Hilfe von Navigationsgeräten, überweist online oder kauft Kleidungsstücke im Internet. Dadurch füttert der User bewusst oder unbewusst das Internet mit Informationen.[41] Alle Facebook-User geben z. B. zusammen pro Tag etwa drei Milliarden Kommentare oder „Gefällt mir" Klicks ab; die digitale Spur, die sie so hinterlassen, kann der Konzern Facebook Inc. auswerten, um die Vorlieben einzelner Kunden zu erfassen.[42]

Im Zuge dieser technischen Entwicklung findet außerdem ein wissenschaftlicher Paradigmenwechsel statt, der weg von der Kausalität und hin zu mehr Korrelation führt. Auf der Grundlage immer umfangreicherer Daten und Informationen, die verknüpft werden können, ist nun eine Abkehr vom hypothesenbasierten Ansatz möglich, der durch eine datenbasierte Herangehensweise ersetzt wird.[43] „Das besondere bei Big-Data-Analysen ist vor allem die neue Qualität der Ergebnisse aus der Kombination bisher nicht aufeinander bezogener Daten."[44] *Korrelationen* beziffern eine statistische Beziehung zwischen zwei unterschiedlichen Datenpunkten.[45] Dabei basiert die Korrelationsanalyse auf einem durch Mathematiker im Vorfeld entwickelten Algorithmus, durch den ein Beziehungsgeflecht von Bedingungen und Zuständen präzise festgelegt wird und der selbiges idealerweise auf-

[38] Vgl. Statista (2014).
[39] Markl (2013), S. 9.
[40] Vgl. Heilmann (2013), S. 7.
[41] Vgl. Heuer (2013), S. 3.
[42] Vgl. Dülsner (2014), S. 3.
[43] Vgl. Mayer-Schönberger (2013), S. 74.
[44] Langkafel (2014), S.12.
[45] Vgl. Mayer-Schönberger (2013), S. 70.

grund eines technischen selbstlernenden Verbesserungsprozesses optimiert.[46] Da die Knappheit der Daten kein Hindernis mehr darstellt, können aufgrund dieser weiterentwickelten Analysetechniken nun auch nichtlineare Zusammenhänge in Daten erforscht werden, z. B. Wochenarbeitszeit und Gesundheit. Immer mehr Methoden zur Korrelationsanalyse werden durch neuartige Ansätze und Softwareanwendungen darin unterstützt und erweitert, diese nicht-kausalen Zusammenhänge in Daten aus vielen unterschiedlichen Blickwinkeln feststellen zu können – ungefähr so, „ [...] wie ein kubistischer Maler das Gesicht einer Frau aus mehreren Perspektiven gleichzeitig darzustellen suchte."[47]

Die Analyse von Big Data erfordert die Speicherung und Verarbeitung von riesigen Datenmengen im Terabyte- oder Petabyte-Bereich. Dafür wird eine Vielzahl unterschiedlicher Datenquellen in die Datenanalyse einbezogen, welche Daten in unterschiedlichsten Formaten und Qualitäten bereitstellen (z. B. Zeitreihen, Tabellen, Textdokumente, Bilder, Audio- und Videodatenströme), während die Entscheidungszeitfenster, in denen Analyseergebnisse bereitgestellt werden müssen, dabei immer kürzer werden.[48] Hinzu kommt, dass Dinge, die zuvor nicht als Informationen betrachtet worden wären, heute datifiziert werden können, etwa der Standort eines Menschen, die Vibration eines Motors oder die Atemfrequenz eines Neugeborenen.[49] Eine Prognose des International Data Corporation (IDC) geht von einem weltweiten Wachstum des Datenvolumens von derzeit 8.000 Exabyte auf 40.000 Exabyte im Jahre 2020 aus.[50] IT-Megatrends wie Mobile Apps und Location-Based Services, Cloud Computing, M2M oder Social Media befeuern dabei unaufhaltsam das Datenwachstum.[51] Dabei ist die Speicherung großer Datenmengen in eigens dafür entwickelten Datenbanken nur die Vorstufe zur Multi-Sensordatenfusion, die rohe Daten zu brauchbarer Information und darüber hinaus zu einer optimalen Entscheidung veredelt. Die eigentliche Meisterleistung der Datenfusion besteht darin, unterschiedliche und völlig heterogene Daten – Text, Bilder, Zahlen, Spektralbereiche – zu einer neuen Information zusammenzuführen.[52]

Ein praktiziertes Beispiel für Korrelationen findet sich im amerikanischen Gesundheitswesen. Dort kommt eine Software zum Einsatz, welche Patientendaten in Echtzeit aufzeichnet und verarbeitet. Sechzehn unterschiedliche Datenströme wie zum Beispiel Herztätigkeit, Atemfrequenz, Körpertemperatur, Blutdruck etc. ergeben insgesamt ca. 1.260 Datensätze pro Sekunde. Ein solches System hilft beispielsweise dabei, Zustandsveränderungen Frühgeborener 24 Stunden vor dem

[46] Hofstetter (2014), S. 134f.
[47] Mayer-Schönberger (2013), S. 81.
[48] Markl (2013), S. 9.
[49] Vgl. Mayer-Schönberger (2013), S. 24.
[50] Vgl. Statista (2014).
[51] Vgl. Kleinemeier (2013), S. 5.
[52] Vgl. Hofstetter (2014), S. 72.

Sichtbarwerden von Symptomen zu identifizieren. Dieses Frühwarnsystem ermöglicht es Ärzten, Infektionen schneller und mit leichteren Medikamenten behandeln zu können und verrät ebenso schnell die Wirksamkeit einer Behandlung.[53] Die Übertragung dieser Methode auf mehr Patienten und Krankheiten ist daher sehr wahrscheinlich. „Um es deutlich zu sagen: Big Data kann Leben retten."[54]

In allen Big-Data-Analysen ermöglichen es die durch Mathematiker entwickelten *Algorithmen* auf der Suche nach der geeigneten Information die Komplexität aus der Fülle von Daten zu nehmen und eine geeignete Zusammenfassung und Bewertung zu liefern.[55] Algorithmen besitzen unterschiedliche Qualitäten. Sie unterscheiden sich vor allem in ihrer Arbeitsweise und letztlich in ihrer Geschwindigkeit. Für Unternehmen sind sie von so hohem Wert in Hinblick auf Big-Data-Analysen, dass hierfür ständig gute Programmierer gesucht werden und so bereits die Berufsgruppe eines *Algorithmikers* im Raum steht.[56]

2.1.3 Übergeordnetes Ziel

Aus der Übertragbarkeit von Big-Data-Anwendungen auf fast jeden Lebensbereich ergibt sich eine breite Palette von Einzelzielen, die sich aus dem jeweiligen Standpunkt des Betrachters bzw. Nutzers ergeben. So zeigt eine Studie von McKinsey[57] die Möglichkeiten weiterer *Einsparungen* durch Big Data z. B. in Marktforschung, Verwaltung und Produktentwicklung. Prognosen zufolge lassen sich mit Big-Data-Lösungen schon innerhalb der ersten Jahre branchenweit Milliarden einsparen. Übergeordnetes Ziel bleibt dabei natürlich immer, aus Daten automatisiert Informationen zu extrahieren, die nicht auf den ersten Blick erkennbar sind, und aus Informationen neue Erkenntnisse und entscheidungsrelevantes Wissen abzuleiten.[58]

2.2 Big-Data-Akteure und deren Ziele

Big Data findet auf unterschiedlichen Ebenen und mit unterschiedlichen Beteiligtenkreisen statt. So soll der Staat als normgebende Instanz ebenso beschrieben werden wie die Gesellschaft als Werteumfeld. Abseits der Normen und Werte wird Kriminalität im Zuge unkontrollierter Datenmengen ebenso zum Problem wie manche Geschäftsidee von Unternehmen. In diesem Umfeld bewegt sich der User, der durch sein Verhalten seine persönlichen Daten mehr oder minder gut behütet.

[53] Mayer-Schönberger (2013), S. 79f.
[54] Mayer-Schönberger (2013), S. 80.
[55] Vgl. Göhmann (2014), S.22.
[56] Vgl. Mayer-Schönberger (2013) , S. 127.
[57] Manyika, et al. (2011), S.3ff.
[58] Vgl. Bachmann, S. 47.

2.2.1 *Der Staat als Gesetzgeber*

Der Staat, mit dem im Folgenden die Staatsgewalt, gebildet aus den Gewalten Legislative (Gesetzgebung), Exekutive (ausführende Organe und Institutionen) und Judikative (Rechtsprechung, Gerichte) gemeint ist,[59] hat an vielen Stellen Anknüpfungspunkte zu Datensammlung und Big Data. Praktisch alle gesellschaftlichen Bereiche sind mit staatlichem Handeln verknüpft, vom Gesundheitswesen über die Sozialversicherung bis hin zu Bildung und Wissenschaft. Vom Staat wird erwartet, dass er für Gerechtigkeit sorgt und die Bürger vor äußeren Bedrohungen schützt. Er fördert außerdem die Kultur und reguliert die Medien und vieles mehr. Alle Aufgaben sind mit der Verarbeitung von Daten und Informationen verbunden.

Um der klassischen Aufrechterhaltung öffentlicher Sicherheit und Ordnung gerecht zu werden, führte bereits der preußische Staat 1817 erst ein „Allgemeines Pass-Edikt", welches lediglich für Ausländer galt, ein. 1842 wurde daraus eine allgemeine Meldepflicht für jeden Neuhinzugezogenen, welche auf das gesamte deutsche Reich übertragen und unter den Nationalsozialisten 1938 mit einer Reichsmeldeverordnung vollendet wurde.[60] Dass die Verfügbarkeit solcher personenbezogenen Daten mögliche Missbräuche begünstigen kann, steht in Deutschland seit der Überwachung durch die SS und später durch die Staatssicherheit in der DDR außer Frage. Regierungen haben grundsätzlich das Instrumentarium, um in die Privatsphäre des Einzelnen eindringen. Dazu brauchte es keine Computer und kein Internet. Allerdings ist es über das Internet auch für Behörden sehr viel leichter geworden, systematisch und strukturiert Informationen über den Einzelnen zu sammeln.[61] Nicht zuletzt der Prism-Skandal 2013[62] zeigt, dass das Thema Überwachungsstaat noch nicht am Ende ist.

Jedoch darf man sich nicht darüber hinwegtäuschen lassen, dass vom Militär 1977 in den USA ein in den Jahrzehnten zuvor ausgereiftes „Big-Data-System unter hoheitlicher Ägide"[63], das Airborne Warning and Control System (AWACS), unter deutscher wissenschaftlicher Beihilfe entwickelt wurde. Angesichts des „Kalten Krieges" sollte dieses System insbesondere dem Schutz der Bevölkerung der NATO-Länder dienen. Es legte aber auch den technischen Grundstein für „Fehlinterpretationen" und Missbrauch durch Geheimdienste wie die NSA, deren Agieren in Konflikt mit dem westlichen Verständnis eines demokratischen Rechtsstaates geriet.[64]

---

[59] Vgl. Schaar (2009), S. 90.
[60] Vgl. Schaar (2009), S. 99.
[61] Vgl. Buchmann (2014), S. 2f.
[62] Vgl. Der Standard (2014). S. 2. PRISM: ist ein seit 2005 existierendes und als Top Secret eingestuftes Programm zur Überwachung und Auswertung elektronischer Medien und elektronisch gespeicherter Daten.
[63] Hofstetter (2014), S. 44.
[64] Vgl. Hofstetter (2014), S. 44.

Staatliche Organe erheben z. B. über Formulare, Kameras und neuerdings auch über den sogenannten Bundes-Trojaner, einem vom Bundeskriminalamt entwickelten Spähprogramm gegen kriminell Verdächtige,[65] Daten. Der Staat ist Inhaber und Betreiber von Datenbanken zur Sozialversicherung, von Kriminalitätsstatistiken, Informationen zur Mobilität und vielem mehr. Dem Bürger ermöglicht das u. a. ordentlich wählen zu können, denn jeder registrierte Wahlberechtigte wird aufgrund der vorhandenen Daten persönlich angeschrieben. Als Zuwendungsempfänger kann er materielle Leistungen in Anspruch nehmen, als Verkehrsteilnehmer benutzt er öffentliche Wege und beansprucht zugleich vom Staat die Gewährleistung der Verkehrssicherheit und als einer Straftat Verdächtiger steht er im Visier von Strafverfolgungsbehörden. Die Datenerhebung ermöglicht auch die für das Gemeinwesen notwendige Erhebung von Steuern und Sozialversicherungsbeiträgen und trägt zu einem im internationalen Vergleich sehr guten und derzeit funktionierenden Gesundheitswesen bei.[66]

In vielen dieser Bereiche wirtschaftet der Staat jedoch defizitär und sieht sich nun in der Verantwortung zu sparen. Vor dem Hintergrund geteilter wissenschaftlicher Positionen zur Wirtschaftsfreundlichkeit einer Austeritätspolitik[67] kann Sparen auf Dauer jedoch nicht nur die Kürzung von Ausgaben bedeuten, sondern sollte durch eine sinnvolle Optimierung von Prozessen und einer daraus möglichen Ressourcensparsamkeit ergänzt werden.[68] An dieser Stelle setzen die Vorteile von Big Data für den Staat und seine Bürger an. So geht die Unternehmensberatung McKinsey in einer Studie davon aus, dass sich in der öffentlichen Verwaltung in Zukunft bis zu 20 % der Ausgaben einsparen lassen.[69] Die durch den Bundesrechnungshof bereits identifizierten Handlungsfelder sind dabei "Sicherheit und Kriminalitätsbekämpfung" (Einsatzplanung von Feuerwehr, Rettung und Polizei), "Services für Bürger und Unternehmen" sowie die "Modernisierung der Gesetzgebung" etwa durch Szenario Analyse[70]. Weitere Handlungsfelder wurden bei "Wirtschaft und Arbeit", z. B. bei der Steuerung des Arbeitsmarktes, in der "staatlichen Infrastruktur" (Steuerung des öffentlichen und individuellen Verkehrs) sowie in Sachen "Effizienz und Verwaltungsreform" (Optimierung von Verwaltungsprozessen) identifiziert. Die Rechtswissenschaftlerin und Autorin Yvonne Hofstetter sieht hier sogar das Potenzial für eine „soziale Informationsökonomie".[71]

---

[65] Vgl. Schaar (2009), S. 100ff.
[66] Vgl. Schaar (2009), S. 100.
[67] Vgl. Blyth (2014), S. 34ff.
[68] Vgl. Blyth (2014), S. 55.
[69] Vgl. Manyika, et al. (2011), S.54.
[70] Vgl. Mißler-Behr (1993), S. 9ff. Die Szenario Analyse ist eine Analysemethode aus dem Bereich der Betriebswirtschaftslehre (Innovationsmanagement) zur nachvollziehbaren Prognose künftiger Entwicklungen.
[71] Vgl. Hofstetter (2014), S. 284.

Big Data stellt also in vielerlei Hinsicht eine große Chance für den Staat dar. Leider ist das Vertrauen vieler Bürger seit dem NSA Skandal empfindlich gestört. Dies belegen Zahlen einer Bitkom Studie von 2014, wonach die Erwartungshaltung der deutschen Bevölkerung, dass der Staat sich verstärkt um den Datenschutz im Internet kümmern sollte, von 44 % in 2009 auf 15 % in 2014 abgenommen und sich damit mehr als halbiert hat.[72] Lediglich ein Drittel traute 2014 der deutschen Bundesregierung noch einen verantwortungsvollen Umgang mit dem Internet zu.[73] Nachrichten über „staatliches Hacking" vor dem Hintergrund von Terrorismus und Kriminalität oder eine bis dato weitgehend intransparente Datenerhebung über Systeme wie ELENA (elektronisches Entgeltnachweis-Verfahren) befördern den Trend der Verunsicherung und des Misstrauens. Eine Möglichkeit, dem Bürger hier Ängste vor Missbrauch seiner Daten zu nehmen und von möglichen Vorteilen der Datenspeicherung und -verarbeitung im öffentlichen Interesse zu überzeugen, könnte die Open Government Initiative sein, die seit 2014 in den USA im öffentlichen Bereich praktiziert wird. Dabei werden jene Datenbestände des öffentlichen Sektors, die im Interesse der Allgemeinheit stehen, ohne jede Einschränkung im Sinne eines Open Government frei zugänglich gemacht.[74]

2.2.2 *Die Gesellschaft als Normgeber*

Die Gesellschaft eines Staates wird formiert von seinen Bürgern, deren Verhalten, Werten, Vorstellungen und Forderungen. Vor dem Hintergrund der jüngeren deutschen Geschichte befasst sich beispielsweise seit Jahrzehnten die Gauck- bzw. später Birthler-Behörde damit, aufzuklären, welche Informationen genau durch den Staatssicherheitsdienst der DDR über wen zusammengetragen wurden, um dem Unbehagen der verdeckt gesammelten Daten entgegenzuwirken. Gleichzeitig aber sind die Bürger, die das „ [...] teilweise sogar noch großartig finden"[75], heute freizügiger denn je mit ihren persönlichen Daten im Internet. Durch den erheblichen Aufstand in der Bevölkerung der damaligen Bundesrepublik Deutschland gegen die Volkszählung 1987 ergab sich das nun im Grundgesetz verankerte „Recht auf informationelle Selbstbestimmung". Als 2011 eine erneute Volkszählung im heutigen Deutschland durchgeführt wurde, gingen gerade einmal 10 kritische Eingaben im Freistaat Bayern bei dessen Datenschutzbeauftragten ein. So lässt sich in jedem Fall ein Mentalitätswandel in der deutschen Gesellschaft feststellen.[76]

---

[72] Bitkom (2014b). S. 26.
[73] CIGI-IPSO Global Survey (2014).
[74] Vgl. Verhofstadt (2014), S. 2.
[75] Hofstetter, S. 212.
[76] Vgl. Beck (2011), S. 2.

Es hat ein Paradigmenwechsel stattgefunden von einer englischen „My home is my castle"-Attitüde zu einem Grundsatz amerikanischer Informationsfreiheit.[77] Zweifelsohne ist das Internet und darin ganz besonders Suchmaschinen wie Google[78] ein bedeutender Einflussfaktor auf das gegenwärtige Allgemeinverhalten, der dabei hilft, unkompliziert und schnell an gewünschte Informationen in einer schnelllebigen und reizüberfluteten Gesellschaft zu gelangen. Dass Google sich dies über das Erfassen persönlicher Daten und anschließender Big-Data-Analysen zur Profilierung von personellen Suchgewohnheiten teuer bezahlen lässt, scheint offensichtlich eine überwältigende Mehrheit zu tolerieren, solange der Dienst für den User selbst kostenlos ist (s. Kap. 2.2.5). *Googeln* ist tatsächlich schon ein anerkanntes Synonym für „digitales Suchen" geworden, es ist Bestandteil des Deutschen Dudens und somit auch Teil der deutschen Identität und Kultur geworden, denn „Sprache ist ein wesentlicher Bestandteil einer Kultur."[79]

Moralisches Verhalten wird als etwas betrachtet, für das jeder Einzelne selbst die Verantwortung trägt. Es gibt keinen „von oben" gesetzten moralischen Kanon mehr. Moral kommt „von unten"[80], wobei es dennoch einen Konsens über wichtige Grundwerte wie Sicherheit, Geborgenheit und Verantwortung gibt.[81] Dennoch sind Geld und die Individualität des Einzelnen in einer finanzorientierten postmodernen Gesellschaft das Maß aller Dinge.[82] Jedoch wird der fortwährende Wunsch nach Orientierung und die damit verbundene Rückbesinnung auf „die alten Werte"[83] – auch im Sinne einer Schutz versprechenden kollektiven Zugehörigkeit[84] – nun durch das Internet als virtuellem Raum der Begegnung und insbesondere durch das Konzept sozialer Medien bedient.

Wer in der Masse an weltweiten Usern seine eigene Identität bewahren will, muss die meist einheitliche Benutzeroberfläche mit möglichst vielen persönlichen Daten anreichern. Das User-Profil ist „[...] sozusagen Werbung in eigener Sache. Individualität kann hier so weit getrieben werden, wie es der Einzelne wünscht, bei gleichzeitiger Zugehörigkeit zu einer riesigen Gemeinschaft, in einem genormten Einstellraster."[85] Die zunehmende Mobilität des Internets und die Konvergenz mehrerer Dienste in einem mobilen Gerät führen zudem weg von der bisherigen Ortsgebundenheit hin zur Personengebundenheit (s. Kap. 2.3.1). Es ermöglicht dem Menschen zudem das Einfangen spontaner Momente in Echtzeit und erhöht damit die Wahrscheinlichkeit, besonders individuelle Momente innerhalb und mit

---

[77] Vgl. Beck (2011), S. 2.
[78] Vgl. SEO Studie (2015):Google besaß in Deutschland im Januar 2015 einen Marktanteil bei Nutzung von Suchmaschinen von über 94 %.
[79] Vgl. Edel (2010), S.34f.
[80] RAL Studie (2014), S. 5.
[81] Vgl. GfK Studie (2015), S. 1.
[82] Vgl. RAL Studie (2014), S. 4.
[83] Vgl. RAL Studie (2014), S. 5.
[84] Vgl. Kielholz (2008), S. 60.
[85] Vgl. Ross (2014), S. 2.

der Gemeinschaft teilen zu können.[86] Dass Rückmeldungen bei Facebook nur Bestätigungen durch „liken" darstellen, gilt schon als selbstverständlich, und da es sich in der Regel um Freunde handelt, darf in den meisten Fällen auch mit positiven Kommentaren gerechnet werden. Dies steigert neben dem Gefühl der Individualität auch noch das Selbstwertgefühl und bestätigt zudem das Vertrauen, welches man mit der Preisgabe persönlicher Momente in die Freunde setzt.[87] Dass es in den meisten sozialen Netzwerken eine standardisierte Maske gibt, jeder ein Konto eröffnen kann und der Vorwurf von Scheinindividualität durch Gleichschaltung im Raum steht, tut dem Maß gefühlter Individualität bei den Mitgliedern aufgrund der Diversität der Einträge keinen Abbruch.[88]

Auch die immer wieder neu aufflammende Debatte um Datenschutzrichtlinien lässt die User größtenteils unbeeindruckt. 64 % deutscher Onlinenutzer wären sogar bereit ihre persönlichen Daten für 20 Euro-Gutscheine zu verkaufen (s. Kap. 2.2.5). Und die Zahl aktiver Mitglieder steigt stetig weiter. Die meisten sozialen Netzwerke benötig(t)en dafür noch nicht einmal Werbung im klassischen Sinne wie durch Anzeigen oder Plakate, denn ihr Nutzen verbreitet sich viral über Mund-zu-Mund-Propaganda.[89] Der aktive Nutzer avanciert zu einem für das Netzwerk „ehrenamtlichen" Markenbotschafter und in seiner Peergroup zum Meinungsführer und Multiplikator der Vorteile des Netzwerkes.[90] 60 % aller Facebook-Nutzer würden ihr Profil erst ab 500 € löschen. Diese hohen finanziellen Beträge unterstreichen nochmals die Wichtigkeit der Netzwerkaktivitäten für Ihre Nutzer.[91]

Um das Bild jedoch komplett zu zeichnen, sei an dieser Stelle darauf hingewiesen, dass aufgrund der Popularität von Onlinediensten die Grenzen zwischen *freiwilliger* Partizipation und Konformitätsdruck, aus Angst vor sozialer Isolation und vor beruflicher Benachteiligung, immer mehr verwischen.[92] Beidem gemein ist, dass Big Data währenddessen unaufhörlich mit persönlichen Daten gefüttert wird, so oder so: „Interaktionssysteme im Sinne von Gesprächskreisen aller Art (Partytalk, Seminargruppen, Gremiensitzungen) regen sich darüber auf, dass sie nicht wissen, was ihnen mit Big Data bevorsteht, füttern jedoch zugleich die Social Media, die wiederum darüber Auskunft geben, worüber sie sich aufregen können."[93] Selbst vor Einrichtungen in übergeordneten Bereichen wie Behörden, Unternehmen, Krankenhäusern, Armeen und Vereinen macht dieser digitale Konformitätszwang nicht halt. Sie „[...] wehren sich [...] gegen die Subversion ihrer Kompetenzprofile durch Datenspeicher, können aber mit ihrer Konkurrenz nur mithalten,

86 Vgl. Hoever (2012), S. 1.
87 Vgl. Hoever (2012), S. 3.
88 Vgl. Hoever (2012), S. 3f.
89 Vgl. Hoever (2012), S. 3f.
90 Kirchgeorg (2015), S. 1.
91 Vgl. Burda Studie zu sozialen Netzwerken (2014).
92 Vgl. Frieling (2014), S. 9.
93 Baecker (2014), S. 172.

wenn sie diese Subversion zugleich mitbetreiben. Funktionssysteme wie die der modernen Gesellschaft (also Politik und Wirtschaft, Kunst und Erziehung, Recht und Religion, Wissenschaft und Massenmedien) verlieren schließlich im selben Maße die Anschlusssicherheit ihrer Operationen, wie sie sich zur Bewahrung und Steigerung dieser Anschlusssicherheit auf die Unterstützung ihrer Kalküle durch Datenbestände und Algorithmen einlassen."[94]

Mit Big Data können allerdings auch Vorteile für die Gesellschaft entstehen, ohne dass sie sich zwangsläufig in eine Totalüberwachung oder Optimierungsfalle begeben müsste. Besonders der im vorigen Abschnitt dargestellte Staat könnte bei seinen Bürgern Vertrauen zurückgewinnen, wenn er mehr Transparenz im Zusammenhang mit der Nutzung persönlicher Daten schaffen und Aufklärung über mögliche Vorteile für das Allgemeinwohl leisten würde. Dies könnte sich in der Konsequenz auch selbstregulierend auf die gesellschaftliche Norm im Umgang mit persönlichen Daten im Kontext von Big Data auswirken.

2.2.3 *Kriminalität als Nebenschauplatz der Datensammlung*

Der Skandal um illegale Aktivitäten wie die der NSA zeigt, wie weit die Überwachung der Kommunikationsmittel besonders durch den Einsatz moderner IT-Technik durch verschiedene Aktivitäten und Interessenten gehen kann.[95] Nach Ansicht von Biermann ist zwar auch für die Geheimdienste das Internet kein rechtsfreier Raum, jedoch lasse sich das Recht im Netz häufig nicht durchsetzen.[96] Die organisierte Kriminalität bedient sich derselben technischen Mittel, die z. B. auch der Staat umgekehrt zum Schutze der Bevölkerung einsetzt.

Straftaten, bei welchen das Internet als Tatmittel verwendet wird, betreffen neben Tatbeständen durch bloßes Einstellen von Informationen ganz besonders solche Delikte, bei denen das Internet zur Tatbestandsverwirklichung eingesetzt wird.[97] Das Internet hat z. B. die Form des Massenraubs auf ein ganz neues Level gehoben. Bei einem *Hack* der Play-station-Server von Sony 2014 erlangten Kriminelle z. B. Zugriff auf die Kontodaten und Passwörter von 100 Millionen Nutzern. Nie zuvor in der Geschichte der Menschen war es für eine Person möglich, 100 Millionen Menschen gleichzeitig auszurauben. Die Vernetzung und massive Datenspeicherung macht es möglich.[98] Die wachsende Mobilität des Internets unterstützt Cyberkriminalität dabei zusätzlich. Potentielle Opfer wie auch Täter führen komplexe IT-Systeme in Miniaturformat mit sich und nutzen sie. Dadurch wird das Internet „[...] nicht nur immer häufiger unmittelbar zur Begehung von Straftaten genutzt, sondern die damit verbundenen Kommunikationsabläufe bilden [...] auch

[94] Baecker (2014), S. 172.
[95] Vgl. Schwentzick (2014), S. 1.
[96] Vgl. Biermann (2014), S. 1.
[97] Vgl. Kochheim (2015), S. 1.
[98] Vgl. Goodman (2013), S. 76ff.

wichtige Ermittlungsansätze in allen klassischen Kriminalitätsphänomenen ab, vom Betrug bis zum Tötungsdelikt."[99]

Die *Gründe* für Cyberkriminalität sind divers. Sie reichen bei individuellen Hackern, von Selbstverwirklichung durch Informationsveröffentlichung über Neugier und das positive Gefühl des persönlichen Erfolgs etwas gehackt zu haben.[100] Dabei nutzen Sie vergleichsweise moderate technische Mittel, verlassen sich dabei auf ihr eigenes Know-how, und richten einen eher begrenzten Schaden im Verhältnis zur organisierten Kriminalität an. Organisierte Kriminalität verfügt regelmäßig über die neueste Technik. Die Angriffe sind von langer Hand strategisch im Vorfeld geplant.[101] Für die große Mehrheit der Cyberkriminellen ist Geld die Hauptmotivation.[102] Das Risiko, überführt zu werden, ist verglichen mit anderen kriminellen Machenschaften in der physikalischen Welt relativ gering. Der illegale Datenhandel stellt in diesem Zusammenhang eine besonders lukrative Einnahmequelle dar und schürt die Bemühungen von Cyberkriminellen unaufhaltsam.[103]

Die *Anzahl* von weltweiten Cyberangriffen stieg von 2009 bis 2014 um 1200 % von 3,4 Mio. auf 42,8 Mio.[104] Allein in Deutschland verdoppelte sich die Fallzahl von Cybercrime 2008 bis 2013 von 13.600 auf 27.016 Fällen, während sich die Aufklärungsquote von 34,7 % auf 16,7 % halbierte.[105] Die größten Cyber-Gefährdungen stellen derzeit z. B. ein gezieltes Hacking von Servern zwecks Schadsoftwareinstallation oder Spionage, Spam, Drive-by-Exploits-Werbebanner zur breitflächigen Schadsoftwareinfiltration beim Surfen oder das Social-Engineering über E-Mails mit dem Ziel der Kontrollübernahme des betroffenen Rechners oder dem Identitätsdiebstahl dar. Trotz solcher realen Bedrohungen und alarmierenden Fallzahlen von Cyberangriffen gehen viele Unternehmen zu nachlässig mit der Sicherheit ihrer Kundendaten um. Die Investitionen in die IT-Sicherheit halten nicht Schritt mit dem Anstieg der Bedrohung, insbesondere im Online-Geschäft sind Datendiebstähle an der Tagesordnung.[106] Ein Grund für die mangelnde Sensibilität besteht darin, dass der Raub von Daten häufig nicht direkt dem Unternehmen, sondern zunächst nur dem Kunden schadet. Firmen, die sich nur unzureichend um ihre IT-Sicherheit kümmern, schaden sich in der Konsequenz nur selbst, dies zeigt der Wertverlust des Sony Konzerns von 2011 bis 2012 um 51 %.[107] Hofstetter hinge-

[99] Vgl. Lagebild Cybercrime NRW (2013).
[100] Vgl. Kaspersky (2015).
[101] Vgl. atkearney Studie: Information Security (2012), S.10.
[102] Vgl. atkearney Studie: Information Security (2012), S.11.
[103] Vgl. Kaspersky (2015)
[104] Vgl. Statista / PwC Studie (2014).
[105] Vgl. Bundeslageblatt (2014).
[106] Vgl. atkearney Studie: Information Security (2012), S.6.
[107] Vgl. atkearney Studie: Information Security (2012), S.8.

gen sieht auch den User selbst in der Verantwortung, mit seinen persönlichen Daten sorgsamer im Internet umzugehen.[108]

Der Ruf nach einer verlässlicheren IT-Sicherheit sowie einer Verlagerung der Verantwortung potentieller Risiken durch Cyberkriminalität weg vom User auf das Unternehmen fand 2014 erstmalig aktives politisches Gehör durch die Einrichtung einer „Digitalen Agenda“ und dem IT-Sicherheitsgesetz, das jedoch wegen seiner Beschränkung auf Betreiber kritischer Infrastrukturen bei gleichzeitigem Offenlassen konkreter Nennung von Unternehmen bestenfalls einen guten Anfang darstellen kann.[109] Der User kann und darf deswegen jedoch nicht von seiner Eigenverantwortung entbunden werden.[110] Es bleibt jedoch zu hoffen, dass durch das Gesetz eine stärkere Sensibilisierung der Firmen für den Ausbau von IT Sicherheit auch außerhalb des Sektors „Kritischer Infrastrukturen“ erfolgt.

Wird von Big Data im Kontext Kriminalität gesprochen, ist in manchen Fällen auch ihre Bekämpfung gemeint. Dafür stehen hochkomplexe Predictive Policing Programme zur Verfügung, für die sich jüngst der bayrische Datenschutzbeauftragte Petri ohne Bedenken aussprach und die dort seit 2014 bei der Polizei zum Einsatz kommen.[111] „Hackbacks“, „Big-Data-Analysen“ oder „Upstream Intelligence“[112] heißen weitere neue Konzepte, die die aktuelle Königsklasse der Strafverfolgung bilden und sich vor allem an besonders wichtige und gefährliche Formen des Cybercrime wie etwa die Industriespionage wenden.

Die zunehmende Vernetzung besonders der Städte durch das Internet der Dinge stellt eine weitere Herausforderung dar.[113] Goodman fasst das in seinem Beitrag „Dark Data“ zusammen: „Das Versprechen der Big-Data-Revolution lautet, uns alle mit Wissen, Produkten und Diensten zu beglücken, die unser Leben merklich besser machen. Doch während wir diese Früchte genießen, sollten wir nicht vergessen, dass Big Data auch den „bösen Jungs“ helfen kann.“[114]

2.2.4 Unternehmen mit Gewinnerzielungsabsicht

Big Data stellt auf unterschiedlichsten Ebenen Gewinnmöglichkeiten in Aussicht und es gibt eine Reihe von Unternehmenstypen, die sich finanziell durch die Nutzung oder das Angebot verschiedener Leistungen rund um das Datensammeln verbessern wollen. Allen Unternehmen geht es in diesem Zusammenhang in ers-

[108] Vgl. Hofstetter (2014), S. 285ff.
[109] Vgl. Bitkom (2014d).
[110] Vgl. Hofstetter (2014), S. 285ff.
[111] Vgl. Petri (2015), S. 1.
[112] Vgl. Cicero (2015), S. 10. Ermittler (private Elite-Firmen wie Crowdstrike, Mandiant oder Palantir) hacken sich in kriminelle Netzwerke, setzen sich in Internetknoten und Zwischenstationen oder installieren Daten sammelnde Sensoren bei Kunden, womit sie Daten über die potenziellen Angreifer sammeln.
[113] Vgl. Mayer (2014), S.186.
[114] Vgl. Goodman (2013), S. 100.

ter Linie um den Erhalt und die Steigerung ihrer Wettbewerbsfähigkeit[115] sowie die damit einhergehende Optimierung der Gewinnerzielung. Big Data ermöglicht den Unternehmen, ressourcenschonender zu wirtschaften, und verschafft denen einen Wettbewerbsvorteil, die viele Informationen über den Markt und die Kunden sammeln und auswerten.[116]

Die hauseigenen Internetseiten und ganz besonders die Nutzung von Social Media sind wichtige Eckpfeiler zur Generierung von Informationen und Daten in Vorbereitung möglicher Big-Data-Analysen. „Die Option, Social-Media-Sites zu ignorieren, existiert nicht mehr", sagt Markenexperte Karsten Kilian, Betreiber von Markenlexikon.com. „Man kann bestenfalls entscheiden, wie sehr man sich engagiert."[117] Vor dem Hintergrund des demografischen Wandels suchen Firmen außerdem immer häufiger über die Social Media nach geeignetem *Fachpersonal* oder potentiellen Auszubildenden. Eine von zehn Stellen wurde 2013 über Social Media besetzt.[118] Beim Social-Media-Recruiting[119] liegt der Fokus der Firmen auf der Anzahl der Freunde, der Art des sozialen Austauschs oder auf möglichen Hinweisen zu Eigenschaften wie Kreativität oder Intelligenz. Social-Media-Profile werden somit immer mehr zu beurteilungsrelevanten Lebensläufen für Personalabteilungen.[120]

Zugleich können Unternehmen auf diesem Wege Marktforschung betreiben und mit Hilfe von Big-Data-Analysen Informationen über ihre Onlinebesucher sammeln. Sie können auswerten, wie ihr eigenes Image oder das der Produkte beim Konsumenten ankommt, um gegebenenfalls schnell auf Veränderungen reagieren zu können.[121] Die Großzügigkeit der User im Umgang mit ihren persönlichen Daten und Ansichten (s. Kap. 2.2.5) ermöglicht es den Unternehmen, auf Kundenbedürfnisse gezielter als früher zu reagieren und der Zugang zu einer riesigen Datenmenge macht die Ergebnisse im Gegensatz zu früheren Stichproben für die Unternehmen bedeutend verlässlicher.[122] Somit bedienen die Unternehmen zugleich den in Kapitel 2.2.2 beschriebenen Individualitätsdrang, indem sie gezielter auf die besonderen Interessen des Konsumenten eingehen. Fehleinschätzungen aufgrund von Profiling werden durch Big-Data-Analysen abgelöst. So kann man ab sofort „der Zwangsjacke von Gruppenidentitäten entkommen."[123]

Auch in Bezug auf die Größe von Unternehmen bestehen deutliche Differenzen in den Motiven für die Big-Data-Nutzung. Während bei mittelständischen Unterneh-

[115] Vgl. Weber (2014), S.21.
[116] Vgl. Bitkom (2014c), S. 21.
[117] Vgl. Wirtschaftswoche (2014) S. 12.
[118] Vgl. Dannhäuser (2014), S.12.
[119] Vgl. Schlesinger (2014), S.19.
[120] Vgl. Wichelmann (2013), S. 29f.
[121] Vgl. Mihajlovic (2012), S. 37.
[122] Vgl. Mayer-Schönberger (2013), S. 92.
[123] Vgl. Mayer-Schönberger (2013), S. 202.

men mit bis zu 500 Mitarbeitern Big-Data-Lösungen stärker in den Bereichen Marketing, Finanzen und Personal zum Einsatz kommen, nutzen Großunternehmen mit mehr als 500 Mitarbeitern sie besonders für ihre Ressourcenplanung und um beschleunigte Entscheidungen zu treffen. Im Jahr 2014 setzte jedes 10. Unternehmen in Deutschland Big-Data-Lösungen ein, 31 % hatten hierzu konkrete Pläne. Während 27 % der Großunternehmen Big-Data-Lösungen einsetzen, sind es bei den Mittelständlern hingegen nur 7 %.[124]

Über die Unternehmen unterschiedlicher Größen, die Big Data zur Marketing- oder Personalzwecken einsetzen, hinaus gibt es weitere Typen von Geschäftsmodellen, die mit Big Data Gewinne erzielen. So lassen sich die unterschiedlichen Motivationen von Unternehmen in Bezug auf die Teilhabe an Big Data durch eine Einteilung in

1. klassische Unternehmen der „Old Economy“, z. B. Stahl- und Autoindustrie,
2. Unternehmen der New Economy, wie z. B. Facebook,
3. Mischunternehmen aus New und Old Economy[125], wie z. B. Amazon sowie
4. spezielle Unternehmen um Big Data herum, wie reine Datenhändler oder Service-, Hard- und Softwareunternehmen

konkretisieren.[126]

Traditionelle Unternehmen sind vor allem an der Beherrschung des Datenvolumens interessiert, welches durch ein wachsendes Aufgebot von E-Mails, unternehmensinterner Kommunikation über das Intranet, digitale Dokumentation von aktuellen Arbeitsabläufen[127] und die Digitalisierung bestehender analoger Informationen wie z. B. Aktenordner,[128] welche deutschlandweit jährlich um durchschnittlich 22 % wächst.[129] Klassische Technologien wie Datawarehouses oder Reporting werden diesen Datenmengen in vielen Fällen nicht mehr gerecht.[130] Bemerkenswert ist, dass die Erwartungshaltung gegenüber den Vorteilen von Big Data mit der Gewichtung der eigentlichen Relevanz und des Nutzens im Alltag nicht übereinstimmt: Während sich die Unternehmen vor allem bessere Informationen über das Konsumverhalten und eine bessere Aussteuerung von Vertriebs- und Marketingkampagnen erhoffen,[131] liegt die eigentliche Relevanz und der Nutzen von Big-Data-Lösungen im Controlling und bei der Optimierung der Firmen-IT-Infrastruktur.[132]

---

[124] Vgl. Bitkom (2014a), S. 21-24.
[125] Vgl. Wirtschaftslexikon (2015).
[126] Vgl. Wikibon (2014), S. 1.
[127] Vgl. Bitkom (2014a), S. 21-24.
[128] Mayer-Schönberger (2013), S. 95ff.
[129] Vgl. Bitkom (2014a), S. 27.
[130] Vgl. Bitkom (2014a), S. 21.
[131] Vgl. Kleinemeier (2013), S. 5.
[132] Vgl. PwC Studie (2014).

In der *New Economy* gelten andere Regeln als in der traditionellen Wirtschaft, wo die Kernkompetenz eines Unternehmens darin besteht, ein Produkt oder eine Leistung gegen Geld anzubieten. Nahezu alle internetbasierten Dienstleistungen werden heute dank Werbefinanzierung von einem der Anbieter kostenlos bereitgestellt.[133] Bezahlmodelle funktionieren im Internet nur in wenigen Nischen. Besonders Unternehmen, die Ihre Serviceleistung (vermeintlich) gratis anbieten, sind auf aktive Erzeugung der Daten durch den Nutzer angewiesen, denn: „Klar ist: Kein Unternehmen stellt umfangreiche Dienste bereit, ohne sich davon monetären Vorteil zu erhoffen. Der Betrieb einer Webseite mit Millionen von aktiven Benutzern kostet jeden Monat hohe Summen."[134] In einem extrem innovativen und wandelbaren Unternehmensbereich wie dem Onlinegeschäft stellt Big Data neben einer klassischen Selbstverwertung oder dem Handel der Daten für Marketing und Werbung eine Art Hebel für neue Geschäftsmodelle dar. Mayer-Schönberger behauptet, dass diese Unternehmen den wahren Wert von Daten erkannt hätten."[135] Denn der eigentliche Wert von Daten liege in der den Primärnutzen übersteigenden Mehrfachnutzung, dem *Optionswert*. Der potentielle Wert von Daten ist so hoch, dass sogar Investoren auf diesen Optionswert achten.[136] Auf der Internetseite *pennystocks.la/internet-in-real-time/* lässt sich in Echtzeit nachvollziehen, dass z. B. auf Facebook in 400 Sekunden 2.442 GB Daten gespeichert wurden und der Konzern in derselben Zeit 19.200 $ Profit gemacht hat. Aufgrund seiner Datenbestimmung darf Facebook (noch) mit diesen Daten tun und lassen was es will. Die Handhabe einer Mehrfachnutzung von großenteils persönlichen Daten verstößt in vielen Fällen zwar gegen bestehendes deutsches Recht (s. Kap. 2.3.3), kann jedoch aufgrund einer bislang fehlenden internationalen Lösung auf dem Gebiet des Datenschutzes nicht geahndet werden.[137] Das Wissen um diese verborgenen Werte macht Daten heute zu einer lukrativen und gewinnbringenden Ware und führte zur Gründung von Unternehmen wie z. B. Acxiom, Experian oder Equifax, die sich allein dem Handel mit Daten verschrieben haben.

Eine weitere interessante ökonomische Entwicklung offenbart sich in der Konvergenz von Online-Diensten wie z. B. Amazon und traditionellen Unternehmensmustern wie der für Amazon notwendigen Logistik. Ohne Big-Data-Lösungen wäre die logistische Bewältigung von 24,8 Mio. monatlichen Besuchern 2014 allein in Deutschland[138] und die Auslieferung bestellter Ware überhaupt nicht möglich.

Häufig geraten Unternehmen in Vergessenheit, die *hinter den Kulissen* agieren. Dabei handelt es sich um die Unternehmen, die Big Data zu dem machen, was es

[133] Vgl. Weigert (2008), S. 1.
[134] Vgl. Kurz (2012), S. 13.
[135] Mayer-Schönberger (2013), S. 130.
[136] Mayer-Schönberger (2013), S. 152ff.
[137] Mayer-Schönberger (2013), S. 127.
[138] Vgl. Statista (2014), S 1.

ist. Sie agieren in den drei Bereichen Service, Hardware und Software. 2014 besaßen diese Unternehmen allein in Deutschland einen Marktanteil von mehr als 956,3 Mio. € bei stark steigender Tendenz. Allein im Bereich der Big-Data-Services gibt es beispielsweise eine erstaunliche Diversität von zehn unterschiedlichen Berufsfeldern. Zu ihnen gehören u. a. das Big-Data-Consulting (Beratung), Big-Data-IT-Operations (geschultes Fachpersonal), Big-Data-Analytics (Analyseunternehmen), Big-Data-Protection (Schutz großer Datenvolumina) oder auch die Big-Data-Aggregation (Sammeln und Anonymisieren).[139] Es sind Service-Unternehmen wie Big-Data-Analytics, die traditionellen Unternehmen wie z. B. Banken auf der Basis von Kreditausfallanalysen helfen, differenziertere Preismodelle abzuleiten. Im Versicherungswesen werden durch Service-Unternehmen Schadenshäufigkeiten und Schadenssummen durch statistische Verteilungen nachgebildet und zur Grundlage von Tarifierungsmodellen gemacht. In der Industrie sind statistische Fragestellungen sehr häufig in der Qualitätssicherung zu finden. Regressionsmodelle helfen z. B., Ursachen für Probleme einzugrenzen und wichtige Einflussquellen zu identifizieren. Diese Liste ließe sich beliebig fortsetzen und verdeutlicht den enormen Einfluss von Big Data und darauf spezialisierten Unternehmen auf die Wirtschaft und deren Beteiligte.

2.2.5 Der Bürger als (Internet-)User

Diejenigen in einer Gesellschaft, die sich als Internetnutzer (User)[140] betätigen und so unwissentlich oder auch willentlich persönliche Daten preisgeben, sind Nutznießer und zugleich eine maßgebliche Quelle für jene Datenkonvolute, die „Big Data" überhaupt erst ermöglichen. Der User stellt in der Gesamtschau aller in Kapitel 2.2 an Big Data Beteiligten und deren Ziele die Basis und das kleinste Element dar. Er ist ein Teil des Staates (s. Kap. 2.2.1), der ihm im „virtuellen Kosmos" durch seine Gesetzgebung einen (Daten-) Schutzraum gewähren soll (s. Kap. 2.3.2). Er nutzt die zahlreichen, meist kostenlosen Serviceangebote (s. Kap. 2.2.4) zur Erleichterung und qualitativen Verbesserung seines alltäglichen Lebens. Dabei sieht er sich täglich der Gefahr ausgesetzt, durch die Onlinenutzung zu einem Opfer von Cyberkriminalität (s. Kap. 2.2.3) und potentiellem Ausspionieren auch durch öffentliche Instanzen zu werden, verhält sich jedoch zu-

---

[139] Vgl. Experton Group Studie (2014), S. 1ff.

[140] Begriffsklärung: In der Arbeit wird in Abhängigkeit zum kontextuellen Umfeld der Bürger sowohl als (Internet-)Nutzer und User synonym verwendet. Wenn dieser ab Kapitel 3 in den Kontext von Gesundheit gerückt wird, wird er außerdem als Patient und Kunde synonym eingeführt, wenn es sich hier nicht nur um Tätigkeiten des Users in Bezug auf das Internet handelt, sondern eben dieser als Bürger in einen gesundheitlichen Gesamtkontext sich befindet. Obwohl es zur Klärung der Forschungsfrage gezielt um den Bürger und sein aktives Verhalten im Internet abschließend gehen soll, wird diese Differenzierung in der Bezeichnung deswegen gewählt, um passives und aktives Verhalten bzw. Teilhabe des Bürgers im Zusammenhang von Gesundheit, Internet und Big Data deutlicher voneinander abzugrenzen und nicht zuletzt, um dem Leser in den unterschiedlichen Abschnitten der Arbeit mehr Übersicht zu verschaffen.

gleich freizügig mit seinen persönlichen Daten. Daraus lässt sich eine Art doppeltes Privatheitsverständnis ableiten, das einerseits Informationskontrolle und andererseits das Gewähren eines Zugang-zum-Selbst umfasst. Das Phänomen ist auch bekannt unter dem Begriff „Privacy Paradox" und avancierte insbesondere unter dem Einfluss der sozialen Medien seit 2006 immer mehr zu einer gesellschaftlich anerkannten Privatheitsnorm.[141] Sogar die Snowden-Enthüllungen 2013 vermochten eine Weiterentwicklung des „Privacy Paradox" nicht merklich einzugrenzen.[142]

Das Internet (s. Kap. 2.1.2) als *das* Verknüpfungsmedium zwischen allen an Big Data Beteiligten stellt eine der entscheidenden Grundlagen für die schnelle Aggregation der für „Big Data" notwendigen umfangreichen Daten dar. Die Voraussetzung für die Entstehung der Daten selbst liegt in der stetig steigenden Nutzung durch den größten Teil der Bevölkerung in den unterschiedlichsten alltäglichen Lebensbereichen. Dabei betrifft die Internetnutzung alle Altersgruppen und beschränkt sich nicht allein auf eine einzige Generation, die sogenannten „Digital Natives". Sie sind mit dem Internet aufgewachsen, verfügen über relativ hohe Kompetenzen (Kontrollmöglichkeiten) und agieren daher risikofreudig. Auch ältere Nutzergruppen zählen hierzu. Eine acatec-Studie unterscheidet dabei in *technikaffine* User, welche eine höhere Risikobereitschaft aufweisen, dabei gleichzeitig jedoch keine geringere Skepsis gegenüber der IT-Sicherheit haben. Es ist davon auszugehen, dass diese Gruppe, zu der auch häufig Lehrpersonal gehört, zudem hohen Einfluss auf die Meinungsbildung in der Gesellschaft hat. Hinzu kommen außerdem *technikdistanzierte* Personen, welche das Internet zwar nutzen, jedoch sehr vorsichtig damit umgehen und daher ihre Schritte dort genau bedenken.[143] Alle hier beschriebenen Personengruppen verwenden das Internet zur Information, zum Einkaufen, zur Aufrechterhaltung sozialer Kontakte und zu Unterhaltungszwecken.[144]

Die aktuelle durchschnittliche tägliche Dauer der Internetnutzung liegt bei mehr als 110 Minuten, zehn Jahre zuvor waren es gerade einmal 43 Minuten.[145] Gegenwärtig suchen 64 % aller Deutschen im Internet, wenn Sie sich über ein bestimmtes Thema *informieren* wollen. Damit liegt das Netz als Recherchemedium erstmals vor dem Informationskanal Fernsehen (62 %). Im Jahr 2004 lag das Internet bei nur 37 %.[146] Die Präferenzen, Ansprüche und Erwartungen an die Dienste des Internets und die damit durchgeführten Tätigkeiten sind abhängig vom Alter und

[141] Vgl. acatech Studie (2012), S. 30.
[142] Vgl. ZDF Politbarometer (Juli 2013), Anmerkung: 57 % der Deutschen verneinten, dass Sie ihre persönlichen Daten nach dem Abhörskandal jetzt besser schützen. 25 % antworteten mit einem „Ja".
[143] Vgl. Buchmann (2014), S. 42ff.
[144] Vgl. Buchmann (2014), S. 42ff.
[145] Vgl. ARD/ZDF-Onlinestudie (2014).
[146] Vgl. AWA Studie (2014).

vom Bildungsgrad des Users: z. B. beläuft sich die Nutzung von Blogs oder Foren bei deutschen Usern bei über 50-jährigen gerade einmal auf 40 %, während der Wert bei 14-29-jährigen mit 82 % doppelt so hoch ist. Für berufliche Zwecke nutzen 30 % mit einem Volks- oder Hauptschulabschluss, 51 % mit einem mittleren Schulabschluss und 60 % mit Abitur das Internet. Allen Alters- und Bildungskohorten als häufigste Tätigkeit gemein ist das Suchen nach Inhalten und Informationen, speziell durch Surfen im Internet.[147] Der private Zweck steht gleichermaßen für alle Alters- und Bildungsschichten an vorderster Stelle.[148] Besonderes Interesse wird dabei zuerst dem Geschehen vor Ort entgegengebracht. Bemerkenswert ist das starke Interesse an dem Thema „gesunde Lebensweisen", welches an zweiter Stelle und weit vor anderen Freizeitinteressen wie Sport, CDs, DVDs oder Mode rangiert.[149]

Um an die gewünschten Informationen zu gelangen, verwenden 90 % der deutschen Internetnutzer *Suchmaschinen*.[150] Die mit großem Abstand am meisten genutzte Suchmaschine ist Google, die weltweit einen Marktanteil von knapp 70 % im stationären und 91 % im mobilen Bereich[151] aufweist und mittlerweile zum Synonym der Internetsuche geworden ist. In Deutschland liegt die Nutzerbasis sogar in beiden Bereichen bei über 90 %.[152] Jede Suchanfrage bei Google oder einer anderen Suchmaschine ist eine Big-Data-Anwendung. Ihr jeweiliger Algorithmus sondiert in unvorstellbarer Geschwindigkeit unvorstellbare Datenmengen und liefert dem Nutzer Informationen, auf deren Grundlage er in der Regel bessere Entscheidungen treffen kann.[153] 69 % der Befragten lobten dabei die Möglichkeit, durch Google Informationen finden zu können, die ihnen vorher sogar unbekannt waren. Allerdings verzichteten deutsche User nach dem NSA- Skandal aus Sicherheitsgründen auch auf bestimmte Onlinedienste wie z. B. Online-Gewinnspiele (55 %) oder Onlinebanking (37 %) freiwillig.[154]

Was Menschen interessiert, welche Informationen sie nachfragen, was sie kaufen, zu wem sie Kontakt haben – all dies ist heute auf eine Weise transparent wie noch nie zuvor. Jede Nutzung des Internets hinterlässt *Spuren*, die gesammelt und zumindest teilweise verwertet werden. Die Nutzer wissen das; 86 % der Internetnutzer und 92 % der Mitglieder sozialer Netzwerke gehen davon aus, dass ihre Aktivitäten, Suchbegriffe und Transaktionen in der Regel gespeichert werden.[155] Die überwältigende Mehrheit sieht diese Praxis grundsätzlich kritisch. 70 % der

[147] Vgl. Initiative D21 (2014), S. 31.
[148] Vgl. PwC Studie (2014). S. 15.
[149] Vgl. IfD Allensbach Studie (2010).
[150] Vgl. Köcher (2014), S. 5.
[151] Vgl. Netmarketshare (2015).
[152] Vgl. SEO-United „Liste der 10 beliebtesten Suchmaschinen" (2014).
[153] Vgl. Buchmann (2014), S. 37.
[154] Vgl. Kleinemeier (2013), S. 4.
[155] Vgl. Köcher (2014), S. 6.

Internetnutzer finden es nicht in Ordnung, wenn Unternehmen in größerem Umfang Daten über ihre Kunden sammeln und auswerten. 70 % stören sich daran, dass die gesammelten Profile für eine individuell zugeschnittene Werbung genutzt werden. Nicht jeder, der das Sammeln der Daten kritisch sieht, fühlt sich dadurch jedoch persönlich betroffen. Drei von vier deutschen Usern fühlen sich zwar unsicher bei der Eingabe persönlicher Daten. Jeder Zweite würde sogar einen Aufpreis für einen sichereren Datenschutz bezahlen.[156] Paradoxerweise würden genau dieselben Befragten Ihre Sicherheitsbedenken zurückstellen, würden für die persönlichen Daten durchschnittlich 15 € geboten.[157] Häufig begründet sich die Bereitschaft zur Offenlegung der persönlichen Daten aus einer Mischung freiwilliger Akzeptanz des Users und dessen Einverständnis, seine Daten als eine Art Gegenleistung für das ansonsten kostenlose Internetangebot bereitzustellen. Die Anbieter machen sich das Bedürfnis der Kunden zu nutze, indem sie den Service erst gegen die Herausgabe von Daten bereitstellen. Zum Beispiel geben 62 % der Nutzer von sozialen Netzwerken und Sharing-Plattformen als den wichtigsten Grund für die Offenlegung ihrer persönlichen Daten das Bedürfnis an, mit anderen in Kontakt treten zu können. 60 % stimmen darin überein, ihre Daten deswegen zur Verfügung zu stellen, um überhaupt auf den Dienst zugreifen und ihn auch kostenlos nutzen zu können. Weitere Gründe liegen in einer auf sie individuell und personalisierten Anpassung der Serviceleistung und der Zeitersparnis beim nächsten Login. Bemerkenswert ist dabei, dass das Bedürfnis nach Unterhaltung mit 15 % eine eher untergeordnete Rolle spielt. Die unterschiedlichen hier genannten Gründe legen die Vermutung nahe, dass sich die User durchaus des Wertes ihrer persönlichen Daten bewusst sein können, wenn sie denn danach gefragt werden.[158]

Dennoch haben auch alle Nutzer das gleiche, dem zuvor genannten Verhalten entgegenstehende Bedürfnis, nämlich den Wunsch, ihre soziotechnischen Interaktionen und die dabei übermittelten Informationen *kontrollieren* zu können – den Wunsch nach Privatheit also, die eine Übereinstimmung von Informationssammlung mit den Normen und Erwartungen der verschiedenen Nutzergruppen gewährleisten soll. Den Digital Natives ist es beispielsweise gleich, ob die Betreiber ihre Informationen speichern, sofern sie sie nicht weitergeben. Sie sehen den gefühlten Kontrollverlust bezüglich persönlicher Informationen vergleichsweise gelassen. Die beiden älteren Nutzergruppen der Technikaffinen und Technikdistanzierten artikulieren demgegenüber einen größeren Wunsch nach Kontrolle. Erstere weisen aber ebenfalls ein relativ hohes Kompetenzniveau auf, woraus sich eine Risiken sorgsam abwägende Nutzungsweise ergibt. Aus der Kombination eines aus-

[156] Vgl. Friendscout Studie (2012).
[157] Vgl. Unsexy Data Concerns (2013).
[158] Vgl. Europäische Kommission (2010), S. 47.

geprägten Privatheitsbedürfnisses und relativ niedriger Medienkompetenz erwachsen bei den Technikdistanzierten die größten Befürchtungen.[159]

Diese Gefahren des Kontrollverlusts führen jedoch kaum zu Ausweichbewegungen und dem Verzicht auf bestimmte Nutzungsoptionen. Der wesentliche Grund ist der *Nutzen*, der aus den neuen Informations- und Transaktionsmöglichkeiten gezogen wird. Die Reaktion auf Nachteile oder Risiken hängt im Allgemeinen in hohem Maße davon ab, wieweit ihnen Vorteile und Gratifikationen gegenüberstehen. In Bezug auf die dominierende Suchmaschine Google fällt die Bilanz der Internetcommunity hier völlig eindeutig aus: 71 % sehen in der Nutzung von Google vor allem Vorteile, 2 % überwiegend Nachteile; für 23 % halten sich Gratifikation und Nachteile die Waage.[160]

Einer der häufigsten Gründe für unerwünschte Überraschungen bezüglich einer ungewollten Freigabe eigener persönlicher Daten mit anschließender Big-Data-Nutzung liegt in dem mangelnden Interesse von Verbrauchern die *Allgemeinen Geschäftsbedingungen* (AGB) zu lesen. Dass sie diese immer lesen, sagen in einer aktuellen Umfrage sogar nur 6 % der befragten 1.300 Teilnehmer. Bei vielen erwecken die zur Absicherung des Unternehmens gewählten juristischen Klauseln neben einer benutzerunfreundlichen Länge des Textes außerdem den Anschein der absichtlichen Täuschung und verringern somit auch das Vertrauen in das Unternehmen. 22 % der Internetnutzer verstehen die Texte nach eigener Aussage meistens nicht, insgesamt wünschen sich 53 % verständlichere Formulierungen.[161] „Anbieter sollten daher überlegen, ob für Nutzer wichtige Themen – ergänzend zu den [notwendigen] juristischen Formulierungen – in Form eines Frage-Antwort-Katalogs deutlich verständlicher formuliert werden können"[162]. Der User könnte durch mehr Transparenz stärker für das Lesen der AGBs sensibilisiert werden.

Weitere Ursachen für den Missbrauch der persönlichen Daten liegen auf der Userseite in der Überforderung bei der Implementierung von Sicherheitssoftware oder möglichen Sicherheitsgrundeinstellungen. Bemerkenswert ist zudem der aus Bequemlichkeit oder Gleichgültigkeit resultierende Widerstand gegen eine regelmäßige Änderung des persönlichen Passwortes.[163] Außerdem kann auch risikobehaftetes Onlineverhalten zu möglichem Missbrauch der persönlichen Daten führen. So hat sich in der Vergangenheit erwiesen, dass insbesondere ein falscher Umgang mit Spammails zur Befeuerung von Cyberkriminalität beiträgt. Obwohl 60 % der User keine E-Mails öffnen, wenn sie glauben es wäre Spam, so sind es immer noch 40 % welche Spammails öffnen, wovon 11 % auf einen mitgesende-

[159] Vgl. acatech Studie (2012), S. 51.
[160] Vgl. Köcher (2014), S. 7.
[161] Vgl. Bitkom (2012a), S. 1.
[162] Bitkom (2012a), S. 1.
[163] Vgl. Pfleeger et. al (2011), S. 5f.

ten Link klicken, 8 % Anhänge öffnen, 4 % darauf antworten oder weitere 4 % diese E-Mails weiterleiten und sich somit einem noch höheren Risiko aussetzen.[164] Es scheint demnach dringend notwendig, dass User sich Medienkompetenz aneignen und pflegen. „Denn ohne eine gehörige Portion Vorsicht im Umgang mit datenhungrigen Diensten und Programmen ist Big Data ein Verlustgeschäft für den Einzelnen.“[165]

2.3 Sphären und Instrumente

Bisher wurde konkret auf die Beteiligten von Big Data eingegangen. Diese stehen ihrerseits alle im Kontext von Sphären und nutzen Instrumente, die es Ihnen ermöglichen, das Phänomen Big Data zu bedienen. Dies betrifft einerseits die Technik, die alle als Mittel zur Umsetzung und Verwirklichung gleichsam verbindet, den rechtlichen Rahmen, welcher den User schützt und den die anderen Beteiligten in der Anwendung von Big Data verpflichtend zu berücksichtigen haben, sowie die Ethik des Handelns, die sich wie bereits in Kapitel 2.2.2 beschrieben aus dem gesellschaftlichen Verständnis ableitet.

2.3.1 Technologische Möglichkeiten

In der Begriffsbestimmung von Big Data wurde bereits das technische Umfeld umrissen, innerhalb dessen die Datensammlungen ermöglicht wurden (s. Kap. 2.1.2). Dabei wurde deutlich, dass sich das Wie und Womit unterschiedlicher Soft- und Hardware sowie Datenbanktechniken nicht von der Infrastruktur des Internets trennen lassen. Dort werden unter anderem die maßgeblichen Daten erhoben, die in der Folge korreliert und von Algorithmen analysiert werden. Welche Datentypen dabei wo entstehen und wie genau die Auswertung geschieht, soll in diesem Abschnitt dargestellt werden.

Big Data interessiert sich für alles und jeden.[166] Um den eigenen Datenbestand zu erweitern und mit anderen Informationen zu verschmelzen, kann eine Vielzahl von Datenquellen genutzt werden:

- *Primärdaten* werden von einer Person kooperativ weitergegeben, wenn sie sich im Internet präsentiert oder etwa mit Onlinefotoalben, Skype-Gesprächen, E-Mails, Bloginhalten oder der Teilnahme an sozialen Netzwerken über das Netz kommuniziert. Zu den Primärdaten gehören auch die personenbezogenen Daten, die lange Zeit im engeren Sinne den Namen, Wohnort oder Geburtstag eines Menschen bezeichnet haben.[167] Inzwischen umfasst dieser Begriff praktisch alles, was die menschliche Existenz fun-

[164] Vgl. Ipsos Studio (2014), S. 21.
[165] Vgl. Heuer (2013), S. 35.
[166] Vgl. Hofstetter (2014), S. 234.
[167] Vgl. Kirchner (1993), S.16.

damental zum Ausdruck bringt. Dies betrifft z. B. soziale Beziehungen und tägliche Aktivitäten, körperliche und geistige Verfassung des Menschen, sein Denken, Wünschen und Tun.[168] Außerdem sind mit Primärdaten auch IP-Adressen, die von Automobilen neuester Generationen aufgezeichneten Fahrspuren oder die intelligente Haussteuerung, die unter dem Namen „Internet der Dinge“[169] bekannt ist, gemeint.

- Sogenannte *Metadaten* erzeugt beispielsweise ein Smartphone, das sich mit der eindeutig identifizierbaren Hardwareadresse seiner Netzwerkadapter weltweit verfolgen lässt.[170] Metadaten fallen bei jeder elektronischen Interaktion an. Die Metadaten haben aus Sicht von Überwachungsinteressen ein unschätzbares Potential. Sie können vollautomatisch erfasst und ausgewertet werden. Das Datenvolumen ist nicht annähernd so groß wie dasjenige der Primärdaten, weswegen die Metadaten auch als *Datenabgase*[171] der Primärdaten bezeichnet werden. Aus ihnen können umfassende Beziehungs- und Verhaltensprofile abgeleitet werden.
- Hinzu kommen zunehmend viele archivierte *analoge Informationen* in Form von Akten in Archiven in allen möglichen Bereichen der Gesellschaft, die einerseits aus Platz- und damit auch Kostengründen digitalisiert werden und deren Potential in datifizierter Form für Big-Data-Analysen längst erkannt wurde.[172]
- Möglich ist auch die Auswertung von *Sensordaten*, die zwar erfasst, aber aufgrund der Menge des Datenstroms bisher nicht gespeichert und analysiert werden. Ein Beispiel sind die Stromzähler, deren Werte zurzeit nur zu Stichtagen erfasst werden und damit nur in geringer zeitlicher Auflösung gespeichert werden.[173]
- Äußerungen Dritter über eine Person im Internet oder die Erzeugung von Daten aus Analysen sind *Sekundärdaten*. Diese entstehen, ohne dass eine Person zwingend kooperiert. Es ist ihr „digitaler Schatten“.

Grundsätzlich spielt bei der Erschließung der Datenquellen deren *Verlässlichkeit* und *Qualität* eine der wichtigsten Rollen. Zwar sind z. B. die Sozialen Netzwerke ein durchaus respektabler Lieferant von Daten, was die Menge angeht, sie bieten jedoch nicht unbedingt einen repräsentativen Ausschnitt aller Nutzergruppen. Dies könnte sich zukünftig ändern, wenn durch den Einzug von „Open Data“ und „Open

[168] Vgl. Hofstetter (2014), S. 233.
[169] Vgl. Ashton (2009), S. 2. Internet der Dinge: Das Internet der Dinge bezeichnet die Verknüpfung eindeutig identifizierbarer physischer Objekte (*things*) mit einer virtuellen Repräsentation in einer Internet-ähnlichen Struktur: Es besteht nicht mehr nur aus menschlichen Teilnehmern, sondern auch aus Dingen.
[170] Vgl. Baecker (2013), S. 160f.
[171] Vgl. Mayer-Schönberger (2013), S.143ff.
[172] Vgl. Mayer-Schönberger (2013), S.143ff.
[173] Vgl. Thede (2014), S. 2.

Government“ eine hochwertige qualitative Datenquelle öffentlicher Daten entstehen und jedem zur Verfügung stehen wird.[174] Eine Herausforderung stellt auch die notwendige *Vereinheitlichung* der unterschiedlichen Datenformate zu einem semantisch wohldefinierten und integrierfähigen Format im sogenannten Informationsextraktionsverfahren dar, weil erst dann eine Korrelationsanalyse dieser sehr unterschiedlichen Daten durchgeführt werden kann.[175] Zudem kompromittiert die Unschärfe einiger Datenquellen die tatsächliche Verlässlichkeit der Ergebnisse vieler Datenanalysen. Nur mit Hilfe innovativer Ansätze für die Datenerfassung, -integration, -analyse und -kompression sowie einer neuen, deklarativen Sprache zur Spezifikation und automatischen Optimierung und Parallelisierung von komplexen Datenanalyseprogrammen können das heutige Datenvolumen, die Verarbeitungsgeschwindigkeit und die unterschiedlichen Datenformate so beherrscht werden, dass die Vertrauenswürdigkeit der Daten zukünftig gewährleistet werden kann.[176] Eine mögliche Lösung der zuvor beschriebenen Schwächen liegt in den sogenannten selbstlernenden Algorithmen.[177] Die Geschwindigkeit ihrer Selbstoptimierung übersteigt mögliche menschliche Reaktionen. Sie sind aufgrund dessen nicht nur ein notwendiger Bestandteil eines optimierten Big-Data-Verarbeitungsprozesses selbst, denn nur sie agieren mit der Technik *auf Augenhöhe*, sondern sie sind auch ein mögliches Mittel, diesen Datenverarbeitungsprozess zu regulieren und gleichermaßen zu optimieren.[178]

Um an die zuvor beschriebenen Daten zu gelangen bedarf es in erster Linie der Infrastruktur des Internets. Es bildet in den meisten Fällen das technische Verbindungsmittel, um auf die Daten zugreifen zu können. Handelt es sich um offene und legal zugängliche Bereiche, kann praktisch jeder auf die Daten zugreifen.[179] Technische Grundvoraussetzung ist ein Gerät mit Internetzugang sowie die Gelegenheit, sehr große Mengen an Daten nach dem Zugriff speichern zu können.[180] Spätestens an dieser Stelle wird deutlich, dass es sich bei Big Data nicht um eine einzelne Technologie handelt, sondern dass es um die Zusammensetzung mehrerer sogar in sich selbst differenzierter Technologien geht, deren Ausführung auch durch unterschiedliche Akteure durchgeführt werden kann.[181]

- Der *Daten-Zugriff* umfasst bereits verschiedene Technologien, die es sehr unterschiedlichen analytischen Anwendungen ermöglichen, auf den Pool von großen Datenmengen zuzugreifen. Der traditionelle Ansatz für Big Data analysiert ruhende Daten. Hierbei werden zeitlich geordnete Ereignisse aus

[174] Vgl. Thede (2014), S. 3.
[175] Vgl. Markl (2013), S. 9.
[176] Markl (2013), S. 9.
[177] Vgl. Hofstetter (2014), S. 132ff.
[178] Vgl. Hofstetter (2014), S. 132ff.
[179] Vgl. Schwenk (2002), S. 4.
[180] Vgl. Hofstetter (2014), S. 135.
[181] Vgl. Bitkom (2014c), S. 16.

unterschiedlichen Quellen überwacht, verdichtet, gefiltert und korreliert. Search- & Discovery-Technologien ermöglichen das *Suchen und Entdecken* von Informationen bei unstrukturierten Daten - genau wie bei der Suchmaschine Google.[182]

- Die darauffolgende *Analytische Verarbeitung* bildet den eigentlichen Kern von Big-Data-Anwendungen. Die Analytische Verarbeitung umfasst ein ganzes Bündel von Technologien zur Verarbeitung der verschiedenen Datentypen sowie Predictive Analytics, Data Mining und Maschinelles Lernen.
- Bei den *Predictive Analytics* erstellen Datenanalysten aus den Fachbereichen eigenständig Vorhersagemodelle für beliebige Geschäftsszenarien. Zukunftsorientierte Auswertungen sind so auch ohne Unterstützung der IT-Abteilung möglich.[183]
- *Data-Mining* ist die gezielte Suche nach Mustern in Daten anhand fest vorgegebener zu verifizierender Parameter sowie der Prozess der automatischen Gewinnung von Aussagen durch sogenannte discovery-getriebene Techniken ohne Parametrisierung.[184] Beiden Technologien gemein ist die Anwendung von Methoden und Algorithmen zur möglichst automatischen Extraktion empirischer Zusammenhänge.[185]
- Das *Maschinelle Lernen* als ein Teilbereich der künstlichen Intelligenz befasst sich mit Algorithmen, welche sich selbstlernend verbessern. Möglich ist dies, da sie wie alle nicht zufälligen Daten Muster enthalten, aufgrund deren der Rechner verallgemeinern kann.[186] Eine prominente Methode eines selbstlernenden Algorithmus ist das Filtern von Spam bei E-Mails.[187]

Im Zusammenhang mit selbstlernenden Algorithmen bzw. maschinellem Lernen kritisiert Segaran, dass diese insbesondere bei neuen Daten ein Muster, das zuvor noch nicht interpretiert wurde, auch leicht fehlinterpretieren können und den Hang zum Überverallgemeinern haben.[188] In diesem Zusammenhang warnen Wissenschaftler unter anderem vor einer Verselbstständigung des Computers[189] bis hin zum gesellschaftlichen Kontrollverlust über den Algorithmus.[190] Die für die dynamische Analyse entwickelten automatisierten Algorithmen werden stets performanter, aber auch intransparenter. Sie fangen an, Prozesse zu steuern und menschliche Entscheidungen zu beeinflussen.

---

[182] Vgl. Bitkom (2014c), S. 16.
[183] Vgl. SAP (2015), S. 1.
[184] Vgl. Salmen (2003), S. 235.
[185] Vgl. Lackes (2015), S. 1.
[186] Vgl. Segaran (2008), S. 5f.
[187] Vgl. Segaran (2008), S. 131ff.
[188] Vgl. Segaran (2008), S. 5f.
[189] Vgl. Kündig (2014), S. 117.
[190] Vgl. Zeller et al (2012), S. 225.

Eine zusätzliche Aufgabe wird zukünftig sein, selbstlernende Algorithmen so zu *kontrollieren*, dass sie sich der technischen und gesellschaftlichen Kontrolle nicht entziehen können. Das wirft zunehmend die gesellschaftspolitische Frage nach der Ethik der Algorithmen auf (s. Kap. 2.3.3).[191] Weber vom Arbeitskreis der Bitkom erwidert hierauf: „Fortgeschrittene Visualisierungen stellen ein mächtiges und hochgradig flexibles Werkzeug im Analyseprozess dar, das die algorithmischen Verfahren der Datenanalyse im Sinne von „Unsicherheit minimieren durch visuellen Check" entscheidend ergänzt.[192] Innerhalb des Militärs existiert bereits das sogenannte IV&V-Verfahren (*independent validation and verification),* das die Qualität eines Algorithmus zu bewerten vermag ohne den Algorithmus selbst anzuschauen.[193]

Neben der gesellschaftlichen ist aber auch die gesetzliche Kontrolle ein wichtiger Rahmenfaktor zur Begrenzung von Big Data.

2.3.2 Rechtlicher Rahmen

Das Thema Datenschutz und -sicherheit spielt im Zusammenhang mit Big Data eine herausragende Rolle, da Daten das „Futter" von Big Data darstellen und dessen Funktionsweise überhaupt erst ermöglichen. Big Data ohne Daten wäre wie ein Fluss ohne Wasser. Da der Fluss jedoch Wasser führt, sollte einer Gefahr wie im Falle einer Flut jedoch mit Deichmaßnahmen (Datenschutz als gesetzliche Maßnahme) bereits präventiv entgegengesteuert werden. Im Fokus stehen im Rahmen der Debatte um Datenschutz weniger technische Daten, sondern ganz besonders personenbezogene Daten (s. Kap. 2.3.1). Die weitgehende Verknüpfung von Nutzern macht es möglich, an solche Informationen sehr leicht und oft auch legal heranzukommen. Dass es sich im Falle des Internets um einen globalen Raum handelt, lässt nationales Datenschutzrecht allerdings oft schnell an seine Grenzen stoßen. Häufig fällt der Gebrauch eines Onlinedienstes und der Umgang mit den Daten des Users unter das Datenschutzrecht eines anderen Landes. Dass das Verständnis des Umgangs mit und der Kontrolle von personenbezogenen Daten international sehr unterschiedlich gehandhabt wird, zeigt allein, dass z. B. die USA keine umfassende unabhängige Datenschutzaufsicht wie etwa Deutschland besitzen. Hier gilt aktuell, dass Datenschutz kaum rechtlich durch Gesetze oder andere Vorschriften geregelt ist. Der Zugriff auf private Daten ist in vielen Fällen gesellschaftlich akzeptiert.[194]

Das *IT-Sicherheitsgesetz* vom 17.12.2014 soll bereits vorhandene bzw. erhobene Daten vor dem späteren Zugriff von außen schützen. Es thematisiert weder die Art

[191] Vgl. Faz-Forum (2013), S. 3.
[192] Vgl. Bitkom (2014a), S. 14.
[193] Vgl. Hofstetter (2014), S. 1.
[194] Vgl. Genz (2004), S.44.

der Erhebung noch was mit den Daten intern passiert. Von einer Datenschutzreform kann hier also nicht die Rede sein.[195] Einziger Lichtblick ist die Haftbarmachung von Unternehmen für im Zusammenhang mit Datenverarbeitung auftretende Risiken. Dies ist ein möglicher Anfang einer tatsächlichen Entlastung des Bürgers in seiner (Über-)Verantwortung sich selbst gegenüber durch die zuvor darlegte Situation. Weil sich das Gesetz momentan jedoch bedingt ausrichtet, bleibt es für den alltäglichen User im Lifestyle-Bereich eher folgenlos, da es sich lediglich auf „hochsensible Bereiche" wie z. B. den Energiesektor oder den professionellen Gesundheitssektor beschränkt. Seit 2014 laufen in Brüssel Verhandlungen über eine EU-Datenschutzgrundverordnung nach den strengen Richtlinien Deutschlands. Die ehemalige Justizministerin Leutheusser-Schnarrenberger fordert: "Der hohe deutsche Datenschutzstandard muss Maßstab sein."[196] Zugleich bedauert sie, dass der rasante Wandel der digitalen Welt immer wieder für politische Forderungen instrumentalisiert wird, die „das Netz [und Big Data] unter Generalverdacht stellen.[197]

Trotz des hohen Standards des deutschen Datenschutzrechtes gibt es für Roßnagel Grund zur Kritik, denn das geltende deutsche Datenschutzrecht stammt konzeptionell aus den 60er und 70er Jahren. In dieser Zeit fand die Datenverarbeitung in Rechenzentren statt. Die Daten wurden in Formularen erfasst und per Hand eingegeben. Die Datenverarbeitung betraf nur einen kleinen Ausschnitt des Lebens und war – soweit die Daten beim Betroffenen erhoben worden waren – für diesen weitgehend kontrollierbar. Aus dieser Zeit stammen die folgenden Grundprinzipien:[198]

1. Das *Verbot mit Erlaubnisvorbehalt*: Das Erheben, Verarbeiten und Nutzen von personenbezogenen Daten ist grundsätzlich verboten. Eine Ausnahme besteht nur dann, wenn es eine ausdrückliche gesetzliche Regelung dafür gibt oder die Betroffenen in die Verarbeitung Ihrer Daten eingewilligt haben.
2. Die *Datensparsamkeit,* welche besagt, dass Daten nicht für unbegrenzte Zeit aufbewahrt werden, sondern gelöscht werden sollten, wenn diese nicht mehr benötigt werden. Zwar gibt es hier auch unterschiedliche Datenkategorien und Aufbewahrungszeiten, aber es gilt der Grundsatz: „So kurz wie möglich, solange wie nötig."[199]
3. Die *Datenvermeidbarkeit* richtet sich an dem Ziel aus, so wenige personenbezogene Daten wie möglich zu verarbeiten. Es dürfen also nicht erst einmal sämtliche Daten, die zu erlangen sind, wahllos gesammelt werden, nur um sie erst einmal zu haben.

[195] Vgl. de Maiziere (2014), S. 1.
[196] Leutheusser-Schnarrenberger (2013), S. 2.
[197] Leutheusser-Schnarrenberger (2013), S. 2.
[198] Vgl. Schultka (2014), S.16.
[199] Vgl. Dr. Datenschutz (Pseudonym) (2015), S.16.

4. *Die Zweckbindung*: Jeder Datenverarbeitung muss ein bestimmter Zweck zugrunde liegen. Dieser muss auch schon vor der Verarbeitung festgelegt und am besten dokumentiert worden sein. Nur zu diesem zuvor ursprünglich festgelegten, nicht jedoch zu einem anderen Zweck darf eine Verarbeitung und Nutzung erfolgen. Eine Ausnahme bildet wieder die vorher erteilte freiwillige Einwilligung des Betroffenen.
5. *Transparenz*: Das Prinzip „Transparenz" beschreibt die Anforderung, dass jeder Betroffene wissen soll, dass Daten über ihn erhoben werden. Er soll wissen, welche Daten zu welchem Zweck bei welcher Stelle für wie lange und aus welchem Grund gespeichert werden.
6. *Erforderlichkeit:* Grundsätzlich ist etwas nur dann erforderlich, wenn es zur Zweckerreichung das mildeste Mittel ist.

Im Falle der Big-Data-Technologie offenbaren sich gleich mehrere bemerkenswerte Widersprüche zu den im deutschen Recht definierten Datenschutzgrundsätzen: Big Data wäre nicht Big Data, wenn es dabei in erster Linie um *Datensparsamkeit und Datenvermeidbarkeit* ginge. Das Ziel von Big Data ist alles an Daten zu erheben, was und wo es nur geht.[200] Es steht somit konträr zu diesen ersten beiden Grundsätzen, was jedoch nicht bedeutet, dass es damit auch automatisch dagegen verstößt. „[Mit] Big Data erschließt sich der wesentliche Wert der Information nicht im Zweck, für den sie gesammelt wurden, sondern in deren vielfacher Wiederverwendung." Damit erfolgt potenziell auch eine Aufhebung der gesetzlich vorgeschriebenen Anonymität bei Datenverarbeitungsverfahren. Eine IP-Rückverfolgung und Big-Data-Verfahren verursachen Re-Identifikationsmöglichkeiten. Die Daten mögen auf den ersten Blick nicht mehr personenbezogen sein, aber man kann sie durch Big-Data-Verfahren leicht zu den Menschen zurückverfolgen, auf die sie sich beziehen. Oder es können Rückschlüsse auf vertrauliche Details im Leben einer Person gezogen werden. „Die zentrale Frage ist nicht, ob Big Data die Gefährdung der Privatsphäre erhöht (das ist der Fall)"[201], sondern ob sich durch Big Data die Qualität dieser Gefahr verändert. Wenn die Bedrohung einfach nur zunimmt, dann können bestehende Datenschutzbestimmungen auch im Big-Data-Zeitalter noch funktionieren, es ist vielmehr eine Frage der Kontrollen. Vor dem Hintergrund eines eigenen virtuellen Sozialraums durch das Internet, in den nahezu alle Aktivitäten aus der körperlichen Welt übertragen wurden und werden, sowie im Rahmen einer dritten qualitativen Entwicklungsstufe, bei welcher die Datenverarbeitung wieder zurückfindet in die körperliche Welt, z. B. durch Mobile Endgeräte, Biometrie, GPS etc.,[202] halten verschiedene Wissenschaftler das Datenschutzgesetz nicht mehr für zeitgemäß.

[200] Vgl. Mayer-Schönberer (2013), S. 38.
[201] Mayer-Schönberer (2013), S. 46.
[202] Vgl. Roßnagel (2011), S. 2.

Mit dem Volkszählungsurteil 1983[203] wurde das *Recht auf die informationelle Selbstbestimmung* etabliert und aus dem allgemeinen Persönlichkeitsrecht (Artikel 2 Absatz 1 Grundgesetz) und der Menschenwürde (Artikel 1 Absatz 1 Grundgesetz) abgeleitet.[204] Von Lewinski führt hierzu aus, dass das ursprünglich entwickelte Grundrecht auf informationelle Selbstbestimmung „ [...] auf eine Selbstbestimmung einer Bestimmungsbefugnis zur Sicherung von Verhaltensfreiheit [...]“[205] abzielt. Rechtskonzeptionell wird hingegen deutlich, dass es sich bei dem Recht auf „informationelle Selbstbestimmung“ im Kern eigentlich um eine „informationelle Fremdbestimmung“ dreht.[206]

Besonders im Zusammenhang mit der Nutzung von Onlinediensten hat der Nutzer zwar das Recht, sich für oder gegen den Nutzen eines solchen zu entscheiden, jedoch trifft er in diesem Zusammenhang regelmäßig auf die hierfür vorgesehenen *Allgemeinen Geschäftsbedingungen* (AGBs). Eine regelmäßig fehlende oder mangelhafte Gliederung, Verwendung unbestimmter Klauseln, Unverständlichkeit aufgrund von Fachsprache, mangelndem Vorverständnis und Komplexität von Sachverhalten[207] führen bei den meisten Nutzern zu einer Art Resignation die AGBs zu lesen. Im Bereich der mobilen Apps z. B. haben bei einer Focus-Umfrage 78 % der Befragten bestätigt, die AGBs aus den hier zuvor genannten Gründen nicht zu lesen. Von Lewinski fasst in Anbetracht der Nutzung von Onlinediensten deswegen zusammen: „Informationelle Selbstbestimmung“ wird durch das geltende Datenschutzrecht und seinen Ansatz informationeller Fremdbestimmung [im Zusammenhang mit der Menge an täglichen potentiellen Entscheidungsnotwendigkeiten] nicht unmittelbar geleistet. Vielmehr beschränkt sich das Datenschutzrecht darauf, mittels des Verbotsprinzips „informationeller Fremdbestimmung“ [...] dem Betroffenen informationelle Autonomie [zu] sichern.“[208] Bemerkenswert ist darüber hinaus, dass Internetangebote erst lesbar sind, wenn man sich auf der Seite befindet und damit schon potentielles oder tatsächliches Opfer von Datenregistrierung geworden ist.[209] Zwar erkennen die Bürger die Bedeutung von Daten für die Wirtschaft allgemein an, 80 % meinen, dass persönliche Daten ein wichtiges Wirtschaftsgut sind, und 44 % sind sogar der Meinung, dass der Datenschutz die wirtschaftliche Nutzung von Daten behindere, jedoch bleibt die weitverbreitete Skepsis und gleichzeitige Forderung bestehen, dass mit

[203] Vgl. Volkszählungsurteil (1983), S. 1ff.
[204] Vgl. Bull (2009), S. 22.
[205] von Lewinski (2014), S. 44.
[206] von Lewinski (2014), S. 45.
[207] Vgl. Kreienbaum (1998), S. 27ff.
[208] von Lewinski (2014), S. 45.
[209] Vgl. von Lewinski (2014), S. 45f.

den erhobenen Daten verantwortungsvoll umgegangen werden soll, wenn man schon nicht mehr wissen kann „wo Daten zu welchem Zwecke verwendet werden".[210]

Die in vielen Fällen, insbesondere auf öffentlichen Plattformen wie z. B. sozialen Netzwerken, frei zugänglichen personenbezogenen Daten stehen zunächst allen öffentlich zur Verfügung. Der sich daraus ergebende potentielle Zugriff Fremder auf diese Daten erschließt ein weiteres noch unreguliertes Feld innerhalb des deutschen Rechts in Bezug auf die Verfügbarkeit und den (eigentlich moralisch nicht zu akzeptierenden) Zugriff darauf. Das betrifft einerseits den im Grundgesetz verankerten Schutz der *Persönlichkeitsrechte* sowie das Recht auf das Eigentum an den eigenen persönlichen Daten. Außerdem werden *Urheberrechtsfragen* eröffnet, denn auch das Recht an der Verwendung von Texten oder Bildern geht im Internet, besonders in Sozialen Netzwerken mit extra darauf ausgelegten AGBs, oft unter. Auch kommt hinzu, dass der User in nur begrenztem Umfang überhaupt von dem *Recht auf Löschung* Gebrauch machen kann, da er ja gar nicht weiß wohin überall seine Daten überhaupt verteilt, gehandelt, geklaut worden sind. Die potentiellen Schäden, die dem User aus dieser Regulierungslücke heraus entstehen können, werfen zunächst vor allem ethische Fragen hinsichtlich des Fremdumgangs mit frei zugänglichen Daten auf, die es in dem noch folgenden Kapitel zu vertiefen gilt.

Laut Sicherheitsreport der Deutschen Telekom von 2013 stehen die Bürger in Deutschland dem Sammeln und Analysieren von gigantischen Datenmengen seit dem NSA Skandal deutlich negativer gegenüber. Obwohl die NSA ausschließlich politisch motivierte Angaben gefiltert hat, werden profitorientierten Unternehmen solche Praktiken sogar noch eher zugetraut, nur dass diese bisher nicht in vergleichbarem Umfang bekannt wurden.[211]

Da insbesondere die Wirtschaft die aktuellen Datenschutzregelungen bereits jetzt als erdrückend und häufig auch sehr kostspielig in der Umsetzung empfindet, wird von deren Seite vermehrt das Argument der *Selbstregulierung*[212] angeführt. Sogenannte IT-Governances[213] und firmeninterne IT-Compliances[214] sollen dabei helfen, entlang den aktuellen Datenschutzbestimmungen selbstverpflichtend die Regeln zu beachten. Selbstregulierung geht jedoch auf soziale Normen zurück,

[210] Dr. Datenschutz (2015) (Pseudonym), S. 1.
[211] Vgl. Kempf (2013), S. 4.
[212] Vgl. Voßbein (2010), S.233.
[213] Vgl. Rüter (2010), S.23. IT-Governance besteht aus Führung, Organisationsstrukturen und Prozessen, die sicherstellen, dass die Informationstechnik (IT) die Unternehmensstrategie und -ziele unterstützt. Unter IT wird in diesem Zusammenhang die gesamte Infrastruktur verstanden, aber auch die Fähigkeiten und die Organisation, die die IT unterstützen und begründen.
[214] Vgl. Runkel (2010), S. 21. IT-Compliance beschreibt in der Unternehmensführung die Einhaltung der gesetzlichen, unternehmensinternen und vertraglichen Regelungen im Bereich der IT-Landschaft.

die meistens nur dann funktionieren, wenn die Anzahl der Teilnehmer überschaubar ist. Obwohl es einen globalen Raum gibt und der Datenschutz deswegen regelmäßig an seine Grenzen stößt, geben viele Menschen weiterhin datenschutzrelevante Inhalte von sich preis (s. Kap. 2.2.5). Selbstregulierung stößt demnach aufgrund der großen Anzahl der an Big Data Beteiligten an ihre Grenzen, da der ökonomische Anreiz erheblich höher ist, als Regulierung anzuwenden.[215] Sie kann lediglich den gesetzlichen Rahmen ergänzen und konkretisieren.[216]

Fakt bleibt: Der gesetzlich geregelte Datenschutz ist eine Notwendigkeit, um Missbräuchen vorzubeugen.

2.3.3 Soziologie und ethische Aspekte

In Kapitel 2.2 wurden die an Big Data Beteiligten vorgestellt, die unterschiedliche Interessen verfolgen und auf verschiedene Weise zum Datenstrom und dessen Verwertung beitragen. Der Technologie von Big Data wohnt dabei zwar zunächst keine inhärente ethische Perspektive bzgl. richtig oder falsch, gut oder schlecht inne. Diese ethische Neutralität gilt jedoch nicht für die *Nutzung* der durch Big Data erhobenen Daten.[217] Im Folgenden sollen daher die Handlungsweisen der Beteiligten auf ethische Aspekte hin überprüft werden.

Bereits jetzt ist ein in der Öffentlichkeit diskutierter Punkt in Bezug auf die anfallenden Datenmengen, dass diese lediglich durch den *Staat* und durch größere Unternehmen tatsächlich handhabbar sein werden. Damit konzentrierte sich die Entscheidungsbefugnis über das *Wie* der Ausübung des Big-Data-Potentials in den Händen Weniger, woraus sich eine mögliche manipulative Kraft ergibt.[218] So hat Big Data im US-Wahlkampf 2012 vor allem für Obama eine wichtige Rolle gespielt, indem durch eine immer zielgenauere Analyse der Klientel eine bessere Mobilisierung der Stammwähler möglich wurde, was bei einer knappen Entscheidung den Unterschied machen kann – und gemacht hat. Die Gefahr dabei ist, dass die Politik aufgrund von Big Data zukünftig nicht mehr auf überzeugende Argumente setzt, sondern lediglich auf die Analyse.[219]

Darüber hinaus liefert der Staat weiteren Anlass zu Bedenken, wenn er seine Aktivitäten bei der *Kriminalitätsbekämpfung* immer weiter in das Vorfeld der Strafverfolgung und der Gefahrenabwehr verlagert. Sicherheitsbehörden konzentrieren sich weniger auf die Beseitigung konkreter Gefahren und die Verfolgung begangener Straftaten, sondern gehen zunehmend der Möglichkeit von geplanten Taten nach. Das sogenannte „Predictive Policing“ (s. Kap. 2.3.1) findet bereits seit 2014

[215] Vgl. Hofmann (2014), S. 2.
[216] Vgl. von Braunmühl (2013), S. 1.
[217] Vgl. King et al (2013), S. 87.
[218] Vgl. Davis (2012), S. 15ff. Ethics of Big Data
[219] Vgl. Tufekci (2013), S. 1.

aktive Anwendung in Bayern und Nordrhein-Westfalen.[220] In der Tendenz, die polizeiliche Datenerhebung immer weiter vorzuverlegen und auszuweiten, besteht eine ernstzunehmende Bedrohung für den Rechtsstaat.[221] Eingriffsschwellen für staatliche Überwachung und Registrierung werden dabei immer weiter abgesenkt und drohen zu verschwinden.[222] Datenschützer fordern daher bisher vergeblich die Offenlegung des Quellcodes des für die „Predictive Policing"-Software verwendeten Algorithmus.[223] Der Staat entzieht sich hier einer möglichen Kontrolle, bei den Bürgern entsteht das Gegenteil eines Sicherheitsgefühls aus Angst vor Willkür, denn die Behörden agieren aufgrund von Wahrscheinlichkeiten und nicht auf der Basis stichfester Indizien. Dass hier Fehlergebnisse im wahrsten Sinne des Wortes vorprogrammiert sind, ist zu befürchten.[224] Dabei ermöglicht dieselbe Technik dem Staat und seiner Gesellschaft, durch Big-Data-Analysen Zukunftsszenarien zu konstruieren und zu evaluieren, ohne jedoch Risiko und Ressourcenverbrauch eines realen Tests auf sich nehmen zu müssen.[225]

In Bezug auf die *gesellschaftlichen* Auswirkungen von Big Data entspricht die Ethikdebatte gewissermaßen einem Makro Privacy Paradox (s. Kap. 2.2.5). Vor dem Hintergrund potentieller Gefahren, aber auch Nutzen von Big Data stellt sich die übergeordnete Frage, ob es das wert ist, ein Stück der eigenen Freiheit zu opfern und sich neuen Schutzräumen anzuvertrauen, um die Beherrschbarkeit globaler Komplexität zu fördern. Im Alltag hinterfragt dies ganz konkret, was man mit Daten anfangen darf und welche Analysen zu sehr ins Private gehen. Fragen wie diese sollten fester Bestandteil bei der Planung von Big-Data-Projekten sein.[226]

Für *Unternehmen* stellen sich ethische Fragen, wenn diese Erkenntnisse darüber gewinnen, welchen Nutzen sie aus der Verarbeitung von Daten in Big-Data-Analysen ziehen können, z. B. wenn Handlungen und Entscheidungen zu schnelleren und größeren Konsequenzen für Marken, Kundenbeziehung und Umsatz führen.[227] Insofern bedingt Big Data auch neue Einschätzungen über den Wert von Unternehmen. Durch die operativen Tätigkeiten von Unternehmen im Zusammenhang mit Big Data entsteht ein enormes Aufkommen von Informationen, darunter auch in vielen Fällen personenbezogene Daten. Ethische Konsequenzen, etwa wenn die erhobenen personenbezogenen Daten womöglich mehr über die Person preisgeben könnten als ursprünglich beabsichtigt, müssen transparent bewertet werden, sonst riskieren Unternehmen ihre positiven Kundenbeziehungen

[220] Vgl. Monroy (2014), S. 1.
[221] Vgl. Trojanow (2009), S. 78f. Angriff auf die Freiheit
[222] Hofstetter (2014), S.148.
[223] Vgl. Sawall (2014), S. 1.
[224] Vgl. boyd (2013), S.194f.
[225] Hofstetter (2014), S.135.
[226] Vgl. Davis (2012), S. 14f. Ethics of Big Data
[227] Vgl. Davis (2012), S. 14f. Ethics of Big Data

oder setzen sich unkalkulierbaren Gefahren aus.[228] Da viele Unternehmen derzeit die Auswüchse von Big Data nicht realistisch einzuschätzen vermögen, verzichten 34 % der deutschen Unternehmen aus Sorge vor der Kundenkritik und 20 % aus Sorge vor Imageschäden auf die Verwendung der Technologie. Bemerkenswert ist, dass über 45 % der befragten Unternehmen noch gar nicht über die substantiellen Möglichkeiten von Big Data Bescheid wissen.[229]

In Bezug auf den Einzelnen, sprich um den *User* herum, lässt sich die ethische Big-Data-Debatte in vier Bereiche einteilen:[230]

1. Vor dem Hintergrund, dass die öffentliche *Identität* der Online-Identität des Users insbesondere durch die Nutzung von sozialen Medien immer gleichgestellter ist, sollten die Gesetze die in der Offline-Welt die Privatsphäre schützen, auch auf die Online-Welt übertragen werden. Zum Beispiel werden Schöpfern künstlerischer Werke in der Offline-Welt umfangreiche Urheberrechte zugesprochen. Wenn nun persönliche Daten und deren Erzeugung auch als schöpferischer Akt gewertet würden, „müssten alle Rechte zum Schutze des Copyrights auch für Big Data gelten."[231]
2. In Bezug auf die Anonymität von Daten führt eine korrekt durchgeführte Anonymisierung von Daten zwar zu einem größeren Schutz der *Privatsphäre* des Datenlieferanten, verwehrt ihm jedoch zugleich einen maximalen Nutzen durch Big-Data-Analysen. Gestützt wird diese Aussage durch Ohm: „Data can be either useful or perfectly anonymous, but never both."[232] Brisant ist in diesem Zusammenhang die Möglichkeit, jede Identität zu re-identifizieren (s. Kap. 2.3.2) und Daten zu de-anonymisieren.[233] Wissenschaftler der Cambridge Universität konnten beispielsweise in einer Studie mit 60.000 anonymisierten Facebook-Nutzern sehr intime Details aus ihren Likes extrahieren: Geschlecht, Rasse, sexuelle Orientierung, Alkoholgenuss – viele dieser Eigenschaften sind mit hoher Wahrscheinlichkeit konstruierbar. Homosexualität konnten sie beispielsweise in immerhin 88 % der Fälle richtig vorhersagen. Wichtig dabei: Auf den ersten Blick standen die Likes in keinem unmittelbar erkennbaren Zusammenhang. Nur 5 % der homosexuellen Teilnehmer gaben beispielsweise offensichtlichen Themen wie "Gleichgeschlechtliche Ehe" ein Like. In der Kritik bei solchen algorithmischen Wahrscheinlichkeitsermittlungen steht dabei nicht nur die Möglichkeit der De-Anonymisierung, sondern die Unzuverlässigkeit des Ergebnisses. Ein Like auf Facebook kann ganz unterschiedliche Dinge bedeuten: „Wie idiotisch", „Das tut mir leid für dich", „Ich

[228] Vgl. King et al (2013), S. 87.
[229] Vgl. Bitkom (2014a), S.13.
[230] Vgl. Davis (2012), S. 15ff.
[231] Vgl. Davis (2012), S. 15ff.
[232] Vgl. Ohm (2010), S. 1704.
[233] Vgl. Baeriswyl (2013), S. 14ff.

hasse das“ und manchmal auch „Das gefällt mir“. Diese semantischen Unterschiede sind jedoch für Maschinen nicht erfassbar. Daten über menschliches Verhalten sind also nur bedingt vergleichbar mit Daten über Objekte.[234] Eine akute Gefahr solcher Analysen liegt in der möglichen *Stigmatisierung* betroffener Personen im Alltag bei Bekanntwerden bis hin zum Verlust des Jobs. Dies reicht schon jetzt bis hin zum Ausschluss von Krediten oder Versicherungspolicen.

3. Schwierig gestaltet sich ebenso die Frage um das *Eigentumsrecht* (Verfügungsrecht) an personenbezogenen Daten. Da es hier derzeit keine eindeutige Regelung gibt, können Daten im Rahmen einer Servicenutzung erhoben werden. Als besonders kritisch werden hierbei aus ethischer Sicht Geodaten und Gesundheitsdaten eingestuft. Die Tatsache, dass es digitale Inhalte gibt, die öffentlich zugänglich oder beispielsweise bei Facebook als öffentlich markiert sind, bedeutet nicht automatisch, dass jeder mit diesen Inhalten machen kann, was er möchte.[235] Genutzt werden können diese Daten für Analysen dennoch, da es für Nutzer von Sozialen Netzwerken (noch) keinen ausdrücklichen Probandenschutz wie beispielsweise in medizinischen Studien gibt.[236]
4. Onlinedaten und eine nicht anonymisierte Nutzung haben außerdem großen Einfluss auf die *Reputation* des Users und können die On- wie auch die Offline-Identität nachhaltig schädigen.[237] Besonders junge Menschen gehen in diesem Zusammenhang oftmals sehr leichtfertig mit Daten in sozialen Netzwerken um. 2012 waren 92 % deutscher Teenager mit ihrem richtigen Namen in sozialen Medien angemeldet.[238] Zwar existiert seit 2013 offiziell ein europäisches *Recht auf Löschung*[239], dieses garantiert jedoch mangels Kontrolle und tatsächlicher Nachvollziehbarkeit der Löschung bei Weiterreichen persönlicher Daten an weitere Dritte durch Dritte derzeit keinen umfassenden Schutz. Da das Urteil nur für den europäischen Raum gilt, besucht man etwa Domain google.com statt .de und trifft erneut auf die eigentlich gelöschte Information. Im Kontext ethischer Auseinandersetzungen wird die Problematik des Gesetzes und seiner Konsequenzen deutlich, denn nach den Kritikern des Rechts auf Löschung geht es bei den Access-Sperren und Löschpflichten von Google im Kern um den staatlichen Zwang, den Zugang zu Inhalten im Internet zu erschweren.[240] Befürworter der Löschung sehen dagegen in der Ewigkeit von Daten eine Vernachlässigung der hohen Werte von Resozialisierung und Ver-

[234] Vgl. Tufekci (2013), S. 1.
[235] Dapp (2014), S. 35.
[236] Vgl. Lutz (2014), S. 35.
[237] Vgl. Davis (2012), S. 17.
[238] Vgl. JIM Studie (2012), S. 37ff.
[239] Vgl. BDSG (2015), S. 1.
[240] Vgl. Stadler (2014), S. 1.

gebung, wenn sich Personen in ihrem Leben einmal etwas zu Schaden kommen lassen haben. Denn dies ist so stets rückverfolgbar.[241]

Eine besonnene ethische und transparente Diskussion um Big Data kann helfen, gegen Misstrauen und politische Polemisierung anzugehen und die Potenziale zu verdeutlichen. Dabei schafft Ethik grundsätzliche Prinzipien guten oder ethischen Handelns. Die Anwendung dieser Prinzipien im Einzelfall ist jedoch durch Individuen oft nicht leistbar, sondern Aufgabe der praktischen Urteilskraft und des geschulten Gewissens.[242] Derart geschulte Institutionen stellen *Ethikkommissionen* dar. Sie sollen den Bürger vor Imageschäden bewahren und vor Gefahren und Risiken für Leib und Leben sowie für die Umwelt warnen. Sie erarbeiten ethische Leitlinien und orientieren sich bei ihren Entscheidungsempfehlungen daran. Allerdings sind in Ethikkommissionen die Ethiker meist in der Minderheit. Mitglieder sind mehrheitlich Naturwissenschaftler, Rechtswissenschaftler, Mediziner und Theologen. Damit kann kaum eine professionelle Ethik praktiziert, sondern allenfalls eine gewünschte Moral propagiert werden.[243]

Ein großer Hoffnungsträger der Zukunft ist die Idee des *Open Data*. Sie umfasst die freie Verfügbar- und Nutzbarkeit von meist öffentlichen Daten und beruht auf der Annahme, dass vorteilhafte Entwicklungen wie Open Government unterstützt werden, wenn Daten für jedermann frei zugänglich gemacht werden. Dazu verwenden die Ersteller Lizenzmodelle, die auf Copyright, Patente oder andere proprietäre Rechte weitgehend verzichten. Open Data ähnelt dabei zahlreichen anderen „Open"-Bewegungen, wie zum Beispiel Open Source, Open Content, Open Access oder Open Education, und ist eine Voraussetzung für Open Government. Für die Demokratie und für die Wirtschaft sind offene Daten ein wichtiger Treibsatz. Engagement und Beteiligung von Bürgerinnen und Bürger am öffentlichen Leben und an Staat und Kommune setzen frühzeitige und umfassende (Quell)Informationen voraus. Auch für die Wirtschaft ist die Nutzung offener, staatlicher oder kommunaler Daten elementar. Regierungshandeln würde transparent und nachvollziehbar, was zu mehr Rechenschaft und Pflichtbewusstsein aber auch zu mehr Vertrauen und Akzeptanz führt. Staaten, die der Open-Data-Philosophie folgen, erarbeiten sich Wettbewerbsvorteile. Auch hier ließe sich die Liste rückwärts lesen was die Bedenken über Datenschutz betrifft.[244]

[241] Vgl. Glaser (2013), S. 294.
[242] Vgl. Schopenhauer (1839), S. 13ff.
[243] Vgl. Bendel (2015), S. 1.
[244] Vgl. IGC (2010), S. 56ff.

2.4 Zusammenfassung Kapitel 2

Kapitel 2 hat veranschaulicht, dass Big Data ein historisch gewachsenes Phänomen ist. Bereits vor mehr als einem Jahrhundert gab es erste Überlegungen und Durchführungen von Korrelationsanalysen aus größeren Datenmengen, die dem algorithmischen und automatisierten Ablauf von Big-Data-Anwendungen verwandt sind (s. Kap. 2.1.1). Auch sind manche Menschen schon immer geneigt, bei Inanspruchnahme von Vorteilen potenzielle Risiken in Kauf zu nehmen. Big Data stellt insofern eine Potenzierung des Althergebrachten durch technische Innovationen in Kombination mit dem Internet dar. Die Chancen durch Big Data für die Beteiligten sind groß, es bestehen jedoch auch schwer abzuschätzende Risiken für den Einzelnen in einem Feld von zu viel staatlicher Überwachung bis hin zum kriminellen Missbrauch personenbezogenen Daten auch aufgrund gesetzlicher Schlupflöcher (s. Kap. 2.3.2). Der aktuelle deutsche Datenschutzrechtsrahmen schützt den User daher nur bedingt, insbesondere in Anbetracht von unüberschaubaren AGBs. Dass dies für den User ein noch viel höheres Risiko im Bereich des Gesundheitswesens darstellen kann, veranschaulicht das folgende Kapitel 3.

3 Big Data im Gesundheitsbereich

In diesem dritten Kapitel wird die hierarchische Konstruktion der Systemebenen und Akteure vom Staat bis hin zum User erneut parallel zu Kapitel 2 aufgegriffen. Dabei wird es in Vorbereitung der empirischen Erhebung im daran anschließenden Kapitel 4 um die Chancen und Risiken von Big Data und den Umgang mit personenbezogenen Daten im Kontext Gesundheit gehen. Bevor es aber um die an Big Data im Gesundheitswesen beteiligten Akteure und Sphären geht, wird dem Leser ein Einblick in die Strukturen und den aktuellen Diskurs im deutschen Gesundheitswesen gegeben.

3.1 Das Gesundheitswesen im aktuellen Diskurs

Im Jahr 2013 lag Deutschland in Bezug auf die Qualität seines Gesundheitssystems laut OECD Gesundheitsbericht im europäischen Gesamtranking im vordersten Drittel.[245] Dies lässt sich jedoch vor allem auf eine hervorragende Struktur- und Prozessqualität in den Bereichen Infrastruktur und Ausnutzungsgrad zurückführen. Die Struktur des deutschen Gesundheitswesens ist arbeitsteilig aufgebaut. Während der Gesetzgeber die juristischen, administrativen und ökonomischen Spielregeln aufstellt, bedient der gesetzlich Versicherte durch Beiträge die gesetzlichen Krankenversicherungen[246] und diese bezahlen Ärzte und Leistungsträger.[247] Es handelt sich hierbei um ein historisch gewachsenes System, welches sich über Jahrzehnte bewährt hat.[248] Dabei haben sich im Laufe der Jahre drei wesentliche Qualitätsbereiche herauskristallisiert:[249]

- die Struktur- und Prozessqualität bezieht sich auf die Inputfaktoren des Behandlungsprozesses, z. B. moderne Geräte, wirksame Medikamente und qualifiziertes Personal,
- zur Ergebnisqualität gehören die Einschätzung der Behandlungsmethode und der behandlungsbezogene Output,
- die Versorgungsqualität hat den optimalen Gesundheitszustand der gesamten Bevölkerung z. B. durch Vorsorgeuntersuchungen zum Maßstab.

---

[245] Vgl. OECD Gesundheitsbericht (2013), S. 1.

[246] Im Rahmen dieser Arbeit wurde aus Platzgründen im Zusammenhang mit dem Gesundheitswesen der Fokus auf die Gesetzlichen Krankenkassen gelegt, da diese die Hauptlast aller in Deutschland entstehenden Kosten im Gesundheitswesen tragen. Private Kassen sind in ihrer Arbeit den gesetzlichen Kassen was das Wirtschaften und die Qualitätssicherung betrifft gleichzustellen. Privatversicherte und Selbstzahler nutzen die gleichen Infrastrukturen wie die gesetzlich Versicherten und sind als ein gleichwertiger, das Gesundheitswesen nutzender Teil zu betrachten, auch wenn auf sie nicht näher eingegangen wird.

[247] Vgl. Jonitz (2003), S. 1. "marburger bund, ärztliche Nachrichten" - Ausgabe vom 24.01.2003 Gesundheitspolitik - leicht gemacht

[248] Vgl. Gerlinger (2012), S. 1.

[249] Vgl. Jonitz (2003), S. 5.

Auf der Basis dieser drei Qualitätsdimensionen ergab die zuvor erwähnte OECD Studie auch, dass Deutschland von 24 europäischen Staaten gemessen am Bruttoinlandsprodukt die dritthöchsten Ausgaben im Gesundheitssektor nach Frankreich und den Niederlanden aufweist.[250] Die Kosten haben sich von 1992 mit über 157,9 Mio. bis 2011 auf 293,8 Mio. nahezu verdoppelt. Aus einem durchschnittlichen und permanenten Ausgabenanstieg von 7,5 Mio. (3,4 %) pro Jahr über die letzten 20 Jahre hat sich ein zu hinterfragender Ausgabentrend manifestiert.[251] Dringende radikale Reformen für ein effizienteres Gesundheitssystem geraten seither unter dem Druck von Lobbyisten erneut ins Stocken.[252]

Auch die Bevölkerung sieht die Veränderung des Gesundheitswesens mit Besorgnis: Jeder 5. Deutsche hielt 2014 die Stabilität des Gesundheitswesens für die dringendste Aufgabe, die es zu lösen gilt, sogar noch vor Arbeitslosigkeit und wirtschaftlicher Stabilität. 85 % fürchten eine Erhöhung der Krankenkassenbeiträge bei den Gesetzlichen Krankenkassen (GKV), wenn eine Finanzierbarkeit, ein angemessener Leistungsumfang sowie die Versorgungsqualität weiterhin aufrechterhalten bleiben sollen.[253] Ein wesentlicher Faktor für den Kostenanstieg in den vergangenen 15 Jahren war der medizinische Fortschritt. Obwohl 48 % der Deutschen 2014 damit rechneten, zukünftig nicht mehr vom medizinischen Fortschritt zu profitieren, wollen die meisten darauf nicht verzichten. 65 % würden hierfür sogar einen Anstieg der Kassenbeiträge in Kauf nehmen.[254]

Dass Deutschlands Gesundheitssystem in vielen Kategorien lediglich im Mittelfeld rangiert, zeigen unterschiedliche Beispiele: Im Bereich des gesundheitsbewussten Verhaltens nehmen die Deutschen etwa beim Alkoholkonsum pro Erwachsenen (15 Jahre und älter) mit 11,7 Liter den 20. Rang ein. Mit nur 11 % täglicher sportlicher Aktivität bei 15-Jährigen liegt Deutschland lediglich auf der 16. Position.[255] Bei weiteren Indikatoren wie Übergewicht bei Kindern oder die Anzahl von Gewohnheitsrauchern unter Erwachsenen ist mit Rang 14 nur das untere Mittelfeld zu verzeichnen.[256] Was den eigenen gesunden Lebensstil betrifft sind immerhin 70 % der Deutschen selbstkritisch. 58 % sind sich darüber einig, dass die Gesundheit in der Selbstverantwortung liegt[257], 41 % hingegen sehen die Gesundheit auch als gesamtgesellschaftliche Aufgabe und somit den Staat und die Krankenversicherungen in der Pflicht. Dabei unterstützen 90 % den sogenannten Setting-Ansatz, Strukturen dort zu etablieren, wo sich die Menschen im Alltag ohnehin aufhalten – z. B. in Kitas, Schulen, Universitäten oder Betrieben. Eine überragen-

[250] Vgl. Penter (2014), S. 5.
[251] Vgl. Penter (2014), S. 5.
[252] Vgl. Schroeder (2009), S. 42.
[253] Vgl. GfK Studie (2014), S. 24.
[254] Vgl. TK News (2014), S.1.
[255] Vgl. Penter (2014), S. 7.
[256] Vgl. Penter (2014),, S. 7.
[257] Vgl. Wippermann (2014), S. 8.

de Mehrheit ist der Ansicht, dass es im deutschen Gesundheitssystem mehr Wettbewerb geben sollte – das befürworten 67 % in der Hoffnung, dass sich der Service dadurch verbessert und die Versorgungsqualität zunimmt.[258]

Die Forderungen gehen in Anbetracht der Kosten- und Gesundheitsentwicklung insbesondere in zwei Richtungen: Optimierung und Aufklärung.[259] In Hinblick auf die Effizienz des Gesundheitssystems bedeutet dies im Bereich der Struktur- und Prozessqualität trotz sehr guter Noten u. a. ein zu optimierendes Maß an Arbeitsplatzqualität für das Personal hinsichtlich niedrigerer Arbeitszeiten und die Begrenzung von Bürokratie und daraus entstehenden zusätzlichen Kosten.[260] Um den Staat bei der Herausforderung der Qualitätssicherung im Gesundheitswesen zu entlasten, wurde der Gemeinsame Bundesausschuss (G-BA) 2004 gegründet. Der Gesetzgeber hat den G-BA mit einem großen Aufgaben- und Verantwortungsspektrum ausgestattet. Er hat die Kompetenz, Richtlinien zu erlassen, die für Anbieter von Gesundheitsleistungen, Krankenkassen und Patienten in Deutschland gleichermaßen bindend sind. Er ist dabei als Organ der gemeinsamen Selbstverwaltung von Ärzten, Krankenkassen und Krankenhäusern so konstruiert, dass ein machtpolitisches Durchsetzen von Einzelinteressen nicht möglich ist, er jedoch auch in festgefahrenen Entscheidungssituationen zu Ergebnissen kommen kann.[261] Durch eine sogleich im Jahr 2004 erlassene „Richtlinie über Maßnahmen der Qualitätssicherung im Krankenhaus" hat der G-BA erste Schritte in Richtung datengestützte, externe und stationäre Qualitätssicherung unternommen. Ein großer Kritikpunkt an dieser Richtlinie ist jedoch, dass Krankenhausärzte nun mehr als ein Drittel ihrer Arbeitszeit mit dem Ausfüllen von Anfragen und Formularen beschäftigt sind, Zeit die bei den Patienten fehlt.[262]

Eine zweite strittige G-BA Maßnahme sehen Kritiker wie Behrendt[263] in der Entledigung des Staates von seiner Verantwortung durch Privatisierung von Krankenhäusern[264] oder dem Outsourcing von Datenverwaltung und Datenverarbeitung an nicht-öffentliche Einrichtungen.[265] Zwar werden Einrichtungen privater Trägerschaft vom Staat mit umfangreichen Rechten und Pflichten in Bezug auf die Datenverarbeitung ausgestattet[266], jedoch stehen diese in der Kritik, weil sie, anders als der Staat, nicht der gesetzlich verankerten Fürsorgepflicht nachkommen müssen und ihnen der Vorwurf zuteil wird, stärker am Profit als am Patienten orientiert

[258] Vgl. TK News (2014), S. 3.
[259] Vgl. Jonitz (2014) S. 2.
[260] Vgl. Fuchs et al (2010), S. 186.
[261] Vgl. Bronner (2014), S. 6f.
[262] Vgl. Frommann (2014), S. 14ff.
[263] Vgl. Behrendt (2009), S. 3.
[264] Vgl. Sibbel (2010), S. 43f.
[265] Vgl. Krystek (2009), S. 40.
[266] Vgl. Anhang 2, §9, BDSG.

zu agieren.[267] Jedoch können Krankenhäuser in privater Trägerschaft auf der anderen Seite Kapital am Kapitalmarkt leichter akquirieren, was die Investitionskraft deutlich stärkt.[268]

Um die Ergebnis- und Versorgungsqualität und die Aufklärung der Patienten zu verbessern, wird vorgeschlagen, die Qualität transparenter und somit verständlicher zu machen.[269] Der Patient soll vor allem die relevanten zuverlässigen Informationen erhalten. Eine Offenlegung der Daten müsste zeitnah und ohne Ausnahme erfolgen, auch wenn es sich um schlechte Ergebnisse handelt. Vor dem Hintergrund kürzerer Verweildauern im Krankenhaus und angesichts von Behandlungen durch unterschiedliche Leistungserbringer beschäftigt sich der G-BA zur Zeit mit einer die Regelung von 2004 ergänzenden Struktur einer datengestützten und sektorenübergreifenden Qualitätssicherung, um die Ergebnisqualität noch besser beurteilen zu können.[270] Außerdem sollte im Bereich der Versorgungsqualität der Patient in Form von gesundheitlicher Aufklärung und Prävention stärker aktiv in die Qualitätssicherung mit einbezogen werden, um bestimmte Krankheiten durch eine gesunde Lebensweise von vornherein zu verhindern.[271]

Einen weiteren Denkansatz in Richtung der Einbeziehung von Alltagsdaten des Patienten als zusätzlicher Bestandteil der Qualitätssicherung bei Big-Data-Anwendungen liefert das Modell von Langkafel und insbesondere die erste (horizontale) der drei Koordinaten. Die Koordinaten beschreibt Langkafel als mögliche Grundlage zur Entwicklung von Modellen für die Nutzung der allgemeinen Potentiale von Big Data im Sinne der vom G-BA geforderten Effizienzsteigerung in der Qualitätssicherung. Zu ihnen zählen:[272]

1. die horizontale Koordinate: bessere Integration von Daten entlang der Behandlungskette, Verbindung von stationärer, ambulanter und rehabilitativer Therapie in Verbindung mit Daten aus dem Alltag,
2. die vertikale Koordinate: eine tiefere Verzahnung von Datenbeständen, etwa eine bessere Verbindung von administrativen, klinischen und forschungsnahen Daten. Zum Beispiel werden laut dem British Medical Journal ca. 50 % medizinischer Studien gar nicht erst registriert oder publiziert. Und mehr als 99 % der Daten, die zu Forschungszwecken erhoben werden, stehen nach einer Publikation nicht mehr zur Verfügung,
3. die temporäre Koordinate: Big-Data-Analysen erlauben nicht nur den Blick zurück, sondern erlauben das Echtzeit-Monitoring von Geschäftsprozessen,

[267] Vgl. Sutter (2011) S. 130.
[268] Vgl. Augursky et al (2012), S. 11.
[269] Vgl. Penter (2014), S. 11.
[270] Vgl. Grüning (2014), S. 118.
[271] Vgl. Langkafel (2014), S. 18f.
[272] Vgl. Langkafel (2014), S. 18.

das es ermöglicht, Analysen auf Basis der operativen Daten durchzuführen und dabei eine Grundlage bildet für schnelle Reaktionen und sogar Vorhersagen.[273]

Sämtliche Denkansätze stellen eine dringend benötigte stärkere Verbindung von Qualität und Wirtschaftlichkeit dar, denn eine Lösung liegt laut Jonitz[274] nicht zwingend in einer zusätzlichen Erhöhung der Gesundheitsausgaben, sondern vielmehr in einer effizienteren Verwendung der zur Verfügung stehenden Mittel.

3.2 Gesellschaftliche Werte im Umgang mit Gesundheit

Welche ethischen Fragen Big Data grundsätzlich aufwirft, wurde bereits im Kapitel 2.3.3 beschrieben. Im folgenden Abschnitt soll es nach der Darstellung der Einstellungen der Bevölkerung zur eigenen Gesundheit vor dem Hintergrund der Forschungsfrage um ethische Schwerpunkte zu Big Data im Gesundheitsbereich gehen.

Das Ergebnis der GfK-Befragung, wonach für einen Großteil der Deutschen ein gesunder Lebensstil von Bedeutung ist[275] (s. Kap. 3.1), wird durch den gesellschaftlich repräsentativen[276] Werte Index 2014 untermauert.[277] Gesundheit stand 2014 als Wert der Deutschen im Ranking an 1. Stelle sogar vor Freiheit und Erfolg, sie ist die Grundlage für „ [...] gelebte Freiheit, Autonomie und Eigenverantwortung."[278] Die Einstellungen der deutschen Bevölkerung zur eigenen Gesundheit und dem Gesundheitswesen (s. Kap. 3.1) liefern nachvollziehbar die besten Voraussetzungen für die von Jonitz geforderten Reformpunkte für das Gesundheitssystem: Optimierung und Aufklärung.[279] Denn die Mehrheit der Bevölkerung weiß um die Notwendigkeit einer Reform was die Wirtschaftlichkeit des Systems anbetrifft und sieht sich darüber hinaus neben dem Staat auch in der Eigenverantwortung für das eigene Wohlbefinden. Auch wenn das persönliche Gespräch mit dem Arzt 61 % der Deutschen am liebsten ist und sie dafür sogar längere Wege und Wartezeiten in Kauf nähmen, sind bereits 37 % der Telemedizin in Form des Videogespräches, besonders in strukturschwachen Gegenden, aufge-

[273] Vgl. Brunner (2014), S. 70.
[274] Vgl. Jonitz (2014) S. 2.
[275] Vgl. Wippermann (2014), S. 8.
[276] Vgl. Wippermann (2014), S. 178. 2014 sind bereits 58,3 % der Deutschen ab dem 14. Lebensjahr online (Quelle: ARD/ZDF Onlinestudie 2014), da die überdurchschnittliche Konzentration von über 70 % der User auf die Altersgruppe der 14-44 jährigen entfällt, wird beim Werte Index durch die Auswahl heterogener und reichweitenstarker Quellen mit gesellschaftlicher und politischer Ausrichtung eine Repräsentativität methodisch gewährleistet.
[277] Vgl. Wippermann (2014), S. 8.
[278] Wippermann (2014), S. 8.
[279] Vgl. Jonitz (2014) S. 2.

schlossen.[280] Die breite Masse der Bevölkerung konnte allerdings noch in 2014 mit dem Begriff *Big Data* nichts anfangen; lediglich 36 % kannten ihn und nur 14 % davon dessen Bedeutung.

Vor dem Hintergrund dieser begrifflichen wie konzeptionellen Unwissenheit bei der Bevölkerung und der Tatsache, dass Big Data mit all seinen Nutzen und potentiellen Gefahren Einzug hält in das heimische Gesundheitssystem sowohl im professionellen[281] aber auch in einen den User täglich begleitenden Lifestyle Bereich,[282] wird die Notwendigkeit der Aufklärung umso deutlicher. Diese sollte nicht nur im Sinne einer präventiven Informationspolitik über einen gesünderen Lebensstil erfolgen, sondern „über die wahren Zusammenhänge und Inhalte“[283] zu Maßnahmen im Sinne der Erhaltung eines qualitativen Gesundheitswesens informieren.

Bei der medizinischen genauso wie bei der generellen Datenverarbeitung (vgl. 2.3.2) kommt es im Kern auf die Kontrolle der Preisgabe von Daten über die eigene Person (informationelle Selbstbestimmung) sowie der Informationen, die man (meist über sich selbst) erhält (Recht auf Wissen und Nichtwissen) an.[284] Um in der Medizin die informationelle Selbstbestimmung zu gewährleisten, muss der Arzt aufgrund der Wissensasymmetrie zwischen ihm und dem Patienten diesen im Falle einer Therapie oder eines Forschungsvorhaben formalrechtlich darüber aufklären, um von ihm eine sogenannte informierte Einwilligung erhalten zu können (Informed Consent).[285] Da dem Recht auf informationelle Selbstbestimmung jedoch häufig weitere Grundsätze wie die Freiheit der Forschung und Lehre[286] und das Wohlergehen der Allgemeinheit[287] gegenüberstehen, gilt es Lösungen zu finden, die Situationen sich widersprechender ethischer Prinzipien ausschließen bzw. bei denen der Nutzen die Risiken überwiegt. Solche Probleme entstehen besonders dann, wenn sich angesichts neuer Technologien wie Big Data bestehende Regeln als nicht mehr ausreichend erweisen. In vielen Fällen wird hier auf freiwilliger Basis eine Ethikkommission (s. Kap. 2.3.3) einberufen. Im Bereich der medizinischen Sekundärforschung gibt es dazu strengere Regeln: Da hier häufig zwischen dem öffentlichen Interesse und dem Recht auf Informationelle Selbstbestimmung des Einzelnen abzuwägen ist, haben Ärzte die berufsrechtliche Verpflichtung „[...] vor Beginn eines Forschungsvorhabens mit personenbeziehbaren Daten [...] die Beratung einer Ethikkommission einzuholen.“[288] Dies verdeutlicht,

[280] Ebd.
[281] Vgl. Langkafel (2014), S.28f.
[282] Vgl. Schumacher (2014), S. 228f.
[283] Vgl. Jonitz (2014) S. 2.
[284] Röhrig (2014), S.104.
[285] Röhrig (2014), S.105.
[286] Vgl. Art. 5 GG.
[287] Vgl. Art. 14 II 2 GG.
[288] Röhrig (2014), S.108.

dass der Staat in Hinblick auf den Schutz seiner Bürger und deren Gesundheitsdaten insbesondere in der Forschung und in der behandelnden Medizin per Gesetz eine notwendige Vorsorge trifft.

Dass mit Big Data auf staatlicher wie unternehmerischer Seite Einsparpotenziale (s. Kap. 2.2) verbunden sind, ist grundsätzlich ein Vorteil, kann aber mit Profitgier und Optimierungsfalle als Kehrseiten verbunden sein. So stehen Big-Data-Analysen auch im Gesundheitsbereich fast immer für ökonomische Erwägungen.[289] Eine Befürchtung dabei ist, dass es, wenn sich Big Data in Einsparungsprozessen bewähren sollte, zu einer ökonomischen Optimierungsfalle kommen wird und die kommerzielle Ausbeutung prekärer gesundheitlicher Situationen von Menschen zur Maximierung von Unternehmensprofiten beiträgt. Statt dass es dem Patienten nutzt, kehrt sich Big Data dann gegen ihn.[290] Gegenargumente hierzu sind, dass sich Krankenhäuser nach außen hin nur mit Qualität profilieren können und sich deswegen die Debatte um die Optimierungsfalle erübrigt.[291]

Des Weiteren bedient sich der Patient aktiv eines neuen Servicebereichs im Gesundheitssystem. Langkafel bezeichnet diesen Bereich als „non classical health players“[292] und zählt z. B. soziale (eHealth-)Netzwerke oder Lifestyle-Apps auf. Der Bürger ist deswegen bereits ein zusätzlicher und aktiv mitwirkender Teil des Gesundheitssystems. In diesem Zusammenhang ist besonders der Schutz der Privatsphäre in sozialen Netzwerken bzw. im Bereich von Lifestyle Produkten ethisch bedenklich. Die meisten Apps sind kostenlos und lassen sich den Service mit der Erhebung der persönlichen Daten des Users bezahlen. Außerdem sind viele dieser Daten unverschlüsselt und leicht zugänglich. So messen beispielsweise Aktivitäts-Tracker die Aktivität der Nutzer mit einem im Armband eingebauten Beschleunigungssensor und senden die Rohdaten via Bluetooth auf das Smartphone oder mit auf dem Rechner installierter Software zu den Betreiber-Servern.[293] Darüber hinaus fordern viele Apps von den Usern außerdem Zugriffsberechtigungen auf Daten an, die für die eigentliche Funktion der Anwendung nicht erforderlich sind - oder übertragen Daten an dritte Parteien, ohne dass die Nutzer dieser Übertragung zugestimmt haben.[294] Ähnlich wie bei den schwer verständlichen AGB (s. Kap. 2.3.2) wird auch hier durch die Überforderung der Nutzer die informationelle Selbstbestimmung untergraben.

Problematisch ist dabei, dass diese hochsensiblen Daten bei Bekanntwerden zu Stigmatisierung, Reputationsschädigung bis hin zum Verlust des Jobs oder gar Erpressung führen können. Auch wirtschaftliche Interessen können bei der Ver-

---

[289] Vgl. Weichert (2014), S. 2.
[290] Vgl. von Müller (2014), S. 57.
[291] Vgl. Langkafel (2014), S. 24.
[292] Vgl. Langkafel (2014), S.16.
[293] Vgl. Studie der Bundesarbeitskammer (2014), S. 38.
[294] Vgl. Rothman et al (2014), S. 10.

wertung eine Rolle spielen. So wären zum Beispiel Versicherungen potentielle Empfänger, an die Daten von Apps weitergereicht werden könnten. Dass bereits Wahrscheinlichkeiten aus mit Big Data generierten Korrelationen ausreichen, um auch ohne Gewissheit über den Kunden eine Policenverweigerung zu bewirken, zeigt sich am Beispiel von Deloitte Consulting. Das dort für die Aviva-Versicherung entwickelte Vorhersagemodell konnte Gesundheitskriterien anhand von Konsumverhalten tatsächlich erfolgreich darstellen.[295] Über Lifestyle Apps, die Vitaldaten direkt ermitteln und liefern, wäre es für Versicherungen ein noch leichteres Unterfangen, diese Daten für Risikoanalysen zu verarbeiten. Mitunter werden solche Apps sogar bereits von Versicherungen selbst angeboten. Hier besteht zukünftig die Gefahr eines Opt-In Zwangs für den Versicherten, wenn dieser nicht benachteiligt werden möchte.[296]

Damit sich die positiven Seiten von Big Data im Gesundheitswesen entfalten können, müssen diese negativen Eventualitäten berücksichtigt werden. Ethikkommissionen können hierbei eine wichtige Rolle spielen, auch was die Empfehlungen zur Regulierung des Lifestyle-Bereichs angeht. Denn es ist deutlich, dass speziell dieser Bereich besonders kritisch im ethischen Kontext abschneidet. Mögliche Folgen wie die nicht konsentierte, heimliche und/oder zweckwidrige Nutzung von Daten aus dem höchstpersönlichen Gesundheitsbereich beeinträchtigen generell die persönliche Entfaltung und dies oft in existenziellen Lebensbereichen wie Berufstätigkeit, Familie oder Sexualität. Durch ein Kompromittieren der Vertraulichkeit kann das Vertrauen in die Hilfeleistung beeinträchtigt werden, was sich auf die Inanspruchnahme der medizinischen Hilfe auswirken kann.[297]

3.3 Technische Anwendungen von Big Data im Gesundheitsbereich

Viele der in Kapitel 2.3.1 dargestellten Datentypen fallen auch im Gesundheitswesen an. Die Menge digitaler Informationen wächst hier ebenfalls exponentiell. So entstand bei einem einzigen Krankenhausaufenthalt 2014 durchschnittlich eine Datenmenge, „die rund 12 Millionen Romanen entspricht."[298] Außerdem fallen Primärdaten auch bei Krankenkassen, in Arztpraxen, Vor- und Nachsorgeeinrichtungen sowie bei der Sozialfürsorge und in Reha-Einrichtungen, Gesundheitsbehörden, Regierungs- und Forschungseinrichtungen oder in der Pharmaindustrie an. Ohne IT-Technologie wären diese Datenmengen gar nicht mehr zu bewältigen.[299] Sehr viele dieser Daten, welche durch das tägliche operative Geschäft anfallen, werden teilweise aus rechtlichen Gründen bis zu 30 Jahre[300] in Archiven

[295] Vgl. Studie der Bundesarbeitskammer (2014), S. 5.
[296] Vgl. Studie der Bundesarbeitskammer (2014), S. 5
[297] Vgl. Weichert (2014), S. 161.
[298] Langkafel (2014), S. 290.
[299] Vgl. Langkafel (2014), S. 290.
[300] Vgl. Dickmann (2011), S.108.

aufbewahrt.[301] Das *Womit* der Datensammlung (s. Kap. 2.1.2) ist in Hinblick auf die Speichermedien allerdings verbesserungswürdig. Mediziner und Befürworter der Big-Data-Technologie im Gesundheitswesen wie Zimmermann-Rittereiser bedauern, dass die Daten in einzelnen Einrichtungen nicht optimal miteinander verknüpft sind. Sie lagern dort in Datensilos[302], die oft ein separates und mit anderen Silos inkompatibles Speicher-, Zugangs- und Aufzeichnungssystem besitzen.[303] Damit sind sie für die Gesundheitsforschung und -wirtschaft nutzlos. Den eigentlichen Kern und Gewinn einer aktiv anwendbaren Big-Data-Technologie bildet jedoch das enorme Potential für die professionelle medizinische Forschung und die Gesundheitswirtschaft. Mögliche Orte der Datenverarbeitung entsprechen dabei meistens den Quellen der Datenentstehung oder Archive. Der Zugriff auf die Datenmengen erfolgt auch hier entweder klassisch auf archivierte ruhende und meist strukturierte Daten oder auch durch *Search und Discovery* (s. Kap. 2.3.1) auf polystrukturierte Daten, die zugleich aus unterschiedlichen Quellen abgefragt und verarbeitet werden können.[304]

Zu den professionell erhobenen primären Gesundheitsdaten kommen noch jene, die durch private Personen kooperativ abgeben werden, wenn sie sich im Internet präsentieren oder über das Netz kommunizieren, etwa durch E-Mails, die Teilnahme an sozialen Netzwerken oder durch die Nutzung von gesundheitsfördernden Apps einer stark auf das Internet zugrückgreifenden Lifestyle-Industrie (s. Kap. 3.2).[305] Der zunehmende und zahlreiche Gebrauch von Lifestyle-Apps[306] u. a. mithilfe sogenannter Wearables zeigt, wie Big-Data-Technologie funktionieren kann, wenn diese für den User einfach und gebrauchstauglich im Frontend aufbereitet[307] und aufgrund der Echtzeit-Resultate zu einem bereits didaktisch anerkannten und Effizienz steigernden, motivierenden Medium im privaten Bereich avanciert.[308]

Was das *Wie* des Umgangs mit den Daten betrifft, stehen Software-Entwickler unterschiedlicher Anbieter von Big-Data-Lösungen im Gesundheitsbereich vor der Herausforderung die Lösungen so zu entwickeln, dass sie den drei V's (volume, variety, velocity, s. Kap. 2.1.2) von Big Data gerecht werden.[309] Die Firma SAP (Systemanalyse und Programmentwicklung) soll an dieser Stelle mit ihrem Produkt HANA (High Performance Analytical Appliance) stellvertretend für mögliche Big-Data-Lösungen genannt werden. In Deutschland findet HANA bereits seit

[301] Vgl. Zimmermann-Rittereiser (2014), S. 154.
[302] Vgl. Langkafel (2014), S. 23.
[303] Vgl. Aboudan (2007), S. 5.
[304] Vgl. Bitkom (2014a), S. 16.
[305] Vgl. Weichert (2014), S. 165.
[306] Vgl. Schumacher (2014), S. 229.
[307] Vgl. Wyllie (2015), S. 1.
[308] Vgl. Rösch (2014), S. 1.
[309] Vgl. Langkafel (2014), S. 12.

2013 eine stufenweise Einführung bei der größten gesetzlichen Krankenversicherung, der AOK. Das System ist ebenso funktional für viele andere Bereiche des deutschen Gesundheitswesens, denn ein großer Vorteil ist seine flexible Anpassungsfähigkeit an die Voraussetzungen des jeweiligen Anwenders aufgrund eingebauter Modellierungswerkzeuge, die es für interne Softwareentwickler justierbar machen.[310] Dass HANA aufgrund seiner InMemory-Computing-Engine und der daraus resultierenden Echtzeitdatenverarbeitung mehr als Geschwindigkeitsvorteile bedeutet, wird durch die folgenden Beispiele veranschaulicht.[311]

Möglichkeiten	Vorteile für den Anwender und den Kunden
Ein System	Vereinfachung der Soft- und Hardware-landschaft – Zeitersparnis, Redundanzen vermeiden (Datensparsamkeit in Bezug auf die gespeicherte Menge, nicht die erhobene), geringere Gesamtkosten
Prävention	Patienten: Krankheiten vermeiden oder zumindest Schwere des Verlaufs einer Krankheit mildern Unternehmen: Imagegewinn, stärkere Wettbewerbsposition
Fehlverhaltensvermeidung	Bessere Kontrolle von Datenverarbeitung, Chance zur Transparenz und Stärkung der Compliances, Patient: mehr Vertrauen
Service	Komplexe Kundenanfragen mit individuellen und maßgeschneiderten Angeboten beantworten
Marketing / Vertrieb	Daten aus den *eigenen* Netzwerken und Chats in Analysen einbeziehen und auf Trends reagieren können – gut für Kundenzufriedenheit, daraus folgend mehr Umsatz / gutes Image
Prozessautomatisierung	Zeitersparnis / Zeitmanagement Kostenersparnis
Modellierungswerkzeuge	Individuelle Anpassung an die Bedürfnisse der Unternehmens und in der Konsequenz an die Bedürfnisse der Kunden

Tab. 1: Big-Data-Lösung im Gesundheitswesen am Beispiel von HANA SAP

[310] Vgl. Brunner (2014), S. 67.
[311] Vgl. Brunner (2014), S. 69ff.

Die durch die Software realisierbaren Vorteile für Unternehmen und Kunden entsprechen den Forderungen nach Optimierung und Aufklärung im Gesundheitssystem (s. Kap. 3.1). Durch Big-Data-Lösungen wie HANA könnte so eine vom G-BA anvisierte Verbesserung in der Wirtschaftlichkeit durch eine sinnvolle Einsparung und Ressourcenverteilung bei gleichzeitiger Sicherung der Struktur-, Ergebnis- und Versorgungsqualität des Gesundheitswesens erreicht werden. Dies entspricht zudem den gesellschaftlichen Erwartungen und Forderungen nach einer notwendigen Reform des Systems (s. Kap. 3.2).

Trotz bereits existierender Softwarelösungen bleibt eine der großen Herausforderungen, dass der Großteil gesundheitsbezogener Daten völlig unstrukturiert, teilweise aus reinen Texteinträgen und zumeist nur auf Papier existiert, der nur zugänglich ist, wenn er in elektronische Dokumente umgewandelt wird.[312] Ein weiteres, durchaus darauf aufbauendes Problem besteht darin, nach der Datifizierung oder bei der digitalen Neuerfassung von vornherein die guten von den nutzlosen Daten zu unterscheiden und zu trennen. Der Bedarf an ontologischen und semantischen Filtertechniken zur Erreichung von Smart Data wird angesichts einer stetigen Zunahme der Datenflut eine Grundvoraussetzung für eine zukünftige qualitative Big-Data-Analyse darstellen.[313] Um in einem Bereich wie der Medizin die, selbst im Falle von Smart Data, weiterhin hochkomplexen Daten einigermaßen ethisch vertretbar verarbeiten zu können, fordert Engelhorn die Einbeziehung „Bayes´scher Netze“[314] bei der Entwicklung von Software(-algorithmen). Danach würde Vorwissen bzw. aus subjektiven Erfahrungen stammendes Wissen kodiert und Rückschlüsse in unterschiedliche Richtungen zugelassen. Die durch Big-Data-Analysen produzierten Wahrscheinlichkeiten werden aktuell im Frontend für den Anwender bei medizinischen Big-Data-Analysen häufig durch die sogenannten Icon Arrays[315] visualisiert. Dies bedeutet jedoch, dass die Beurteilung womöglich gleicher Ergebnisse aufgrund einer zu einheitlichen Visualisierung je nach Betrachtung bzw. Vorerfahrung durch den Arzt bzw. Pharmazeut anders interpretiert werden kann.[316] Spiegelhalter empfiehlt daher international u. a. unterschiedliche Formate der Visualisierung zu benutzen, da keine einzelne Darstellung für alle Betrachter gleich gut ist, oder alternativ Grafiken auch mit Wörtern und Zahlen zu versehen.[317] Dies verdeutlicht, dass die „Darstellung und Visualisie-

[312] Vgl. Zimmermann-Rittereiser (2014), S. 154.
[313] Vgl. Heuring (2014), S. 1.
[314] Vgl. Hofstetter (2014), S. 114. Bayes Regel: Anders als die klassische Statistik setzt die Bayes´sche Statistik nicht auf Zählexperimente, sondern stellt Hypothesen auf, wie glaubwürdig – plausibel – ein Ereignis ist. Dafür zieht sie subjektive Annahmen, Vorwissen und Erfahrungen in Betracht, ohne jedoch das Zählen der klassischen Statistik auszuschließen, was heißt, dass die Methode eine Kombination mit der klassischen Statistik zulässt.
[315] Vgl. Langkafel (2014), S. 258.
[316] Vgl. Langkafel (2014), S. 255.
[317] Vgl. Spiegelhalter et al (2011), S. 1393-1400.

rung von Big Data in der Medizin maßgeblich zum Verständnis beitragen und einen eigenen Fokus benötigen."[318]

Eine große Herausforderung bildet die Übertragung der Daten über ein sicheres Netz. Übertragungswege müssen sowohl gegen Datenverluste wie auch gegen Datenverfälschungen und unbefugte Kenntnisnahmen abgesichert werden.[319] Die Streitbarkeit des Themas Datenübertragung veranschaulicht die seit 2005 mit Gründung der Gesellschaft für Telematikanwendungen der Gesundheitskarte mbH (gematik) öffentlich geführte Diskussion über die Sicherheit individueller Patientendaten auf der seit Januar 2015 zur Pflicht gewordenen elektronischen Gesundheitskarte (eGK) bei gesetzlich Versicherten.[320] Bindeglied zwischen Praxiscomputer und dem Internet ist der Konnektor. Lenkewitz fand 2014 heraus, dass sich dieser spezielle Router fernsteuern ließ. Außenstehende hätten so unbemerkt Zugriff. Bisher sind zwar viele der Optionen der eGK freiwillig, da man von Anfang an auf die Überzeugung der Patienten durch eine Nutzenargumentation gesetzt hatte. Wegen mangelhafter Aufklärung in der Bevölkerung darüber könnte allerdings aus einer freiwilligen nun eine Pflichtfunktion werden, um das System zu retten.[321] Noch „brandgefährlicher"[322] ist der Vorschlag Böckmanns, die Konnektivität der Patientendaten für Anwendungen wie z. B. iHealth der US-Firma Apple oder der Apple Watch zu öffnen, was so viel hieße, wie die Telematik-Infrastruktur für Anwendungen zu öffnen, die nicht unmittelbar mit der Gesundheitskarte interagieren. Weichert entgegnet, „...es handelt sich hierbei um einen ungeschützten Raum und um Daten die für die betroffenen schicksalhaft sind und von denen ein hohes Diskriminierungsrisiko ausgeht."[323]

Ein weiterer Kritikpunkt in Bezug auf Art der Speicherablage von Gesundheitsdaten gilt der im Rahmen des Cloud-Computings zentralisierten Speicherung auf einem einzigen Server eines Rechenzentrums.[324] Im Falle der eGK ergibt sich die Gefährdung nicht nur aus der Masse der Daten, sondern auch aus der Masse der Zugriffsberechtigten auf ein und denselben Server.[325] „Zugriffsberechtigt sind – neben 80 Millionen Krankenversicherten – größenordnungsmäßig etwa weitere 2 Millionen Personen."[326] Gerade die Masse der Datentransaktionen auf den Servern erhöhe das „Risiko ganz simpler Fehler"[327], erklärt Pohl, z. B. wenn ein Mitarbeiter vergisst zu verschlüsseln. Das ist ein „ ... ganz normaler und erwartbarer

[318] Langkafel (2014), S. 260.
[319] Vgl. Kraska (2014), S. 2.
[320] Vgl. dsrm (2014), S.1.
[321] Vgl. Watzek (2015), S.1.
[322] Watzek (2015), S.1.
[323] Weichert (2015), S. 2.
[324] Vgl. Schulze (2015), S. 4.
[325] Vgl. Beneker (2013), S. 2.
[326] Beneker (2013), S.1.
[327] Pohl (2013), S.1.

Vorgang, wenn auch streng untersagt."[328] Eine von Google routinemäßig durchgeführte Kategorisierung seiner Daten und das versehentliche Treffen auf ein nicht verschlüsseltes Schlupfloch eines Gesundheitsdatenservers hätte zur Folge, dass die Daten in der Welt sind.[329] „Wer sich hier Zutritt verschaffen kann, den erwartet reiche Ernte."[330] Eine mögliche Lösung für eine höhere Datensicherheit sehen Datenschützer in einem Kompromiss, nämlich dem Cloud-Computing bei gleichzeitiger Dezentralisierung bzw. Segmentierung der Datenlast auf unterschiedlichen Servern.[331]

3.4 Juristisches Umfeld personenbezogener Gesundheitsdaten

Da personenbezogene Gesundheitsdaten grundsätzlich auch personenbezogene Daten sind, gelten für sie auch die im Bundesdatenschutzgesetz (BDSG) verankerten Grundprinzipien des Verbotes mit Erlaubnisvorbehalt, der Datensparsamkeit, der Datenvermeidbarkeit, der Zweckbindung, der Transparenz und der Erforderlichkeit (s. Kap. 2.3.2).[332] Herausragend an Gesundheitsdaten ist jedoch, dass Sie als besondere Art der personenbezogen Daten eingestuft werden – als Daten, die Angaben über die rassische und ethnische Herkunft, politische Meinungen, religiöse und philosophische Überzeugungen, Gewerkschaftszugehörigkeit, die Gesundheit und das Sexualleben beinhalten.[333] Diese Angaben sind persönlichkeitsrechtlich von höchster Sensibilität und können den Betroffenen in eine Situation hoher Verletzlichkeit bringen.[334]

An die Verarbeitung dieser Daten werden besondere datenschutzrechtliche Anforderungen gestellt. Das allgemeine Datenschutzrecht macht die Zulässigkeit einer Verarbeitung grundsätzlich von einer Einwilligung oder aber von einer näher konkretisierten Abwägungsentscheidung abhängig. Die Einwilligung des Patienten bedarf dabei der Schriftform nach einer Aufklärung durch den Arzt (*informed consent*)[335], wenn nicht wegen besonderer Umstände wie z. B. einer lebensgefährlichen Notfallsituation[336] eine andere Form angemessen ist.[337] Die informierte Patienten-Einwilligung bestätigt somit das im Grundgesetz seit 1986 verankerte Recht auf die informationelle Selbstbestimmung *(s. Kap. 2.3.2)* in einem besonderen

[328] Pohl (2013), S.1.
[329] Vgl. Pohl (2013), S.1.
[330] Pohl (2013), S.1.
[331] Vgl. Heise (2015), S. 3.
[332] Vgl. Schultka (2014), S.16.
[333] Vgl. Anhang 1, §3, Abs. 9, BDSG.
[334] Vgl. Weichert (2015), S. 831f.
[335] Vgl. Schaefer (2009), S. 206. Informed consent bedeutet die informierte Einwilligung, da der Patient in Bezug auf den Arzt in einem Abhängigkeits-verhältnis bezüglich des Fachwissens steht, deswegen bedarf es bei Behandlungen einer ausführlichen Beratung durch den Arzt damit der Patient eine wirklich eigenständige Entscheidung fällen kann in Fragen der Behandlung und der damit verbundenen Erhebung und Weiterverarbeitung seiner Daten.
[336] Vgl. Schramme (2002), S. 36.
[337] Vgl. Anhang 7, § 4a Abs. 1, BDSG.

Maße.[338] Es wird darüber hinaus durch den Schutz einer umfassend verstandenen medizinischen Selbstbestimmung ergänzt, was bedeutet, dass jede Person ein Recht hat, selbst frei über sich zu entscheiden.[339] Weiter ist zu beachten, dass das Speichern, Verändern, Übermitteln und die sonstige Nutzung von Gesundheitsdaten genau wie auch bei „einfachen" personenbezogenen Daten nur im Rahmen einer Zweckbestimmung des Vertragsverhältnisses mit dem Patienten oder zur Wahrung berechtigter Interessen des Arztes bzw. der Behandlungseinrichtung zulässig ist.[340] Mit der bestehenden Regulierung des Umgangs mit Gesundheitsdaten werden u. a. allgemeine Datenschutzziele wie das der Vertraulichkeit und der Nicht-Verkettbarkeit verfolgt. Mit diesen Zielen soll eine möglichst diskriminierungsfreie ungehinderte Inanspruchnahme medizinischer Hilfe erreicht werden. Dritte sollen dadurch keine Kenntnis einer möglicherweise beschämenden Notlage erhalten.[341]

An dieser Stelle offenbaren sich die Schwierigkeiten im Zusammenhang mit Big-Data-Anwendungen, deren Zielsetzung gerade darin liegt, die Festlegungen von Zweckbindung und begrenzten Datenbeständen aufzubrechen, um zusätzliche Erkenntnisse zu erlangen. Die daraus resultierende sekundäre Verwendung der Gesundheitsdaten für unterschiedliche Zwecke setzt der Einwilligungsfähigkeit damit enge Grenzen.[342] Bei vielen Datenbeschaffungen muss die für die Wirksamkeit einer Einwilligung konstitutive Freiwilligkeit kritisch hinterfragt werden, wenn eine ökonomische (Arbeitgeber), gesundheitliche (Arzt, Krankenhaus), soziale (Betreuer) oder sonstige Abhängigkeit besteht, denn die Gesundheitsdaten fallen regelmäßig in stark hierarchisch geprägten Abhängigkeitsbeziehungen an.[343] Eine Verkettung, also sonstige Nutzung, und eine Zweckänderung von Gesundheitsdaten ist im deutschen Recht dennoch zulässig, wenn eine der folgenden Bedingungen erfüllt ist:[344]

1. Die betroffene Person hat ihre explizite Einwilligung (*informed consent*) erteilt.
2. Eine normenklare bereichsspezifische gesetzliche Regelung ist anwendbar.
3. Die Daten wurden in einer Weise anonymisiert, dass eine Re-Identifizierung der Betroffenen praktisch nicht möglich ist.

Bezüglich der Bestimmtheit sowohl der Betroffeneneinwilligung (1.) als auch der spezifischen gesetzlichen Regelung (2.) ist eine Festlegung der Art der verarbeiteten Daten, des Zwecks der Verarbeitung und der Benennung der beteiligten verantwortlichen Stellen zwingend. Hinsichtlich der Konkretheit dieser Anforderungen

[338] Vgl. ITR (2015), S.1ff.
[339] Vgl. Schramme (2002), S. 37.
[340] Vgl. Brennecke et al (1981), S. 38.
[341] Vgl. Rost, Ole (2012), S. 1.
[342] Vgl. Weichert (2013), S.25f.
[343] Vgl. Däubler, in: Däubler et al (Fn. 6), § 4a Rn. 23.
[344] Vgl. Weichert, in: Däubler et al (Fn. 6), § 4 Rn. 1.

können Abstriche gemacht werden, wenn diese durch zusätzliche technisch-organisatorische sowie materiell- und verfahrensrechtliche Sicherungen kompensiert werden. Diese können beispielsweise in spezifischen Zweckbindungsregelungen (z. B. Forschungsgeheimnis), Zeugnisverweigerungsrechten, Beschlagnahmeverboten, Pseudonymisierungspflichten, Genehmigungsvorbehalten, Zertifizierungsanforderungen o. Ä. liegen.[345] „Ohne derartige verbindliche und damit für den Betroffenen einklagbare Kompensationen sind Big-Data-Zusammenführungen und Analysen dagegen regelmäßig verfassungswidrig."[346] Des Weiteren verstoßen Big-Data-Anwendungen auf die im BDSG unter § 3a festgeschriebene Datenvermeidung, Datensparsamkeit und Datenlöschung. „Für Big Data ist dieser Grundsatz Erkenntnisgift"[347] und völlig verlustfrei lässt sich dieser Widerspruch auch nicht aufheben.[348] Auswirkungen hat dies insbesondere auf die informationstechnische Verarbeitung und Sicherung dieser Daten.[349]

Eine Möglichkeit, die Erkenntnissuche von Big Data zumindest frühestmöglich zu begrenzen ohne sie durch zu wenige Daten zu verhindern, ist das Mittel der Anonymisierung und Pseudonymisierung. Die Anonymisierung setzt voraus, dass eine Re-Identifizierung mit verhältnismäßig großem Aufwand an Zeit, Kosten und Arbeitskraft nicht mehr möglich ist.[350] Dies lässt sich nur erreichen, wenn die identifizierenden Angaben – sogenannte Stammdaten – vollständig beseitigt werden. Stammdaten können sich auf unterschiedliche Individuen bzw. Institutionen beziehen, also nicht nur den Patienten bzw. Probanden, sondern auch auf den Gesundheitshelfer (Arzt, Apotheker, Psychologe) oder einen Dienstleister. Deshalb müssen neben der Beseitigung der Patienten-Identifikatoren die Identifikatoren sämtlicher Helfer, Dienstleister oder sonstiger Dritter, bei denen Zuordnungswissen vorhanden ist, beseitigt werden, um die Gefahr einer individuellen Zuordnung trotz einer umfassenden Big-Data-Auswertung zu vermeiden. Gegner der Anonymisierung kritisieren, dass die Präzision, die sogenannte Feingranularität, der Big-Data-Anwendung dadurch beeinträchtigt wird.[351] Befürworter und Datenschützer gehen sogar einen Schritt weiter und fordern eine noch umfangreichere und wirksamere Anonymisierung durch Aggregation der Datensätze zu Gruppendatensätzen.[352] Ihre Forderung sehen sie darin bestätigt, dass inzwischen über die weltweit vernetzte digitale Datenverarbeitung und das erschlossene Zusatzwissen anonymisierte Datenbestände wieder einzelnen Personen zugeordnet werden können. Dieses beschränkt sich nicht nur auf das öffentlich zugängliche Internet, sondern

[345] Vgl. Weichert, in: Däubler u. a. (Fn. 6), § 40 Rn. 6 f.
[346] Weichert, in: Däubler u. a. (Fn. 6), § 40 Rn. 6 f.
[347] Weichert (2014), S. 836.
[348] Vgl. Weichert (2014), S. 836f.
[349] Vgl.Kraska (2010), S. 1ff.
[350] Vgl. BDSG (2015), § 3 Abs. 6.
[351] Vgl. Lechner (2004), S. 1.
[352] Vgl. Weichert (2014), S. 836.

schließt sämtliche sonstigen Datenbestände als Ressource mit ein, die z. B. über das Internet zugreifbar sein können und potenziell als Datenquellen eines Datenhalters vorstellbar sind.[353] „Relevant [für eine Re-Identifizierung] ist lediglich der tatsächlich entstehende Aufwand einer Re-Identifizierung“ sagt Meister.[354]

Eine weitere in Ergänzung zur Anonymisierung geforderte den Datenschutz fördernde Maßnahme ist die Pseudonymisierung. Pseudonymisieren ist das Ersetzen des Namens und anderer Identifikationsmerkmale durch ein Kennzeichen, zu dem Zweck, die Bestimmung des Betroffenen auszuschließen oder wesentlich zu erschweren.[355] Tatsächlich kann mit Pseudonymisierungsverfahren eine umfassende datenschutzkonforme Big-Data-Auswertung von Gesundheitsdaten erreicht werden.[356] Derartige Verfahren sind aber höchst anspruchsvoll und bedingen regelmäßig das Nutzen von mehrfachen Pseudonymisierungen. Somit müssen nicht nur die Patienten- bzw. Probandenangaben pseudonymisiert werden, sondern auch die Angaben der Datenquellen. Eine Re-Identifizierbarkeit entsteht ansonsten schon dadurch, dass die Stammdaten gemäß des Pseudonymisierungsverfahrens verändert werden und die pseudonymisierten Daten mit den angeblich anonymisierten Daten abgeglichen werden können. Derart ergibt sich eine direkte Zuordnung dieser Daten zu den Stammdaten. Je detaillierter und umfangreicher ein Datensatz ist, umso leichter kann er mit Zusatzwissen wieder Individuen zugeordnet werden.[357]

Aus der staatlichen Fürsorgepflicht aus dem Art. 74 Abs. I des deutschen Grundgesetzes leiten sich Schutzpflichten ab (s. Kap. 3.1). Diese können sich im Gesundheitssektor derart verdichten, dass der Staat verpflichtet sein kann, Big-Data-basierte Informationsangebote selbst zu erbringen, wenn diese nicht anderweitig hervorgebracht werden. In diesem Fall wird der Gruppennutzen höher als das Recht auf informationelle Selbstbestimmung des Einzelnen bewertet.[358] Ein Beispiel hierfür ist die abgewiesene Klage eines Bürgers vor dem Bundessozialgericht 2014, der aufgrund der Telematik und der eGK (vgl. Kapitel 3.5 Unternehmen) sein Recht auf informationelle Selbstbestimmung verletzt sah. Das BSG urteilte, das Recht auf informationelle Selbstbestimmung gelte nicht schrankenlos. Bei der elektronischen Gesundheitskarte sei der Eingriff in dieses Recht durch überwiegende Allgemeininteressen gerechtfertigt.[359] Trotz solcher Ausnahmen meint Weichert, dass Big Data im Bereich des professionellen Gesundheitswesens rechtsstaatlich und grundrechtskonform möglich ist.[360] Dies setzt aber vor-

[353] Vgl. Weichert (2014), S. 836.
[354] Vgl. Meister (2014), S. 1.
[355] Vgl. BDSG (2015), § 3 Abs. 6a.
[356] Vgl. Weichert (2014), S. 836.
[357] Vgl. Weichert (2014), S. 836ff.
[358] Vgl. Röhrig (2014), S.108.
[359] Vgl. BSG Urteil (2014), B 1 KR 35/13 R.
[360] Vgl. Weichert (2014), S. 837.

aus, dass sich die Protagonisten von der Vorstellung verabschieden, Big Data sei ausschließlich eine Frage technischer Machbarkeit. Um das mögliche Potenzial der Informationsverarbeitung auszuschöpfen, „ ... ohne – in sprachlicher Abwandlung des Manchester-Kapitalismus- in einen Silicon-Valley-Kapitalismus abzugleiten ...“[361], bedarf es einer demokratischen und freiheitlichen Gestaltung der Informationsverarbeitung.

Neben dem professionellen Bereich besteht der momentan datenschutzrechtlich noch vollkommen unbeachtete Lifestyle-Bereich (s. Kap. 3.2). Das deutsche Datenschutzrecht definiert nur die Oberkategorie der besonderen Arten personenbezogener Daten[362]. Hierunter fallen auch Angaben über die Gesundheit. Was jedoch unter den Angaben über die Gesundheit zu verstehen ist, wird jedoch nicht erläutert.[363] Obwohl die Anzahl der über eine Lifestyle-App gemessenen täglichen Schritte eines Users etwas über dessen Bewegungstüchtigkeit aussagen, und unter Berücksichtigung möglicher Big-Data-Korrelationen (vgl. 2.3.1) definitiv Rückschlüsse auf dessen gesundheitliche Kondition zulässt, fallen solche Mess- und Auswertungsergebnisse von Apps bislang nicht unter die Bestimmungen von Gesundheitsdaten. Gleiches gilt für Mitteilungen zum eigenen Gesundheitszustand in sozialen Netzwerken wie z. B. über ein gebrochenes Bein oder das Tragen von Kontaktlinsen. In all diesen Fällen müssen die Erheber der Daten sich nicht an die Gesetze des BDSG halten, das Gesundheitsdaten normalerweise besonders schützen würde. Selbst wenn diese Daten zu Gesundheitsdaten erklärt würden, stellte sich als nächste Frage, wie die ohnehin schon durch die zahlreichen und verklausulierten AGBs (vgl. 2.3.2) und von v. Lewinski infrage gestellte Wahrnehmung einer informationellen Selbstbestimmung überhaupt dann eine informierte Einwilligung im Sinne eines *informed consent* ermöglichen sollte. Erschwerend kommt hinzu, dass die Daten zur persönlichen Gesundheit, die aus sozialen Netzwerken und über Lifestyle-Apps abgezogen werden, meistens im Ausland verarbeitet werden und daher dem deutschen oder europäischen Datenschutzrecht noch nicht einmal unterliegen.[364]

Das Datenschutzgesetz wird im medizinischen Bereich durch das Medizinproduktgesetz[365] unterstützt. Jedoch gilt derzeit auch hier, dass während die im profes-

[361] Weichert (2014), S. 837.
[362] Vgl. Anhang 1, § 3, Abs. 9, BDSG.
[363] Vgl. Piltz (2015), S. 1.
[364] Vgl. Picot (2013), S. 142.
[365] Vgl. Neisecke (2015), S.1ff. Medizinproduktgesetz: Das europäische Medizinprodukterecht geht von dem Grundsatz aus: weniger Staat zugunsten der Eigenverantwortung des Herstellers (bzw. des Erstimporteurs in die EU-Staatengemeinschaft). Es dient auch der Privatisierung staatlicher Aufgaben und spart somit Steuergelder. Die Durchführung des Konformitätsbewertungsverfahrens erfolgt durch den Hersteller selbst. Die Medizinprodukte-Sicherheitsplanverordnung dient zur Erfassung, Bewertung und Abwehr von Risiken im Verkehr oder in Betrieb befindlichen Medizinprodukte nach § 3 Medizinproduktegesetz (MPG). Sie ist aufgrund § 37 MPG erlassen worden und zugleich das Regelwerk für alle Anwender und Betreiber von Medi-

sionellen Mobile Health Bereich genutzten Apps dem Medizinproduktgesetz unterliegen dies nicht für die in App Stores verfügbaren Lifestyle-Apps zutrifft, weswegen diese nicht im Sinne eines datenschutzfreundlichen *privacy by default*[366], z. B. in Form den User schützender Voreinstellungen, konzipiert und kontrolliert werden.[367]

Aus den Problembereichen informationelle Selbstbestimmung, Zweckgebundenheit, Datensparsamkeit, Anonymisierung und Pseudonymisierung ergeben sich Forderungen für die Gestaltung der juristischen Rahmenbedingungen, die Big Data im Gesundheitssektor praktikabel machen. Zentral ist der Anspruch an Transparenz, ohne die Big Data mit sensiblen Daten angesichts der individuellen und der gesellschaftlichen Risiken rechtsstaatlich nicht realisiert werden kann. Diese Transparenz muss sich auf alle wesentlichen Aspekte der Datenverarbeitung beziehen: auf die Rechtsgrundlagen, daraus abgeleitete Regelwerke, Organisation, Verfahrensabläufe, technische Dokumentation sowie Daten-, Datensicherheits- und Datenschutzmanagement. Adressaten wären die Öffentlichkeit, einschließlich der wissenschaftlichen Fachöffentlichkeit, Parlamente und Medien.[368] Die geforderte Transparenz lässt sich durch das Internet herstellen, indem in Datenbankregister, Studienregister, Policies, Verfahrensbeschreibungen, Jahresberichte, Hinweisinformationen und Formulare eingestellt werden können, was zum Prinzip von Open Data (s. Kap. 2.2.3) führt.[369] Außerdem kann diese Transparenz durch mehr Beratung und Aufklärung erreicht werden. Angesichts der möglichen Komplexität und Sensibilität der Informationsbedarfe für die Betroffenen im Zusammenhang mit Big-Data-Anwendungen sind u. U. qualifizierte Beratungsangebote nötig. Zu berücksichtigen ist das im Gesundheitsbereich anerkannte Recht auf Nichtwissen der Betroffenen, die von Informationen auch verschont bleiben können.[370]

Auch qualifizierte Kontroll- und Genehmigungsverfahren durch Ethik-Kommissionen, betriebliche Datenschutzbeauftragte, Datenschutzaufsichtsbehörden sowie sonstige Stellen, die für die Genehmigung von Verfahren oder für die Zertifizierung bzw. Auditierung von Verfahren oder Produkten zuständig sind, steigern die Transparenz. Momentan erschwert in Deutschland der Zustand, dass es keine gemeinsame Landes- und Bundesregelung zur Nutzung von Forschungszwecken gibt, die Einheitlichkeit. Wünschenswert wäre, das im Staatvertrag von Bund und Ländern zu verankern. Ein solcher eHealth-Staatsvertrag sollte eigentlich auf die

zinprodukten. Die MPSV findet keine Anwendung auf Medizinprodukte zur klinischen Prüfung und In-vitro-Diagnostika für Leistungsbewertungszwecke.

[366] Privacy by default: gerätebedingter voreingestellter Datenschutz vom Werkhersteller aus bereits, Online verfügbar unter: http://www.eaid-berlin.de/?p=297, Abruf am 2.2.2015.

[367] Vgl. Neisecke (2015), S.1ff.

[368] Weichert (2013), 257 f.

[369] Vgl. ULD, Biobank-Forschung (2014), S. 60ff.

[370] Vgl. Enquete Kommission (2002), S. 284.

Zustimmung aller betroffenen Interessensgruppen stoßen und wird auch europarechtlich nicht vorgegeben, denn auf europäischer Ebene ist dieser Bereich weitgehend aus den Plänen für eine Europäische Datenschutz-Grundverordnung (EU-DSGVO) ausgenommen.[371]

In den USA wird im Kontext der HIPAA/HiTech-Gesetzgebung bereits vorgegeben, dass Leistungserbringer in Hinblick auf Datenschutz und Datensicherheit ein Risikomanagementsystem nachweisen und sich dafür zertifizieren lassen müssen. In diesem Zusammenhang kann Big Data auch helfen, die eigene Klinik-IT sicher zu machen, so wie es Datenschützer immer wieder anmahnen. Analytische Dienste wie das Cyber Sec. Adv. oder Cyber Defence SOC der Deutschen Telekom haben sich in anderen Industrien längst bewährt um Gefahrenquellen zu sichten und zu managen. Die Überwachung der Logs gilt als probates Mittel dafür (HIPAA compliance). In Deutschland ist dies trotz anerkannter Datensicherheitsmängel (noch) kein Thema. Interesse daran zeigen andere Branchen, aber noch nicht die Gesundheitswirtschaft.[372] Dabei könnte die Einführung datenschutzgerechterer Technik[373] z. B. durch SMART DATA Technik (s. Kap. 3.3) auch das Problem der unbegrenzten Datensammlung positiv beschränken.

3.5 Unternehmen im Gesundheits- und Lifestyle-Bereich

Auch im deutschen Gesundheitswesen sind die verschiedenen Formen von an Big Data beteiligten Unternehmen vertreten (s. Kap. 2.2.4). Beispiele für Unternehmen der *Old Economy* sind Arztpraxen, Krankenhäuser, Pflegedienste, Versicherungen oder auch gesundheitsfördernde und unterstützende Beratungs- und Hilfseinrichtungen wie z. B. die Deutsche Aidshilfe oder die Anonymen Alkoholiker.[374] Sie nutzen auch das Internet, um teilweise über spezielle Onlineinfrastrukturen (z. B. Telematik) Daten intern auszutauschen und gegenseitig zu kommunizieren. Darüber hinaus haben die meisten dieser traditionellen Unternehmen heutzutage eine ergänzende Onlinepräsenz, die vielen Patienten sogar als Erstkontakt dient.[375]

Ein sehr junger und sich in den letzten zwei Jahren rasant entwickelnder Sektor der *New Economy* ist der durch Smartphones ermöglichte mobile Health-Bereich.[376] Das wirtschaftliche Potential der dazu passenden Apps haben junge Startups (z. B. Runtastic[377]) erkannt und bieten sogenannte Lifestyle-Apps an, über welche Anwender ihre Vitalwerte selbst messen, auswerten und auch anderen über eine mögliche Verbindung zu sozialen Netzwerken mitteilen können.

[371] Vgl. Weichert (2014), S. 838.
[372] Vgl. Wehmeier / Baumann (2014), S.146.
[373] Vgl. Doerfel et al (2014), S. 35.
[374] Vgl. Salfeld (2014), S. 29.
[375] Vgl. DAK (2014), S. 1.
[376] Vgl. Stoeckemann (2014), S. 1.
[377] Vgl. Beuth (2014), S. 2.

Ergänzt wird ein solches Angebot der Apps durch sogenannte Wearables, sensorversehene Kleidungstücke, die Vitalinformationen an die App weiterleiten. Das Gefühl gleichberechtigter Selbstauskunft gegenüber ärztlichen Rates lässt den User dabei häufig vergessen, dass er für die meist kostenlosen Services, anders als im professionellen Bereich, die Verfügungsgewalt über die gesammelten Daten an das erhebende Unternehmen abtritt.[378] Gleiches gilt in vielen Fällen für soziale Netzwerke und Foren, die der User nutzt um sich mit Gleichgesinnten über Gesundheitsaspekte auszutauschen.

Traditionelle Unternehmen können auch Angebote im New Economy Bereich machen, was zu Mischformen führt. Die für den Nutzer leicht anzuwendenden professionellen Gesundheits-Apps z. B. von Krankenhäusern im Reha-Bereich[379] erfassen über Sensoren am Körper des Patienten seine Vitalwerte, z. B. Herzschlag oder Schlafdauer, die in Echtzeit an Ärzte übermittelt werden. Sogar 38 % aller Krankenkassen in Deutschland nutzen durch die sozialen Netzwerke die Gelegenheit über sogenannte Fanseiten mit ihren Kunden zu kommunizieren.[380]

Das Internet hat somit eine gegenseitige Durchdringung von professionellem und privatem (Lifestyle-)Bereich, Old und New Economy, traditionell und *non-traditional*[381] im Gesundheitsbereich geschaffen. Die Big-Data-Technologie befördert diese Entwicklung und ist zugleich ein Mittel, die anfallenden Datenmengen in einem immer stärker digitalisierten Gesundheitswesen zu verwalten, mit Ihnen zu wirtschaften und diese auch sinnstiftend, besonders im Bereich der medizinischen Forschung einzusetzen. Unter datenschutzrechtlichen Aspekten lässt sich eine deutliche Abgrenzung in eine im öffentlichen Bereich in weiten Teilen gesetzlich gesicherte Datenverwaltung und eine fragwürdige eher unsichere Datenverwaltung in Bereich der Lifestyle-Industrie (s. Kap. 3.4) erkennen.[382]

Da die personenbezogenen Gesundheitsdaten, wie sie private und öffentliche Gesundheitsdienstleister, z. B. Ärzte, Apotheken, Krankenhäuser, Psychologen und Pflegedienste, in erster Instanz erheben, zu den „besonderen Arten personenbezogener Daten" (s. Kap. 3.4) zählen,[383] muss in den Unternehmen sichergestellt werden, dass die technischen und organisatorischen Mittel hinsichtlich der Sicherheitsmaßnahmen gemäß § 9 BDSG getroffen werden[384]. Für die erforderliche Datensicherung sind täglich Sicherungskopien auf geeigneten externen Medien zu erstellen. Alle im Rahmen der Behandlungsvorgänge gespeicherten Daten müssen den datenerhebenden Personen stets zugeordnet werden können. Zu-

[378] Vgl. Beuth (2014), S. 2
[379] Vgl. Krüger-Brand (2012), S. 1.
[380] Vgl. PwC Studie (2011), S. 18f.
[381] Vgl. Langkafel (2014), S. 16.
[382] Vgl. Langkafel (2014), S. 14ff.
[383] Bartmann (2012), S. 178 ff.
[384] Vgl. Anhang 2, §9, BDSG.

grunde zu legen ist dem eine ernstzunehmende Autorisierungsprozedur, damit jegliche Nutzung des IT-Systems kontrolliert werden kann. Daneben führt der Autorisierungsprozess gleichzeitig zum sicheren Zugriffsmanagement. Nur wenn alle Zugriffsberechtigten registriert sind und über individuelle Zugriffsprofile verfügen, kann ein sicherer Zugang gewährleistet werden.[385]

Die im Rahmen medizinischer Behandlungen erhobenen Gesundheitsdaten dienen über ihren primären Zweck hinaus in vielen Fällen auch der Erzeugung wichtiger neuer Informationen durch eine mögliche Sekundärnutzung. Unter Beachtung der strengen Vorschriften des Bundesdatenschutzgesetzes ist es z. B. Einrichtungen wie Krankenkassen, den kassenärztlichen Vereinigungen oder den medizinischen Diensten[386] erlaubt, Gesundheitsdaten in großem Umfang mit der Zielsetzung der Wirtschaftlichkeitskontrolle[387] und der Qualitätssicherung (QS) zu verarbeiten.[388] In speziellen Behandlungsfragen können sowohl die Aufgaben der Datenerhebung wie auch der Datenverarbeitung an nicht-öffentliche, den öffentlichen Einrichtungen jedoch gesetzlich gleichgestellte[389], spezialisierte IT-Dienstleister outgesourct werden. Entsprechendes gilt für den umfangreichen Abrechnungssektor der Krankenkassen bis hin zu IT-Anbietern im Behandlungs-, Pflege und Versorgungsbereich.[390] Häufige Kritik hier ist, dass viele solcher nicht-öffentlichen Institute die Daten, welche sie verarbeiten, nur pseudonymisieren, jedoch nicht zusätzlich anonymisieren, was einen möglichen Datenmissbrauch begünstigt, da eine Re-Identifizierung sehr viel leichter möglich ist.[391] Auch die Gesundheitsforschung greift auf vielfältige Datenquellen zurück und speist sich ebenso aus Sekundärnutzung der Daten aus den vorgenannten primären Quellen sowie teilweise aus den eigenen Erhebungen.[392]

Neben den unbestrittenen wirtschaftlichen und innovativen Möglichkeiten von Big Data für die Unternehmen könnten die Unternehmen auch stärker die Chance nutzen, durch mehr Transparenz in Bezug auf den Umgang mit den Patienten-/Kundendaten ein zuverlässiger Gesundheitspartner auf Lebenszeit zu werden, und somit den Einzelnen dabei zu unterstützen, mehr Verantwortung für die Gesundheit zu übernehmen, indem sie die anfallenden Datensätze sowohl im öffentlichen und vor allem im Lifestyle-Bereich datenschutzgerecht und bestmöglich verwerten.[393]

[385] Vgl. Kraska (2014), S. 2.
[386] Vgl. Anhang 3, §§ 275 ff. SGB V.
[387] Vgl. Sehy (2012), S. 267.
[388] Vgl. Pötter-Kirchner (2014), S. 115ff.
[389] Vgl. BDSG §2 (2015).
[390] Vgl. Weichert (2013), S. 118f.
[391] Vgl. IDSG (2015), S.1.
[392] Vgl. Weichert (2014), S. 833.
[393] Vgl. Sergio (2014), S. 28.

3.6 Der Patient als User

Der Mensch erfüllt im Kontext von Gesundheit bzw. Krankheit heute nicht nur die Rolle des Patienten, sondern er übernimmt je nach Gesundheitszustand im Alltag unterschiedliche Rollen. Er ist der gesundheitsbezogene Informations-Bürger, der gesunde Patient oder eben der erkrankte Patient – diese Differenzierung verdeutlicht die unterschiedlichen Verhältnisse, in denen der Bürger 2015 zur Medizin steht.[394]

Der aktive Bürger oder Patient ist kein anderer als der allgemein beschriebene User (s. Kap. 2.2.5), welcher sich grundsätzlich nach wertigen Inhalten und Informationen sehnt.[395] Aufgrund der Verfügbarkeit von immer hochwertigerer Information durch das Internet im Gesundheitsbereich[396] hat sich in den vergangenen zwölf Jahren eine stete Entwicklung zu einem selbständigeren Umgang mit der eigenen Gesundheit und Krankheit sowie eine Erweiterung der Motive einer Onlinepartizipation herausgebildet.[397]

Noch 2003 ist Marstedt der Ansicht, dass das Bemühen um gesundheits- oder krankheitsbezogene Informationen im Internet nicht den allgemeinen Wissensbedürfnissen eines Users entspringt, sondern gesundheitliche Beschwerden oder Erkrankungen das erstrangige und dominante Motiv darstellen.[398] Bereits 2006 stellt hingegen die amerikanische Fox Studie fest, dass neben den häufig gesuchten Themen wie Krankheit oder Behandlungsfragen 8 von 10 Usern in den USA sich bei ihren Recherchen ebenso auf Ernährungsfragen und Fitnessthemen bezogen.[399] 2007 stellt eine Studie der Deutschen Gesellschaft für Medizinische Informatik (GMDS) eine deutliche Zunahme der gesundheitsbezogenen Nutzung des Internets um 9,5 % im Vergleich zu 2005 fest. Damals nutzt bereits ein Drittel der Deutschen Bevölkerung das Internet für Gesundheitsfragen mindestens einmal im Monat. Obwohl innerhalb dieser Gruppe 4 von 5 den direkten Kontakt zum Arzt weiterhin als wichtig betrachten, ist ein deutlich steigender Trend zu beobachten, wo hingegen traditionelle Medien wie z. B. Zeitschriften zunehmend an Bedeutung verlieren. In den meisten Fällen beginnt 2007 die Recherche nach Gesundheitsinformationen dabei mit Hilfe einer Suchmaschine. 2014 wird im Rahmen einer Studie der Leipziger Universität bestätigt: „Das Internet spielt eine nicht zu vernachlässigende Rolle als Gesundheitsratgeber."[400] 2014 nutzen 63 % der deutschen Internetnutzer das Internet als eine Quelle für Gesundheitsinformationen,

394 Vgl. ASA (2014), S. 1.
395 Vgl. AWA Studie (2014).
396 Vgl. HONCode (2015).
397 Vgl. Bachinger (2011), S. 5ff.
398 Vgl. Röttger (2010), S. 51.
399 Vgl. Röttger (2010), S. 8ff.
400 Brähler (2014), S. 25.

20 % räumen dem Internet sogar einen großen bis sehr großen Einfluss bei Gesundheitsfragen ein. 96 % nutzen für ihre Erstanfrage in Sachen Gesundheit die Suchmaschine Google.[401]

Zwölf Jahre nach Marstedts Aussage haben sich die Gesellschaft (vgl. 3.2) und die Technik (vgl. 3.3) von Grund auf verändert. Der Mensch als User ist heute viel mehr als nur der 2003 dargestellte erkrankungsbezogene User, der sich angetrieben durch sein Leid über Heilungsmöglichkeiten informiert. Er ist genauso gesundheitsbezogener User, der sich präventiv auf immer professionelleren Gesundheitsplattformen informiert, um seine Gesundheit selbst zu optimieren. Er kann heute über – 2003 noch gar nicht massentauglich existierende – soziale Medien[402] wie z. B. Facebook als gesunder und kranker User neben einer informationskonsumierenden auch eine informationsschaffende (User-Generated-Content[403]) Rolle in Form des sogenannten Prosumers[404] einnehmen. Darüber hinaus sucht bereits eine nächste Generation mündiger Patienten sich ihre Informationen nicht nur im herkömmlichen Internet, sondern sie vermisst sogar ihren eigenen Körper über mobile Apps, um ihre gesundheitliche Verfassung und die Auswirkung ihres Verhaltens besser zu verstehen und auch mit anderen öffentlich zu teilen.[405] Im Bereich mobile Health (mHealth) ist sogar eine Art Optimierungswahn ausgebrochen.[406] Rund 43 % der 2012 Befragten gaben an, dass sie die Reduktion der eigenen Gesundheitskosten als wichtigen Treiber für die Durchsetzung von mHealth hielten.[407] Eine EMNID Studie ergab 2014 dass 62 % der Deutschen Wearables (s. Kap. 3.3) positiv gegenüber eingestellt sind.[408] Im selben Jahr wurde die Absatzmarke von mehr als 100.000 Devices überschritten.[409] Die Digitalisierung aller Lebensbereiche führt so zu einer Rollenneuverteilung zwischen Arzt und Patient und verändert die traditionellen Vorstellungen der Gesundheitsversorgung. Anstatt passiv auf die Hilfe eines Arztes angewiesen zu sein, werden immer mehr Menschen selbst aktiv.[410]

Gegner dieser gleichberechtigten Entwicklung warnen, dass es unter den im Internet verfügbaren Informationen zahlreiche Fehlinformationen gibt, die ein Laie nicht kritisch zu beurteilen imstande ist.[411] Angebote wie das durch die Health on the Net (HON) Stiftung seit 1996 verfügbare Plug-In für eine HONCode Symbol-

[401] Vgl. Brähler (2014), S. 25.
[402] Vgl. Foerster (2015), S. 1.
[403] Vgl. Balasubramaniam (2009), S. 28.
[404] Vgl. Markgraf (2015), S. 1.
[405] Vgl. Schumacher (2014), S. 235ff.
[406] Vgl. Schumacher (2014), S. 235ff.
[407] Vgl. PwC (2012), S. 7.
[408] Vgl. Schumacher (2014), S. 240f.
[409] Vgl. Wehmeier (2014), S. 145.
[410] Vgl. Schumacher (2014), S. 228.
[411] Vgl. Bachinger (2011), S. 55.

leiste[412] mit dem Zweck einer automatisierten Filterung von Gesundheitsangaben auf ihre Seriosität beim Aufruf von Internetseiten sind den allermeisten Usern gänzlich unbekannt. Ebenso befürchten Kritiker, dass viele User mit den Informationen auch überfordert sein könnten und gegebenenfalls auch zu möglichen gesundheitsschädigenden Fehlinterpretationen neigen könnten.[413]

Wenn vielen Usern diese zuvor genannten Risiken und Lösungen auch nicht bewusst sein mögen, so weiß jedoch die Mehrheit um die Gefahren des Datenmissbrauchs, spätestens seit dem NSA Skandal 2013 (a. 2.2.5). Auch hier wirkt das Prinzip des Privacy Paradox. Die Reaktion auf Nachteile oder Risiken hängt im Allgemeinen in hohem Maße davon ab, inwieweit ihnen Vorteile und Gratifikationen gegenüberstehen.[414] Die Verlockung des persönlichen Nutzens aus einem Onlineservice, der zudem meist gratis daher kommt, dem Bedürfnis nach Kommunikation untereinander und dem Sicherheit verschaffenden Zugehörigkeitsgefühl zu einer Community, aber auch die Überforderung mit AGBs lassen die User gleichsam in Bezug auf persönliche Gesundheitsdaten kollektiv die Augen verschließen - in der Hoffnung, das schon nichts passieren möge.

In Bezug auf die elektronische Gesundheitskarte wird der Patient zum passiven User, dem das Problem einer Entscheidung vom Staat zwar abgenommen wird, die möglichen Konsequenzen wären im Falle eines Hackings der Telematik bzw. der verschlüsselten Gesundheitsdaten jedoch die gleichen für den Einzelnen wie im Falle eines Missbrauchs von Daten aus sozialen Netzwerken. Zwar bestehen bei der Telematik weitaus strengere Regelungen, was den Schutz der Daten betrifft, jedoch steht der Staat hier in gleichem Maße vor einer Art Makro Privacy Paradox, denn vor dem Hintergrund knapper Kassen im öffentlichen Gesundheitssystem und der Möglichkeiten durch die Anwendung der Big-Data-Technologie kann dies einerseits zu einer spürbaren Effizienzsteigerung im Gesundheitswesen führen, jedoch andererseits vor dem Hintergrund des Risikos den Einzelnen zu schädigen. Bemerkenswert ist, dass derselbe User in dem Fall, in dem ihm die eigene Entscheidungsbefugnis im Interesse des Gemeinwohls entzogen wird, mit Kritik in Bezug auf Datensicherheit nicht spart.[415]

3.7 Zusammenfassung Kapitel 3

Der medizinische Fortschritt der vergangenen zehn Jahre hat zu einem hohen Ausgabenanstieg im deutschen Gesundheitswesen geführt. Um das derzeitige Niveau der Qualität aufrecht zu erhalten oder sogar zu verbessern, bedarf es umfangreicher Anstrengungen, die in Hinblick auf die riesigen Mengen zu verar-

[412] Vgl. Health on the Net (2015).
[413] Vgl. Bachinger (2011), S. 65.
[414] Vgl. Köcher (2014), S. 7.
[415] Vgl. Lüder (2014), S. 1.

beitender Daten zukünftig durch eine Technologie wie Big Data gewährleistet werden können. Die unter dem Einsatz von Big-Data-Anwendungen im Gesundheitswesen mögliche Prozessautomatisierung würde dabei helfen, Gelder einzusparen oder diese zumindest umzuverteilen, um Mehrausgaben zukünftig zu senken und ganz zu verhindern. Darüber hinaus kann die Technologie Krankheiten präventiv erkennen, um einem Ausbruch frühzeitig entgegenzuwirken. Patienten können wegen der Zuhilfenahme unterschiedlicher umfangreicher Datenquellen individueller behandelt werden, und Ärzte und Pflegepersonal haben ein geeignetes Mittel der Selbst- und Ergebniskontrolle, welches die Sicherheit des Patienten und das in diesem Zusammenhang stehende Vertrauen in das Gesundheitswesen stärkt.

Die beschriebenen Möglichkeiten von Big-Data-Anwendungen im professionellen Gesundheitsbereich entsprechen genau den Anforderungen an eine verantwortungsvolle Qualitätssicherung, die der von der deutschen Bundesregierung eingesetzte Gemeinsame Bundesausschuss fordert. Auch die Erwartungshaltung der deutschen Bevölkerung in Hinblick auf eine weitere Teilhabe an den Vorzügen des Gesundheitswesens wird durch die Optionen von Big Data hinsichtlich einer möglichen Erfüllung bedient.

Das stigmatisierende Potential von Gesundheitsdaten macht es erforderlich, diese besonders zu schützen. Problematisch ist allerdings, dass während Big Data darauf angelegt ist, alles Mögliche an Daten auf Vorrat zu erheben, die deutsche Gesetzgebung eine Zweckgebundenheit und Zustimmung des Patienten verlangt, was den Umfang der Erhebung einschränkt. Eine Mehrfachnutzung der Daten ohne Einwilligung oder Anonymisierung ist nach deutscher Rechtslage nicht zulässig. Zwar können Ausnahmen gemacht werden, die das Allgemeinwohl über das informationelle Selbstbestimmungsrecht des Einzelnen stellen, jedoch bedarf es in solchen Fällen der Anrufung von Ethikkommissionen, die ihre Empfehlung im Sinne von Gesellschaft und Individuum abgeben bzw. abwägen, so wie bei der eGK.

Grundsätzlich ist erkennbar, dass das deutsche Datenschutzrecht im Bereich der professionellen Medizin trägt. Das Problem der immer stärker werdenden Re-Identifizierung von anonymisierten Daten kann durch bessere Pseudonymisierung und die Erfüllung der Forderung nach einer sicheren Infrastruktur erreicht werden. Dem gegenüber steht ein gänzlich unregulierter Wellness- und Lifestyle-Bereich, der aber heute bereits einen ernstzunehmenden Teil des deutschen Gesundheitswesens verkörpert.

4 Empirische Untersuchung der Big-Data-Auswirkungen

Im Laufe der Darstellung verschiedener Bereiche der Big-Data-Technologie in Kapitel 2 wurde bereits deutlich, dass das Sammeln, Speichern und Auswerten personenbezogener Daten neben großen Vorteilen auch ein nicht unerhebliches Gefahrenpotential für den Einzelnen mit sich bringt. Speziell bezogen auf Gesundheitsdaten wurde in Kapitel 3 das Ausmaß möglicher Gefährdungen als Folge von Big-Data-Analysen in Form von Stigmatisierung und Diskriminierung verdeutlicht. Diese Risiken werden durch die Vernetzung des Gesundheitssystems über das Internet und die technischen Möglichkeiten im Kontext der Nutzung, etwa für kriminelle Absichten, erweitert und zudem durch einen rechtlich bis dato nicht regulierten Lifestyle-Bereich drastisch erhöht. Gleichzeitig zeigen Studien, dass Vertreter aller Altersgruppen trotz des Missbrauchsrisikos ihrer persönlichen Daten das Internet immer stärker als Informationsquelle in Gesundheitsfragen nutzen. Außerdem verwenden sie es auch zum gegenseitigen kommunikativen Austausch untereinander und seit Neuestem über die Nutzung von mHealth-Produkten zur sportlichen Betätigung und Selbstvermessung. Im Spannungsfeld zwischen Datenschutz und unterschiedlich transparenten Anwendungsmöglichkeiten von Big Data scheint deswegen ein bewussterer Umgang der User mit ihren persönlichen Daten notwendig, gestützt durch bessere rechtliche Rahmenbedingungen.

4.1 Ziel der Untersuchung

Das Ziel der folgenden Untersuchung ist es, das in der theoretischen Diskussion gewonnene Hintergrundwissen über die technischen Möglichkeiten von Big Data und die teils unzureichenden normativen Bestimmungen durch die Befragung von Experten in Interviews neu zu bewerten und die Frage nach möglicherweise notwendigen Veränderungen so zu beantworten. Dabei soll im Rahmen einer empirisch gestützten Prognose betrachtet werden, welche Maßnahmen zu empfehlen wären, um den User zukünftig vor einem Missbrauch seiner persönlichen Daten besser zu schützen - ohne dabei jedoch zwangläufig das positive Potential von Big Data zu beeinträchtigen.

4.2 Rahmen der Untersuchung

Die Untersuchung erfolgt durch eine Befragung mit Hilfe der Durchführung und Auswertung von Experteninterviews. Die dafür ausgewählten Methoden und Interviewpartner werden im Folgenden dargestellt.

4.2.1 Methode und Instrumente

Die Auseinandersetzung mit dem Forschungsgegenstand erfolgt qualitativ im Zuge von Experteninterviews und damit in der Absicht, sich der Klärung der Forschungsfrage mit großer Offenheit zu nähern.[416] Die Wahl der Methode ermöglicht zudem eine intensive Auseinandersetzung mit den jeweiligen Interviewpartnern und soll von „innen heraus beschreiben, aus Sicht der handelnden Menschen“[417] wie Big Data erlebt wird und wie der Umgang mit dieser gesellschaftlichen Innovation in Gegenwart und Zukunft gestaltet werden sollte. Einer der Hauptgründe für dieses qualitativ-empirische und explorative Vorgehen liegt in der relativen Neuheit des erforschten Phänomens Big Data, das erst vor drei Jahren durch den IT-Branchenverband Bitkom 2012 als ein spürbarer Trend beschrieben wurde.[418] Der Umfang an wissenschaftlichen Beiträgen ist seitdem zwar gestiegen, stellt jedoch im Vergleich zu anderen Forschungsfeldern einen relativ übersichtlichen Rahmen dar. Versteht man Big Data als eine Technologie, die sich allumfassend auf die Gesellschaft, Wirtschaft und die darin lebenden Menschen auswirkt, können das Phänomen und seine Auswirkungen durch die Erfassung der an der Technologie Beteiligten (Staat, Gesellschaft, Unternehmen, User) sowie die im Zusammenhang mit ihr stehenden Sphären und Instrumente (Technik, Recht, Soziologie/Ethik) beschrieben und besser verstanden werden (vgl. Kap. 2 und 3). Diese Differenzierung des Themas bildete die theoretischen Vorüberlegungen und somit das Fundament, um die empirische Untersuchung durchzuführen.

Das aus der Untersuchungsfrage und den theoretischen Vorüberlegungen abgeleitete Erkenntnisinteresse wurde in fünf Themenkreise (TK) und die jeweils dazugehörigen offenen Hypothesen (HY) übersetzt und damit der Interviewleitfaden strukturiert:[419]

TK 1 Gesundheitsdatenmanagement

HY 1 Durch die Zunahme der öffentlichen Diskussion über Big Data sind Unternehmen, die Gesundheitsdaten erfassen, filtern und/oder verarbeiten, dazu gezwungen, interne klare Regeln zum Umgang mit personenbezogenen Daten ihrer Kunden/Patienten etwa beim Abwägen von Nutzen und Risiken aufzustellen.

TK 2 (Datenschutz-) Recht

HY 2 Wenn alle zur Verfügung stehenden Möglichkeiten im Zusammenhang mit Big Data zur Anwendung kommen, dann ist dies mit den in der 2014 gültigen deutschen Gesetzgebung verankerten Bestimmungen zu informationeller Selbstbestimmung und zum Datenschutz nicht vereinbar.

TK 3 Technik

---

[416] Vgl. Scheibler (2015), S. 1.
[417] Flick et. al, (2000), S.14.
[418] Vgl. Heise (2015b). S. 2ff.
[419] Vgl. Gläser et al (2010), S. 115.

HY 3 Je regulierter, einheitlicher und damit kontrollierbarer die Technik um Big Data im Front- und Backend gestaltet wird, desto größer ist ihr Nutzen und negative Auswirkungen werden begrenzt.

TK 4 **Soziologie/Ethik**

HY 4 Wenn die Vorteile des Sammelns, Filterns und Bewertens von Big Data die Nachteile überwiegen, dann wird der Nutzen der Gesellschaft auch die Schäden Einzelner überwiegen.

TK 5 **User (Psychologie)**

HY 5 Durch den medialen Fokus auf den Datenschutz im Zuge des NSA-Skandals verändert sich das Verhalten der Online-Nutzer (User) hinsichtlich des Suchverhaltens, der Datenfreigabe und der Kommunikation untereinander merklich.

Für die Durchführung der qualitativen Interviews wird ein strukturierter Leitfaden erstellt. Dieser wird thematisch strukturiert, in der Auswahl der Fragen jedoch so gestaltet, dass die für die qualitative Analyse geforderte Flexibilität gewährleistet bleibt.[420] Der Interviewleitfaden enthält pro Themenkreis jeweils vier Kernfragen, insgesamt also 20 Fragen, welche von allen Interviewpartnern beantwortet werden sollten.[421] In Abhängigkeit von der Spezialisierung des Interviewpartners wurden diesem im jeweiligen Themenkreis drei vertiefende Fragen gestellt. Diese Fragen befinden sich im Interviewleitfaden unter den Kernfragen. Die Frageformulierungen oder eine genau vorgegebene Reihenfolge der Fragen sind nicht zwingend bindend. Somit kann ein natürlicher Gesprächsverlauf zustande kommen, der es zum einen dem Interviewpartner erlauben soll, freier zu antworten, und dem Interviewer zum anderen bei bestimmten Abschnitten die Gelegenheit gab, nachzuhaken und seine Fragen gegebenenfalls der Gesprächssituation anzupassen.[422] Dies geschieht unter der Vorgabe, dass die Länge des Interviews einen gesetzten Zeitrahmen von ca. einer Stunde nicht überschreiten sollte, jedoch mindestens alle Kernfragen zu beantworten waren, damit die Aussagen miteinander vergleichbar sind und in die Bearbeitung der Hypothesen einfließen können.

Die Experteninterviews wurden transkribiert und in die Software MAXQDA zur weiteren Analyse eingegeben. Es handelt sich hierbei um eine von Kuckartz entwickelte Software zur grundlegenden Analyse qualitativer Daten[423] und deren grafischer Veranschaulichung.[424] Diese kann sowohl die für die thematische Codierung[425] gewünschten Fallübersichten tabellarisch darstellen als auch bei der

[420] Vgl. Mayer (2004), S. 36. Interview und schriftliche Befragung
[421] Vgl. Anhang 3, Interviewleitfaden.
[422] Vgl.Gläser (2010), S. 41ff. Experteninterviews und qualitative Inhaltsanalyse
[423] MAXQDA, Version 11 (2013).
[424] Vgl. MAXQDA (2015) Abruf unter: maxqda.de
[425] Vgl. Hopf (1993), S.45.

Zusammenfassung der Kategorien im Sinne der strukturierenden Inhaltsanalyse[426] hilfreich sein. Beide Auswertungsmethoden sollen im Folgenden vorgestellt werden und kommen in den Unterkapiteln 4.3 und 4.4 zum Tragen. Dabei findet eine für die qualitative Inhaltsanalyse charakteristische Mischform der Kategorienbildung in Form der deduktiv-induktiven Kategorienbildung Anwendung. Der Ablauf der Auswertung durch thematisches Codieren und die inhaltlich-strukturierende Inhaltsanalyse beginnt mit ähnlichen Schritten:

1. Zunächst wurden deduktive Kategorien theoriegeleitet aus den Inhalten von Kapitel 2 und 3 formuliert. Dabei wurde darauf geachtet, dass diese Kategorien sich inhaltlich durch alle aus der Theorie abgeleiteten Themenkreise ziehen und somit durch das später kodierte Material zu einer optimalen Bewertung der themenkreisbezogenen offenen Forschungshypothesen beitragen können. Hopf beschreibt den Beginn der Entwicklung von Auswertungskategorien bereits bei der Planung der Datenerhebung, denn sie geschieht zeitgleich mit dem Entwurf des Interviewleitfadens.[427] Auch dieser hat sich in der vorliegenden Arbeit an den fünf Themenkreisen orientiert und dessen Fragen sind teilweise an den themenkreisbezogenen offenen Hypothesen orientiert. Im Sinne Mayrings wurden die Ausprägungen der Kategorien ebenfalls anhand theoretischer Erkenntnisse festgelegt.[428] Die finalen Hauptkategorien sollen an dieser Stelle kurz inhaltlich umrissen werden:

   - **Anwendungsbereiche** – Diese Kategorie beschreibt, wo die Technologie Big Data im Gesundheitswesen zur Anwendung kommt. Dies umschließt sowohl die klassischen Einrichtungen, wie z. B. Arztpraxen und Krankenhäuser, wie auch daran direkt beteiligte nicht traditionelle Geschäftsmodelle aus dem Bereich mHealth und indirekt Beteiligte wie Suchmaschinen und Soziale Netzwerke.
   - **Gesellschaftliche Institutionen** – Diese Kategorie beschreibt die Institutionen, die sich mit dem Einsatz und der Überwachung von Big-Data-Anwendungen auseinandersetzen.
   - **Transparenz** – Diese Kategorie erörtert alle Bereiche, die im Zusammenhang mit Big-Data-Anwendungen von Transparenz betroffen sind oder es sein sollten.
   - **Nutzen und Risiken** – Diese Kategorie beschäftigt sich mit den möglichen Vor- und Nachteilen von Big Data und deren besserer Abgrenzung zueinander. Sie beinhaltet auch das für den User in seinem Verhalten als Risiko eingestufte Privacy Paradox.

[426] Vgl. Mayring (2002), S. 143.
[427] Vgl. Kuckartz (2010) S. 86.
[428] Vgl. Mayring S. 84

- **Maßnahmen** – Diese Kategorie erörtert, welche Maßnahmen bereits ergriffen wurden und welche ergriffen werden sollten - in Hinblick auf eine bessere Handhabung und Kontrolle der Big-Data-Technologie seitens des Users, aber auch der anderen Beteiligten (Staat, Unternehmen).

Auf eine erweiterte Formulierung von Kodierregeln sowie einzelner Ankerbeispiele, wie von Mayring gefordert,[429] wurde verzichtet, um den Rahmen der Arbeit einzuhalten. Dafür wurden die Kategorien an einem Interview testweise angewendet, um ihre Tauglichkeit zu prüfen und ggf. Veränderungen vorzunehmen, wie Hopf das vorschlägt.[430]

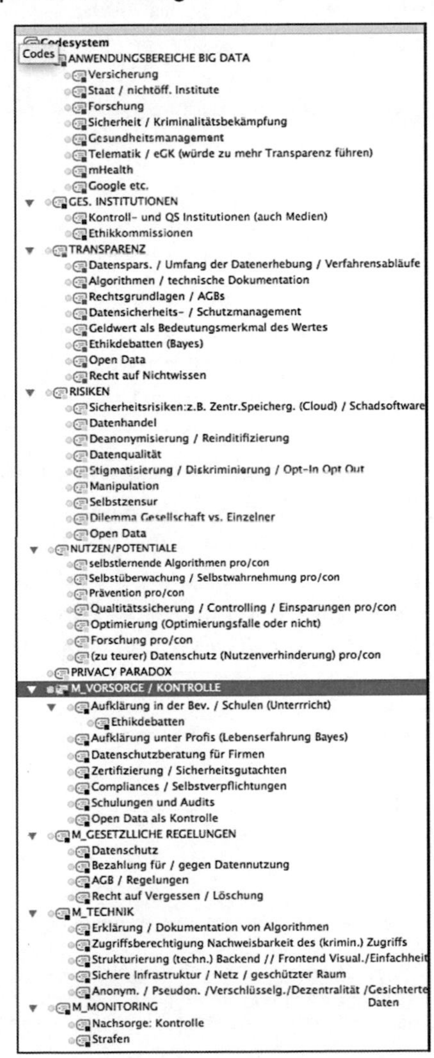

Abb. 1: Übersicht über das Kodiersystem

[429] Vgl. Vgl. Mayring (2002), S. 145.
[430] Vgl. Hopf (1993), S. 47.

2. Während des Kodierprozesses werden alle Haupt- und Unterkategorien (s. Abb. 1[431]) auf das gesamte Interviewmaterial übertragen, Fundstellen markiert und den Kategorien zugewiesen.[432] Dem Vorschlag von Hopf, im Zuge eines konsensuellen Kodierens[433] unterschiedliche Personen und deren Kodierungen zu berücksichtigen, konnte aufgrund der Nichtverfügbarkeit einer zweiten Person und aus Zeitgründen nicht gefolgt werden. Vorab wurden einzelne Fälle herausgesucht, um Analyserichtungen zu identifizieren und zu definieren.
3. Es folgte die unter Kapitel 4.3 vorgenommene Ergebnisdarstellung nach Hopf, die zunächst eine Erstellung von Fallübersichten empfiehlt, um einen quantitativen Überblick über die Inhalte zunächst pro Experten zu bekommen.
4. Die klassische Analyse der Ergebnisse im Rahmen einer strukturierenden Inhaltsanalyse geschieht in Kapitel 4.4, das die Inhalte der jeweiligen Unter- und Hauptkategorien darstellt und zusammenfasst, um eine Basis der Ergebnisse für die weitere Analyse zu schaffen.
5. Auf der Basis der Ergebnisse aus 4.3 und 4.4 folgt in Kapitel 4.5 ein Zwischenfazit. Darin werden die Experten zunächst Ihren Spezialisierungen (s. Kap. 4.2.2) entsprechend zu Expertengruppen zusammengefasst. Da die Experten auf der Grundlage der Themenkreise der Untersuchung in ihrer Expertise ausgewählt wurden, entsprechen deren Spezialisierungen auch den Themenkreisen der Untersuchung (s. Kap. 4.2.1). Die Experten werden in einer quantitativen Kreuztabelle mit den Kategorien in Beziehung gebracht. Hierbei wird nach Kuckartz mit Hilfe eines Mixed-Methods-Ansatzes eine „Quasi-Quantifizierung" vorgenommen, bei der nun spezialisierungsbezogen die Häufigkeiten der Expertengruppen-Antworten für die Kategorien ermittelt werden. Auf dieser Basis gilt es Bereiche zu identifizieren, zu denen ein vertiefender Blick in die Einzelfälle sinnvoll ist. Dies passiert im Rahmen der Bildung von Idealtypen zu den jeweiligen spezialisierten Expertengruppen in Form eines One-Case-Scenario. Die identifizierten Aussagenschwerpunktbereiche werden für die jeweilige Gruppe exemplarisch zusammengefasst.

Im Anschluss daran wird mit Hilfe der Erkenntnisse aus 4.3 und 4.4 ein Zwischenfazit in Form einer qualitativ gefüllten Kreuztabelle schematisch erstellt, in welcher die Themenkreise der theoretischen Betrachtung und die Kategorien in Beziehung

[431] Die Kategorien wurden aus technischen Gründen zur Vereinfachung der Auswertung in MAXQDA für den computergestützten Kodierprozess und zwecks einer genaueren quantitativen Abgrenzung der Expertenaussagen für die Darstellung in Tabellen unter 4.3 und 4.5 zergliedert, werden jedoch für die qualitative Inhaltsanalyse nach Mayring unter 4.4 den Hauptkategorien entsprechend wieder vereint betrachtet. Die Anordnung entspricht immer der Anordnung der Hauptkategorien oben im Text, Ihre jeweilige Zugehörigkeit zu einer Hauptkategorie wurde farbig dargestellt.

[432] Vgl. Kuckartz (2010), S.84ff.

[433] Vgl. Kuckartz (2010), S.91. Konsensuelles Kodieren: A) Zwei unabhängige Personen arbeiten am gleichen Interview, B) Diskutieren der gemachen Zuordnungen und C) handeln eine konsensuelle Lösung der Kodierung.

zu einander gesetzt werden und in den jeweiligen Kreuzfeldern schwerpunktbezogen die wichtigsten Erkenntnisse aus Theorie und empirischer Analyse abgeglichen werden. Dies hat den Vorteil, dass die verbalen Daten in systematischer Form aufgeführt und nachvollzogen werden können. Die Inhalte der Kreuztabelle dienen u. a. als Grundlage für die Bearbeitung der offenen Hypothesen in 4.6.

6. Die Bearbeitung der offenen Hypothesen zu den Themenkreisen 1-5 erfolgt kaskadisch in Kapitel 4.6, welches zu der Beantwortung der Forschungsfrage in einem abschließenden Fazit mit Ausblick in Kapitel 5 überleitet.

Das folgende Schema (s. Abb. 2) veranschaulicht die vorher beschriebenen Punkte 1-6.

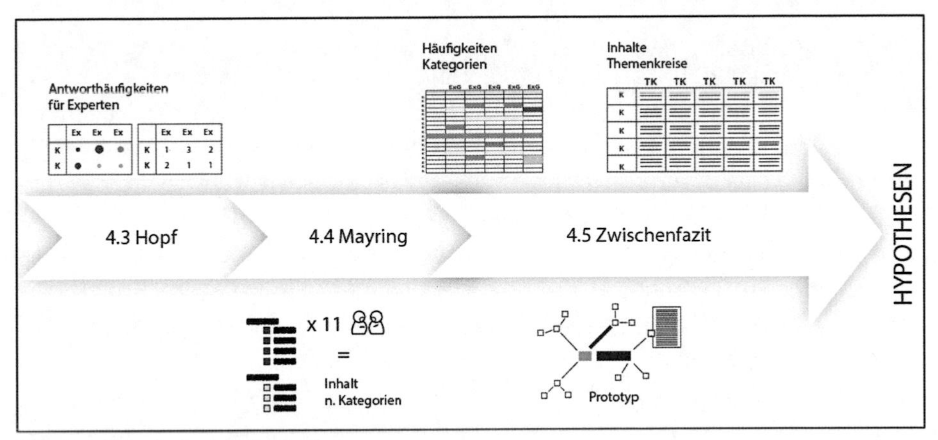

Abb. 2: Ablaufschema der Analyse

4.2.2 Untersuchungssubjekte (Sample)

Die Auswahl der Interviewpartner fand nach einer umfassenden Recherche zu geeigneten Experten durch den Autor statt. Alle Interviewpartner haben sich mit dem Thema Big Data in der Medizin und der Gesundheitswirtschaft in ihrem beruflichen Alltag auseinandergesetzt, konnten zu jeder der 4 Kernfragen der 5 Themenkreise (Gesundheitsdatenmanagement/Recht/Technik/Soziologie/User) der Untersuchung fundiert antworten und gelten daher als Experte auf ihrem Gebiet.[434] Es wurde bei der Auswahl der Experten darauf geachtet, dass jeder von ihnen mindestens über zwei tiefer reichende Spezialisierungen in seinem Wissen verfügt, was den folgenden Expertensteckbriefen zu entnehmen ist. Die Expertensteckbriefe umfassen jeweils den Expertennamen, den Termin, die Dauer und die Art des Interviews. Der/die neben einem kurzen Profil des Experten hervorgehobene(n) Themenkreis(e) der Arbeit verdeutlicht/(en) den/die Schwerpunkt(e) des

[434] Vgl. Helfferich (2011), S.163. Die Qualität qualitativer Daten, Experte: Personen, deren Kenntnisse und intellektuelle Fähigkeiten, sowie Leistung auf einem bestimmten Fachgebiet weit über dem Durchschnitt liegen.

jeweiligen Experten und wird/werden in der folgenden Untersuchung als seine Spezialisierung bezeichnet. Die Gesprächsdauer der Experteninterviews lag zwischen 40 und ca. 84 Minuten. Dies lässt sich auf die unterschiedlich ausführlichen Antworten der elf verschiedenen Interviewpartner zurückführen. Es folgt nun eine Kurzform der Expertensteckbriefe:[435]

1. *Dipl.-Inf. Sabine Bärwolff* (Gesundheitsdatenmanagement/Datenschutz/ Technik)
   Interviewtermin: 29.01.2015/Dauer: 1.22 h/Realisierung: face-to-face
   Geschäftsführerin der Polikum Holding Berlin seit 2008. Beteiligt an der Konzeptionierung und Programmierung der elektronischen Patientenakte der Polikum Holding.
2. *Holm Diening* (Datenschutz/Technik)
   Interviewtermin: 20.01.2015/Dauer: 0.59 h/Realisierung: face-to-face
   Seit 2012 für die gematik tätig. Er ist Koordinator des ISMS der Telematik-Infrastruktur und außerdem der Informationssicherheitsbeauftragte des Unternehmens.
3. *Harald Kamps* (Gesundheitsdatenmanagement/Soziologie/User)
   Interviewtermin: 21.01.2015/Dauer: 1.01 h/Realisierung: face-to-face
   Medizinstudium in Bonn. 1982-2002 in Norwegen als Hausarzt, Projektleiter und Universitätslektor. Seit 2002 in Berlin, seit 2005 als Hausarzt und jetzt Leiter eines hausärztlichen Zentrums (www.praxis-kamps.de).
4. *Dipl.-Kfm. Tobias Leipold* (Gesundheitsdatenmanagement/Datenschutz/ Technik)
   Interviewtermin: 20.01.2015/Dauer: 1.08 h/Realisierung: face-to-face
   Studium in Gesundheitsökonomie (Prof. Wasem Essen) und Humanmedizin (Universität Düsseldorf). Seit 2007 ist er Projektleiter und seit 2011 Geschäftsführer der Clinpath GmbH und zuständig für die zahlreichen Implementierungen von Clinical Pathways in medizinischen Einrichtungen und für die Forschungsprojekte. Mitglied im Industriebeirat SOA-Med der Charité Berlin.
5. *Dr. med. Peter Langkafel* (MBA) (Gesundheitsdatenmanagement/Technik/ Soziologie)
   Interviewtermin: 26.01.2015/Dauer: 0.47 h/Realisierung: face-to-face
   Interviewtermin: 28.01.2015/Dauer: 0.44 h/Realisierung: telefonisch
   Studium der Humanmedizin und Medizininformatik (Master of Business Administration). General Manager Public Sektor and Healthcare für die Region MEE (Middle and Eastern Europe) bei der SAP AG. Vorsitzender des Berufsverbandes medizinischer Informatiker (BVMI e. V.) für die Region Berlin/ Brandenburg und Lehrbeauftragter an der Hochschule für Wirtschaft und Recht.

[435] Vgl. Anhang 4, ausführlichere Expertensteckbriefe.

6. *Prof. Dr. Rainer Röhrig* (Datenmanagement/Technik/Soziologie)
   Interviewtermin: 19.01.2015/Dauer: 1.08 h/Realisierung: face-to-face
   Arzt und Medizininformatiker, Abteilung Medizinische Informatik Carl V. Ossietzky Universität Oldenburg. Vorstand der Technologie- und Methodenplattform für die vernetzte medizinische Forschung (TMF e.V.).
7. *Dipl. Ing. Florian Schumacher* (Technik/User)
   Interviewtermin: 04.02.2015/Dauer: 0.40 h/Realisierung: face-to-face
   Gründer von Quantified Self Deutschland und Trendscout der Wearable Technologies AG. Der Ingenieur und ausgebildete Design Thinker berät Unternehmen bei der Konzeption, Entwicklung und Implementierung von Quantified Self Soft- und Hardware. Blog: igrowdigital.com .
8. *Dr. med. Frank Schoeneich* (Soziologie/Ethik/Psychologie (User))
   Interviewtermin: 11.02.2015/Dauer: 0.40 h/Realisierung: face-to-face
   Facharzt für Innere Medizin und Ärztlicher Psychotherapeut sowie Facharzt für Psychosomatische Medizin und Psychotherapie. Seit 2008 Aufbau des standortübergreifenden Psychotherapeutischen Zentrums POLIKUM (PZP) dessen Ärztlicher Zentrumsleiter er heute ist.
9. *Dipl. Soz. Birgit Weber* (MA LDK) (Datenmanagement/Datenschutz/Kultursoziologie/User) Interviewtermin: 04.02.2015/Dauer: 0.40 h/Realisierung: face-to-face
   Diplom-Kulturwissenschaftlerin und MA im Fach Leadership in digitaler Kommunikation. 2003-2012 Online-Redakteurin beim Bund für Umwelt und Naturschutz Deutschland e.V. (BUND) und von 2012-2014 Online-Redakteurin bei foodwatch e.V.
10. *RA Dr. jur. Thilo Weichert* (Datenschutz/User)
    Interviewtermin: 19.01.2015/Dauer: 0.48 h/Realisierung: telefonisch´
    Jurist und Politologe, Landesbeauftragter für Datenschutz Schleswig-Holstein und damit Leiter des Unabhängigen Landeszentrums für Datenschutz, Kiel, www.datenschutzzentrum.de
11. *Prof. Dr. phil. Oliver Zöllner* (Soziologie/Ethik/User)
    Interviewtermin: 29.01.2015/Dauer: 1.25 h/Realisierung: skype
    Studium der Publizistik- und Kommunikationswissenschaft, Kunstgeschichte, Theater-, Film- und Fernsehwissenschaft sowie Geschichte Chinas an den Universitäten Bochum, Wien und Salzburg. Seit 2006 Professor für Medienforschung an der Hochschule der Medien Stuttgart in den Studiengängen Medienwirtschaft (Bachelor) und Elektronische Medien (Master). Seit 2013 im Leitungsgremium des Instituts für Digitale Ethik (IDE) und assoziiertes Mitglied des Instituts für qualitative Medien- und Innovationsforschung (IQ) der HdM Stuttgart.

4.3 Deskriptive Analyse nach Hopf

Die Analyse des transkribierten Materials erfolgt nach Hopf durch einen Blick auf die Häufigkeiten und Schwerpunkte der Aussagen der einzelnen Experten verteilt über die Kategorien. Zunächst werden jedoch die Beziehungen der Experten zu den jeweiligen Kategorien an den individuellen Experten veranschaulicht.

Wie zuvor erwähnt wurden einzelne Hauptkategorien nur für den computergestützten Codierungsprozess nochmals zergliedert, um eine bessere Differenzierung der Aussagehäufigkeiten abzubilden. Eine Zuordnung zu den Hauptkategorien unter 4.2 ist durch farbige Auszeichnungen innerhalb des Codesystems ableitbar. Die quantitative Abbildung der Aussagen pro Experten in der jeweiligen Kategorie erfolgte sowohl grafisch wie auch zugehörig in Zahlen (Vgl. Abb. 3). In Abhängigkeit zu der Häufigkeit der Aussagen in Zahlen verhält sich die Größe der Punkte: Je größer der Punkt, desto mehr Antworten wurden hier gegeben. Dies gibt dem Autor und auch Rezipienten der Arbeit ein geeignetes Instrument der rückkoppelnden Kontrolle in die Hand, ob einerseits die für den jeweiligen Experten vorgesehenen Spezialisierungen durch die tatsächlichen Aussagenschwerpunkte repräsentiert wurden oder Auffälligkeiten (Anomalien) auftraten.

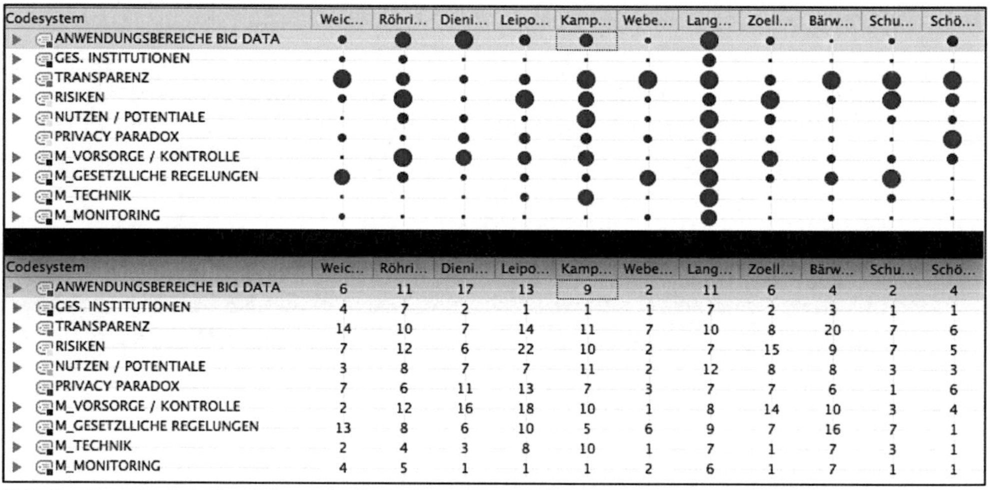

Codesystem	Weic...	Röhri...	Dieni...	Leipo...	Kamp...	Webe...	Lang...	Zoell...	Bärw...	Schu...	Schö...
ANWENDUNGSBEREICHE BIG DATA											
GES. INSTITUTIONEN											
TRANSPARENZ											
RISIKEN											
NUTZEN / POTENTIALE											
PRIVACY PARADOX											
M_VORSORGE / KONTROLLE											
M_GESETZLICHE REGELUNGEN											
M_TECHNIK											
M_MONITORING											

Codesystem	Weic...	Röhri...	Dieni...	Leipo...	Kamp...	Webe...	Lang...	Zoell...	Bärw...	Schu...	Schö...
ANWENDUNGSBEREICHE BIG DATA	6	11	17	13	9	2	11	6	4	2	4
GES. INSTITUTIONEN	4	7	2	1	1	1	7	2	3	1	1
TRANSPARENZ	14	10	7	14	11	7	10	8	20	7	6
RISIKEN	7	12	6	22	10	2	7	15	9	7	5
NUTZEN / POTENTIALE	3	8	7	7	11	2	12	8	8	3	3
PRIVACY PARADOX	7	6	11	13	7	3	7	7	6	1	6
M_VORSORGE / KONTROLLE	2	12	16	18	10	1	8	14	10	3	4
M_GESETZLICHE REGELUNGEN	13	8	6	10	5	6	9	7	16	7	1
M_TECHNIK	2	4	3	8	10	1	7	1	7	3	1
M_MONITORING	4	5	1	1	1	2	6	1	7	1	1

Abb. 3: Quantitative Darstellung der Interviewschwerpunkte nach Hopf.

Die Werte der beiden Teiltabellen zeigen, dass jeder der Experten zu allen Kategorien der Untersuchung brauchbare Aussagen treffen konnte und dass jeder der Experten bei der Beantwortung der Fragen des Interviewleitfadens seinem individuellen Schwerpunkt entsprechend häufige Antworten gab. Als auffällig erwiesen sich die Häufigkeiten der Aussagen Langkafels zu allen Kategorien, was sich mit hoher Wahrscheinlichkeit aus der Tatsache ableiten lässt, dass Langkafel sich als Einziger der hier vertretenen Experten aufgrund des im Herbst 2014 veröffentlichten Buches „Big Data in Medizin und Gesundheitswirtschaft“ branchenbezogen und übergreifender mit dem Thema Big Data auseinandergesetzt hat. Ansonsten bestätigt sich im Übrigen nach Durchführung der Interviews die durch den Autor beabsichtigte ausgewogene Verteilung der Expertisen unter den Interviewpartnern, was die Voraussetzung für eine in Breite und Differenzierung fundierte Beantwortung der Leitfragen darstellt und somit eine solide Grundlage für die weiterführende Analyse bedeutet.

4.4 Inhaltlich strukturierende Inhaltsanalyse nach Mayring

In Kapitel 4.4 erfolgt die klassische Analyse des Transkriptionsmaterials nach dem Vorbild der inhaltlich-strukturierenden Inhaltsanalyse Mayrings. Dabei werden die Inhalte der jeweiligen Haupt- und Unterkategorien in den einzelnen Unterkapiteln zusammenfasst, um eine Basis der Ergebnisse für die weitere Analyse unter 4.5 zu schaffen.

4.4.1 Anwendungsbereiche

In Bezug auf die Anwendungsbereiche von Big Data wurden die Interviewtranskripte in den Unterkategorien

- *Staat* und nicht-öffentliche Institute, die in Zusammenhang mit Forschung und Datensicherheit sowie Kriminalitätsbekämpfung stehen,
- *Gesundheitsmanagement*, was auch das Netzwerk Telematik im Zusammenhang mit der elektronischen Gesundheitskarte betrifft, sowie,
- *Versicherungen*, *mHealth* und *Google* als nicht traditionelle Beteiligte

untersucht (s. Abb. 4).

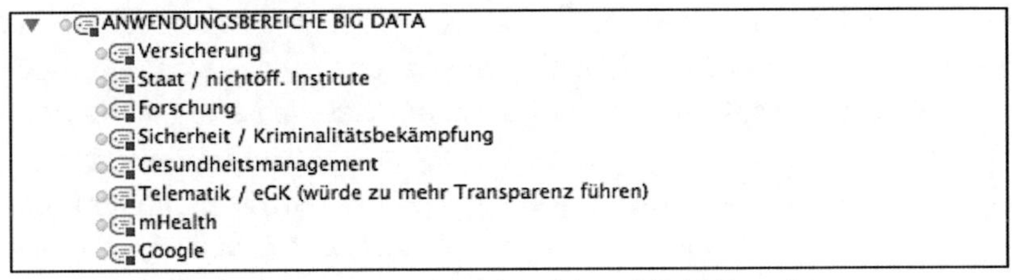

Abb. 4: Hauptkategorie 1 - Anwendungsbereiche mit Subkategorien

- **Staat**

Hinsichtlich der Anwendung von Big Data beim Staat ist nach Aussagen von drei Experten festzustellen, dass dieser, mangels eigener Expertise oder weil ihm diese nicht zugetraut wird oder er das Wissen nicht rentabel verfügbar hat, gezwungen ist, an nicht-öffentliche Privatunternehmen outzusourcen.[436] Dies betrifft im medizinischen Bereich insbesondere die kassenärztlichen Abrechnungen und

[436] Vgl. Weichert, Interview Pos. 76-77.

Qualitätssicherung, aber auch die Forschung durch öffentliche Ausschreibung.[437] Der Vorteil, der hier für die Anwendung von Big Data in nicht-öffentlichen Unternehmen gesehen wird, ist, dass diese aufgrund ihrer Wettbewerbsstellung gegenüber anderen privaten Unternehmen qualitativ besser wirtschaften als der Staat.[438] Der Staat entzieht sich dabei jedoch aus Sicht der drei Experten seiner Verantwortung und Fürsorgepflicht der Bevölkerung gegenüber.[439]

In der Forschung erwartet man viel von Big Data in Hinblick auf zukünftige Erkenntnisse. In diesem Zusammenhang wurde das Thema sogar in den aktuellen Koalitionsvertrag der Bundesregierung aufgenommen, da diese die Gründung eines Instituts plant, das für eine bessere Korrelation zwischen Daten aus dem ambulanten, stationären und kassenärztlichen Bereich sorgen soll. Man erhofft sich darüber hinaus durch eine Einbeziehung von Daten aus dem Alltag von Patienten, die z. B. über Apps erhoben werden, eine maßgeschneiderte und auf das Individuum zugeschnittene Forschung betreiben zu können.[440] Bemerkenswert ist auch der nach Zöllner zu beobachtende Trend, dass Drittmittel insbesondere in Forschungsbereichen mit Big-Data-Anwendungen von Investoren und Staat zur Verfügung gestellt werden.[441] Ein Bereich, den der Staat unter seiner eigenen Ägide behält was die Anwendung von Big Data anbetrifft, ist jener der Kriminalitätsbekämpfung. Hier stechen besonders die von den Experten genannten Beispiele der Polizei hervor, die Prädiktionssoftware wie Precop (s. Kap. 2.2.3) einsetzen oder Daten aus sozialen Netzwerken wie Facebook auswerten.[442]

- **Gesundheitsmanagement**

Ein ebenfalls in staatlichen und auch privaten Gesundheitseinrichtungen anzutreffender Bereich der Big-Data-Anwendung ist der des Gesundheitsmanagements. Hierzu wird in den Interviews am häufigsten herausgehoben, dass sich durch Big Data die Arbeitsabläufe effizienter organisieren lassen, was sogar in der Vergangenheit in Notaufnahmen Leben retten konnte.[443] Prozesse werden darüber hinaus für das Personal besser auswertbar und aufgrund von Visualisierung im Frontend der Anwendungen nachvollziehbarer. Sie bilden auch eine Grundlage für eine mögliche Selbstkontrolle.[444]

Bemängelt wird hingegen eine noch immer unzureichende Vernetzung vor allem bei gesicherter Sonderinfrastruktur wie z. B. der Telematik.[445] Auffällig ist, dass

[437] Vgl. Leipold, Interview Pos. 125.
[438] Vgl. Röhrig, Interview Pos. 103-105.
[439] Vgl. Weichert, Interview Pos. 74-75.
[440] Vgl. Langkafel, Interview Pos. 45.
[441] Vgl. Zöllner, Interview Pos. 73.
[442] Vgl. Zöllner, Interview Pos. 23.
[443] Vgl. Leipold, Interview Pos. 89.
[444] Vgl. Leipold, Interview Pos. 89.
[445] Vgl. Weichert, Interview Pos. 89.

das Thema sichere Infrastruktur (s. Kap. 4.3) im Zusammenhang mit der elektronischen Gesundheitskarte aufgrund der zahlreichen Nennungen in den Interviews große Aktualität unter den Experten besitzt – jeder der Befragten gab hierzu einen ausführlichen Kommentar ab. Alle Befragten sind sich darüber einig, dass die Telematik und die eGK (s. Kap. 3.3) ein gesellschaftlicher Gewinn sind – dies trifft für die Befragten sowohl in Hinblick auf die effizientere zukünftige Bewirtschaftung des Gesundheitssystems i. S. v. Vermeidung von Doppelbehandlungen, Rückverfolgbarkeit in Einzelfällen und einer damit verbundenen gesteigerten Versorgungsqualität zu als auch in Bezug auf den individuellen Patienten, für den sich die Qualität der Behandlung aufgrund der Vermeidung von Unverträglichkeiten in der Medikation verbessern kann. Bemerkenswert ist, wie sich die Aussagen der Experten widersprechen, wenn es um die Sicherheit der Daten geht: Es herrscht keine Einigkeit über die Frage, ob die Daten der eGK zentral auf einem Server oder dezentral auf mehreren Servern gelagert werden sollten. Während Weichert von „einem Gewinn von Vertraulichkeit und Datensicherheit spricht",[446] äußern andere Befragte Bedenken über die zentrale Speicherung in der Cloud[447] – und weitere sind der Meinung, alles befinde sich auf der Karte.[448]

- **Versicherungen und mHealth**

Ein für die befragten Experten ebenso polarisierender Bereich ist der Big-Data-Anwendungsbereich mHealth, und dabei insbesondere der Bereich der Wellnesswirtschaft. Während im professionellen Anwendungsbereich die erhobenen Daten strengen Regularien unterliegen, ist das im Lifestyle- und Wellnessbereich nicht gewährleistet.[449] Zwar herrscht weitestgehend Einigkeit über das didaktische Potential von Lifestyle-Apps, um die Bevölkerung damit auf eine spielerische und für Zöllner bezogen auf das Allgemeinwohl durchaus ethisch vertretbare Art an das Thema Gesundheit heranzuführen.[450] Aber der fließende Übergang zwischen primär medizinischer Ausrichtung und Wellnessorientierung, der in Ländern wie Israel und Kanada schon nahezu eins geworden ist, wird in Hinblick auf die Datensicherheit als höchst unsicher bis nicht geschützt bewertet. Dies betrifft auch das Teilen der Daten in sozialen Netzwerken, wo sie jedem zugänglich sind.[451]

Ein weiterer Aspekt ist die in diesem Zusammenhang lauernde Gefahr von „Tugendterror"[452], sich also von etwas so abhängig zu machen, dass das, was am Anfang lediglich als modern galt, plötzlich ein Muss für Sozialkonformität wird. Dieses mögliche Kippen in einen kritischen Bereich betrifft die Kunden auch in

[446] Weichert, Interview Pos. 89.
[447] Vgl. Leipold, Interview Pos. 211.
[448] Vgl. Diening, Interview Pos. 71.
[449] Vgl. Röhrig, Interview Pos. 25.
[450] Vgl. Zöllner, Interview Pos. 118-119.
[451] Vgl. Langkafel, Interview Pos. 37.
[452] Zöllner, Interview Pos. 45.

Anwendungen des Versicherungsbereichs. So kann für den Versicherten eine Beteiligung an Big-Data-Anwendungen zu einem (impliziten) Muss werden. Ein angeführtes Beispiel ist das bei der Generali Versicherung[453] vorhandene Bonus-Malus-System.[454] Wenn Versicherungen anfangen solche Apps flächendeckend auszugeben und daran ein Bonus-Malus-System wie das der Generali gekoppelt ist, kann dies in der Konsequenz zulasten derjenigen gehen, die die Anwendung nicht bedienen. Damit ist das Solidarprinzip der Krankenkassen aus Sicht der Mehrheit der Experten in Gefahr.

- **Zusammenfassung Anwendungsbereiche**

Zusammenfassend lässt sich für die Hauptkategorie der Anwendungsbereiche von Big Data festhalten, dass Big Data eine gesamtgesellschaftliche, in alle Bereiche hineinragende Technologie ist. Laut der Experten kommt ihr dabei eine tragende Rolle im Zusammenhang mit der Ökonomisierung und Rationalisierung zahlreicher wirtschaftlicher und gesellschaftlicher Bereiche bei gleichzeitigem Innovationspotential zu. Sichere Übertragungswege und Infrastrukturen sowie der Schutz der Lagerung von Daten sind dabei häufig durch die Experten herausgestellte Eckpunkte. Eine Verschmelzung von primär medizinischen Bereichen mit privaten Bereichen durch mHealth-Produkte wird dabei als eine nicht aufzuhaltende Entwicklung von den Experten akzeptiert, die jedoch einer besseren zukünftigen Regulierung bedarf.

4.4.2 Kontrollinstitutionen und Ethikkommissionen

Die Interviewtranskripte wurden in der zweiten Hauptkategorie auf Einrichtungen hin untersucht, welche die Arbeit mit Big-Data-Anwendungen kontrollieren und beurteilen (s. Abb. 5).

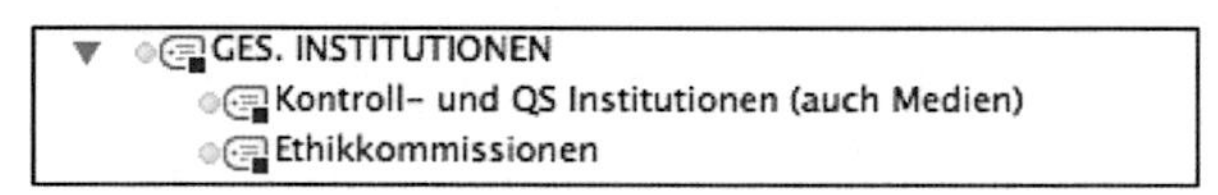

Abb. 5: Hauptkategorie 2 - Gesellschaftliche Institutionen mit Subkategorien

- **Kontrollinstitutionen**

Von acht der befragten Experten wurde vor dem Hintergrund der eGK die Sozialgerichtsklage von 2014 (s. Kap. 3.4) und das Urteil des Bundessozialgerichts ins Feld geführt, das als eine staatliche Kontrollinstanz im Umgang mit Big Data bezüglich der informationellen Selbstbestimmung gesehen wird. Während das Sozi-

[453] Schumacher (2015) auf igrowdigital.de (Abruf 15.3.2015): Das Versicherungsunternehmen Generali hat nun angekündigt, dass es Kunden die mit Hilfe einer App regelmäßig ihren einen gesundheitsbewussten Lebensstil nachweisen mit Bonusleistungen wie Gutscheinen fürs Kino oder Fitnessstudio belohnen möchte. Diese Ankündigung wurde in den Deutschen Medien sehr kritisch aufgenommen.

[454] Vgl. Schumacher, Interview Pos. 34.

algericht über individuelle Fälle entscheidet, ist für gesamtgesellschaftliche Entscheidungen als nächste Instanz das Bundesverfassungsgericht zuständig.[455] Als weitere staatliche Kontrollinstanz im Umgang mit Big Data im Gesundheitswesen wurden das Bundesamt für Sicherheit in der Informationstechnik (BSI) genannt, welches z. B. bei der gematik „[...] für die elektronische Gesundheitskarte, Kartenterminal, all diese Geräte“[456] in Form eines Zertifikats verantwortlich zeichnet. Auch der vom Staat beauftragte G-BA (s. Kap. 3.1) bezieht, den gesetzlichen Vorschriften entsprechend, den Einsatz von Big Data in seinen planungstechnischen Überlegungen zur Verteilung von jährlich 160 Mrd. € aktiv mit ein, da er sich hierdurch gezieltere individuelle Behandlung der Patienten verspricht.[457] Auf unternehmerischer Seite stehen zahlreiche private Datenschutzinstitute wie z. B. Dix Datenschutz[458] bereit, die Anwendungen im Rahmen von Big Data prüfen und ausführende Unternehmen beraten.

Die Medien schneiden bei fünf Experten als eine Kontrollinstanz im Sinne einer präventiven Aufklärung schlecht ab.[459] Außerdem wird die Intransparenz von *AGBs* von der Mehrheit der Experten kritisiert, wodurch sich die Darlegungen des Datenumgangs einer Kontrolle durch den Endverbraucher praktisch entziehen. Langkafel bedauert in diesem Zusammenhang, dass es in Deutschland ein Institut nach australischem Vorbild (Governance Institute of Risk Advocacy) noch nicht gibt, dass z. B. AGBs vorab generell überprüft.[460]

- **Ethikkommissionen**

Den Ethikkommissionen wird unter den Kontrollinstitutionen ein besonderer Platz zuteil, denn sie beraten vor allem dazu, ob und zu welchen Bedingungen ein Projekt durchgeführt werden sollte. Es geht also nicht nur, wie bei anderen Kontroll- und QS-Organen, um eine Überprüfung von Regelungen, sondern vielmehr um die eigentliche Machbarkeit und das Aussprechen von Empfehlungen.[461]

Unter den Experten sprachen sich alle für die Arbeit von Ethikkommissionen aus. Keiner der Experten äußerte sich im Zusammenhang mit Ethikkommissionen zum Bereich der Wellnessindustrie, alle nahmen von sich aus im Gespräch Bezug auf die Forschung und damit den professionellen Bereich des Gesundheitswesens. Ethikkommissionen werden in diesem Bereich u. a. als eine wichtige Kontrollinstanz zur Risikoabschätzung (Privacy Impact to Assessment)[462] und Güteabwä-

[455] Vgl. Zöllner, Interview Pos. 69.
[456] Vgl. Diening, Interview Pos. 75.
[457] Vgl. Langkafel, Interview1 Pos. 49.
[458] Vgl. Leipold, Interview Pos. 91.
[459] Vgl. Bärwolff, Interview Pos. 19.
[460] Vgl. Langkafel, Interview1 Pos. 33-49.
[461] Vgl. Röhrig, Interview 11.
[462] Vgl. Weichert, Interview Pos. 67.

gung (Kosten/Nutzen; Risiko/Nutzen)[463] betrachtet. Im Zusammenhang mit Big Data und einer technisierten Forschung halten Experten wie Röhrig[464] und Langkafel[465] mit einer Informatikexpertise Ethikkommissionen zusätzlich für die Beurteilung der Forschungsmethoden im Sinne der Erreichung des Forschungsziels für wichtig.

Kritisiert wird an den Ethikkommissionen von fünf Experten, dass diese nicht immer optimal besetzt sind[466] und deswegen teilweise zu einer Art Legitimationsinstrument degradiert werden[467], nach dem Motto, „wir haben uns das auch noch von einer Ethikkommission absegnen lassen und haben so ein paar Schärfen vielleicht aus einem Gesetzentwurf oder einer AGB [...] rausgenommen, aber im Kern hat sich da nicht viel geändert."[468]

Eine Schwäche sehen u. a. Röhrig und Langkafel insbesondere in Bezug auf Big Data im Medizinbereich darin, dass es keine deutschlandweiten Mindeststandards für die Besetzung von Ethikkommissionen gibt, die z. B. einen Medizininformatiker zwingend vorschreiben.[469] Übergeordnet nimmt der Deutsche Ethikrat als Leitorgan der Ethikkommissionen eine kontrollierende Rolle gegenüber Big-Data-Anwendungen ein.[470] Als positiv wird von Röhrig herausgestellt, dass unabhängig von Ethikkommissionen Forschungsprojekte, die mit größeren personenbezogenen Datenmengen zu tun haben, per Gesetz beim Datenschutz zur Überprüfung angemeldet werden müssen.[471]

- **Zusammenfassung der Hauptkategorie Kontrollinstitutionen/Ethikkommissionen**

Zusammenfassend lässt sich zu der Hauptkategorie 2 festhalten, dass die Experten mit Blick auf das jüngste Urteil des Bundessozialgerichts zur eGK/Telematik dieses als eine herausragende Instanz zur Kontrolle von Big-Data-Anwendungen und potentiellem Datenmissbrauch ins Feld führen. Dem folgen auf staatlicher Seite weitere Einrichtungen wie das Bundesverfassungsgericht, das Bundesamt für Sicherheit in der Informationstechnik und der G-BA. Auf unternehmerischer Seite werden private Datenschutzkontrollinstitute und die Medien angesprochen. Eine dem Staat und den Unternehmen übergeordnete Rolle nehmen die für alle Experten als wichtig erachteten Ethikkommissionen unter dem Dach des deutschen Ethikrates ein. Für deren Verbesserung in Hinblick auf die Technisierung

[463] Vgl. Kamps, Interview Pos. 99.
[464] Vgl. Röhrig, Interview Pos. 11.
[465] Vgl. Langkafel, Interview1 Pos. 13.
[466] Vgl. Weichert, Interview Pos. 39.
[467] Vgl. Leipold, Interview Pos. 193.
[468] Zöllner, Interview Pos. 49.
[469] Vgl. Röhrig, Interview Pos. 41 und Langkafel, Interview1 Pos. 39.
[470] Vgl. Schumacher, Interview Pos. 16.
[471] Vgl. Röhrig, Interview Pos. 17.

durch Big Data im Gesundheitswesen schlagen zwei Experten für die Besetzung von Ethikkommissionen eine Pflichtquote von mindestens einem Medizininformatiker als Mitglied der Kommission vor.

4.4.3 Transparenz

In Bezug auf die Transparenz von Big Data wurden die Interviewtranskripte in den Unterkategorien Datensparsamkeit bzw. Datenerhebungsumfang, Algorithmen, Rechtsgrundlagen, Datensicherheits- und Schutzmanagement, (Geld-)Wert von Daten, Ethikdebatten, Open Data und das Recht auf Nichtwissen untersucht (s. Abb. 6).

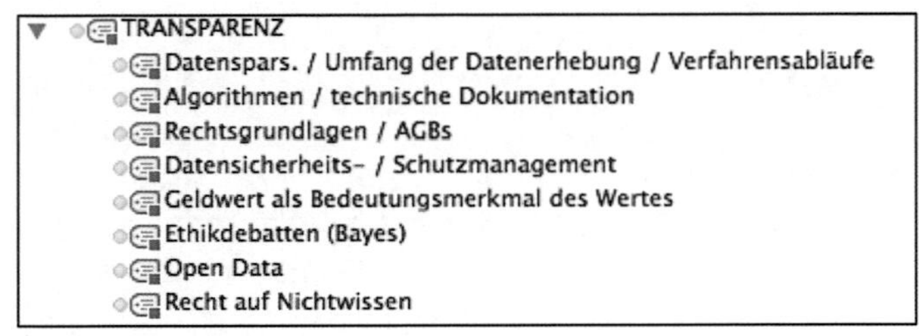

Abb. 6: Hauptkategorie 3 - Transparenz mit Subkategorien

- **Datensparsamkeit/Datenerhebungsumfang**

Die Experten sind sich alle darin einig, dass der Grundsatz der Datensparsamkeit in jedem Fall beibehalten werden muss. Auch wenn mit Big Data erst einmal alles erhoben werden könnte – und teilweise auch getan wird –, was rechtlich nicht zulässig ist, sollte bewusst darüber nachgedacht werden, was tatsächlich benötigt wird, und dies sollte dem Erforderlichkeitsprinzip entsprechen.[472] Ausnahmeregelungen für den Umfang der Datenerhebung sieht Weichert hier ähnlich wie bei SGB V und den Registergesetzen zwar im Bereich der Forschung, wenn es um das Allgemeinwohl der Bevölkerung geht, dämpft jedoch die Erwartung hinsichtlich der realistischen Umsetzbarkeit.[473] Während es Unternehmen gibt, wie z. B. die gematik, bei denen der Umfang der Datenspeicherung und auch der Ort offengelegt wird, kommt es insbesondere im Bereich der Lifestyle-Apps zu erheblicher Intransparenz darüber, was mit den Daten in welchem Umfang wirklich passiert.[474] Apps fallen zwar unter das Medizinproduktgesetz und werden so vorab einer Risikoanalyse unterzogen, jedoch mangelt es am Risikomanagement, wenn später die eigentlichen Daten erhoben werden.[475]

[472] Vgl. Weichert, Interview Pos. 26.
[473] Vgl. Weichert, Interview Pos. 26.
[474] Vgl. Röhrig, Interview Pos. 37.
[475] Vgl. Röhrig, Interview Pos. 38-39.

- **Algorithmen**

Die Experten sehen in Bezug auf die Algorithmen mehrheitlich keinen zusätzlichen Bedarf an Transparenz im professionellen Gesundheitsbereich, da hier im Interesse des eigenen Images Regulative der Selbstkontrolle und Offenheit über technische Grundlagen funktionieren.[476] Bärwolff hielte es dennoch für begrüßenswert, eine Kommission zu etablieren, welche gesetzlich Algorithmen für Big-Data-Anwendungen in sensiblen Bereichen wie dem der Medizin kontrollieren und zertifizieren könnte.[477] In der Lifestyle-Industrie sehen drei Experten Potential für mehr technische Transparenz in einer für den Laien verständlichen Erklärung (z. B. auf dem Display) dazu, wie ein Algorithmus Daten (ggf. über den sichtbaren Output der App hinaus) verarbeitet.[478]

- **Rechtsgrundlagen/AGBs**

Alle Experten sind sich darin einig, dass AGBs in der Regel viel zu lang und unübersichtlich für den Normalverbraucher und deswegen ein ungeeignetes Mittel der Aufklärung sind. Selbst der Passus zu Datenschutzbestimmungen dient nicht dem Zweck des Informierens, sondern erfüllt nur die gesetzlichen Anforderungen im Sinne der Absicherung des Unternehmens.[479] AGBs werden regelmäßig als Legitimation für Datenverarbeitung angesehen, was jedoch nach BGB 305[480] unzulässig ist.[481] Überraschungsklauseln, nicht deutlich voneinander abgegrenzte Punkte[482] und unbestimmte Formulierungen prägen das Bild der ABGs und entsprechen nicht den Anforderungen an eine Einwilligung seitens des Users. Kamps sieht sogar die informationelle Selbstbestimmung[483] (s. Kap. 2.3.2) in Frage gestellt.[484] Wenn die AGB Erklärungswert haben sollen, dann nur durch Anklicken, nicht durch Nichtanklicken; Erklärungen müssen zudem präzise hervorgehoben nach §4a, BDSG[485] werden und es muss eine gesonderte Warnfunktion geben mit dem Hinweis auf die Sensibilität der Daten im Zusammenhang mit Gesundheit, was häufig nicht der Fall ist. Diese Vorschriften stehen so unter §3, Abs. 9 BDSG[486], auf welche Weichert im Interview verweist.[487] Im Internet und ganz besonders bei Gesundheits-Apps (Lifestyle-Apps) gilt regelmäßig nicht *privacy by default* (s. Kap. 3.4), sondern lediglich eine Einstellung, die eine Deaktivierung von

[476] Vgl. Langkafel, Interview2 Pos. 56.
[477] Vgl. Bärwolff, Interview Pos. 110.
[478] Vgl. Bärwolff, Interview Pos. 119.
[479] Diening, Interview Pos. 26-27.
[480] Vgl. Anhang 6, §305, BGB.
[481] Vgl. Weichert, Interview Pos. 10.
[482] Vgl. Weichert, Interview Pos. 33.
[483] S. v. Lewinski in Kapitel 2.3.2.
[484] Vgl. Kamps, Interview Pos. 31-35.
[485] Vgl. Anhang 7, §4a, BDSG.
[486] Vgl. Anhang 1, §3 Abs. 9, BDSG.
[487] Vgl. Weichert, Interview Pos. 8-10.

bereits erlaubten Konnektivitäten zulässt. Der User sollte aber durch ein bewusstes Aktivieren explizit seine Zustimmung ausdrücken können, nur dann ist sie rechtskonform.[488]

Aus Sicht der Unternehmer gibt Zöllner jedoch zu bedenken, dass ein Übermaß an Warnung (und damit auch Transparenz) den User ebenso verunsichern kann und sich als geschäftsschädigend erweisen könnte. Hinzu kommt, dass mögliche Vereinfachungen in der Ausdrucksweise der AGB für den User zwar hilfreich sind, jedoch für Unternehmen ein unkalkulierbares juristisches Risiko darstellen können.[489]

- **Datensicherheits-/Schutzmanagement**

Fünf Experten bemängeln ausdrücklich das derzeitige Datensicherheits- und Schutzmanagement. Es herrscht oft Unklarheit im Online- und ganz besonders im Lifestyle-Bereich darüber, was mit den erhobenen Daten wirklich passiert und ob nicht auch eine Manipulation der Daten stattfindet.[490] Eine weit verbreitete Unkenntnis beim User über die Datenverwertung lässt sich, laut Bärwolff, u. a. auch auf eine nicht standardisierte Vielzahl von Zertifikaten und Siegeln zurückführen, die nicht nur dem gewillten Unternehmer, der seine Kunden schützen will, sondern auch dem User aufgrund der Vielfalt und unterschiedlichen Inhalte oft nicht helfen.[491] Auch leidet das Bewusstsein des Users für das Schutzmanagement mangels Aufklärung[492], was die Widersprüche in der Öffentlichkeit, welche beispielsweise über die Art der Datenspeicherung bei der eGK existieren (s. Kap. 4.4.1) widerspiegeln.[493]

- **(Geld-) Wert von Daten**

Alle Experten sind sich darüber einig, dass der User kein Empfinden für den Wert seiner personenbezogenen Daten hat, weswegen u. a. der Vorschlag im Raum steht, zumindest den Wert in Form eines Geldwertes bei Abgabe für die Nutzung eines Dienstes anzuzeigen.[494]

- **Ethikdebatten**

Kamps und Zöllner sehen in öffentlichen diskursiven Ethikdebatten[495] ein geeignetes Mittel, um in der Bevölkerung ein Bewusstsein für die Anwendungsmöglichkei-

[488] Vgl. Weichert, Interview Pos. 10.
[489] Vgl. Zöllner, Interview Pos. 32-33.
[490] Vgl. Röhrig, Interview Pos. 37.
[491] Vgl. Bärwolff, Interview Pos. 43.
[492] Vgl. Leipold, Interview Pos. 47.
[493] Vgl. Diening, Interview Pos. 71.
[494] Vgl. Kamps, Interview Pos. 25-27.
[495] Vgl. Zöllner, Interview Pos. 43.

ten von Big Data im Sinne von Transparenz durch Aufklärung zu wecken. Dabei bezieht sich Kamps insbesondere auf die werktätigen Ärzte im Gesundheitswesen und fordert eine stärkere Rückbesinnung auf das menschliche ganzheitliche Empfinden jenseits von Digitalisierung.[496] Zöllner fordert einen gesellschaftlichen Diskurs darüber „ ... in was für einer Gesellschaft [...] wir leben [wollen] und fragt sich dabei „ ... ob ... wir das wirklich [wollen], dass eben die einen sich völlig ausdatifizieren lassen und zum Malus, zum Schaden letztlich der anderen [werden]?“[497]

- **Open Data**

Sechs der Experten sind für das Konzept von Open Data (s. Kap. 2.3.1), denn es wäre u. a. ein Mittel um das Bewusstsein in der Bevölkerung für die eigenen persönlichen Daten besser zu schärfen.[498] Laut Diening käme das Konzept bei der jüngeren Generation, die mehr technische Kompetenz besitzt, am Besten an.[499] Langkafel sieht in Open-Data-Projekten unter Einbezug der Öffentlichkeit und ihrer Wünsche, z. B. in Hinblick auf die Stadtgestaltung und -erneuerung, die Möglichkeit für eine bessere Allokation öffentlicher Gelder zum Vorteil der Bevölkerung und gleichzeitig zur Imagepflege der Politik.[500] Bärwolff sieht in Open Data sogar grundsätzlich eine Chance darauf, dass die Gesellschaft aufgrund von mehr Transparenz bei Daten ihre Einstellung in Hinblick auf Stigmatisierung z. B. von Krankheiten wie Depressionen oder HIV ändern könnte, bezweifelt jedoch zugleich, dass dies in Deutschland ohne gesellschaftlich gewachsene Strukturen nachträglich so einführbar wäre.[501] Bärwolffs Auffassung nach würde mehr Transparenz auch nicht zu weniger Begehrlichkeiten und Missbrauch von Daten führen.[502]

Die anderen fünf Experten betrachten Open Data keinesfalls als ein geeignetes Mittel für mehr Bewusstsein im Umgang mit Daten durch deren Offenlegung. Zum Beispiel befürchtet Röhrig konkret negative Auswirkungen durch eine de facto nicht auszuübende informationelle Selbstbestimmung.[503] Der User bekäme zwar Privatsphäre formal zugestanden, gewinnt durch Open Data aber vielmehr den Eindruck, dass diese zu schützen ohnehin hoffnungslos ist. Weichert fordert daher konsequent, dass „ ... im Grundsatz ... gelten [muss, dass] personenbezogene Daten in Open Data nichts verloren [haben].“[504]

[496] Vgl. Kamps, Interview Pos. 83.
[497] Zöllner, Interview Pos. 43.
[498] Vgl. Weber, Interview Pos. 22 und Schumacher, Interview Pos. 40.
[499] Vgl. Diening, Interview Pos. 17.
[500] Vgl. Langkafel, Interview Pos. 45.
[501] Vgl. Bärwolff, Interview Pos. 133.
[502] Vgl. Bärwolff, Interview Pos. 129.
[503] Vgl. Röhrig, Interview Pos. 19.
[504] Weichert, Interview Pos. 41.

- **Recht auf Nichtwissen**

Bei der Subkategorie Recht auf Nichtwissen handelt es sich um eine typische induktive Kategorie. Der Autor wurde auf diese Art der Transparenz, nämlich der Nichttransparenz, im Laufe der geführten Forschungsinterviews aufmerksam. Das Recht auf Nichtwissen bezieht sich u. a. auf die Eventualität einer Überforderung des Users durch zu viel (Hintergrund-) Wissen. Er sollte also in der Lage sein, so Röhrig[505] und drei weitere Experten, Informationen auch nicht zu erfahren. In Bezug auf resultierende Ergebnisse von Big-Data-Anwendungen aus mHealth Produkten fordert Bärwolff im Falle von negativen Ergebnissen von einer Darstellung dieser im Display abzusehen, sondern einen Hinweis bzw. die Empfehlung einen Arzt aufzusuchen, um auf Seiten des Users keine übereilten und unprofessionellen Schlüsse zu ziehen.[506]

- **Zusammenfassung der Hauptkategorie Transparenz**

Nach den Aussagen der Experten besteht insbesondere ein Bedarf an Transparenz bei Big-Data-Anwendungen in den Bereichen der Datenerfassung, der Sicherung und der analytischen Verarbeitung. Im Rahmen der Datenerfassung sind sich die Experten darüber einig, dass AGBs den User über die Datenerhebung und -verarbeitung nicht ausreichend aufklären. Außerdem sagen alle, dass der Grundsatz der Datensparsamkeit im Sinne der Erforderlichkeit auch im Rahmen der enormen quantitativen Datenerhebung von Big-Data-Anwendungen zukünftig beibehalten werden soll. Nach der Datenerfassung sehen die Experten außerdem die Notwendigkeit, den User klarer darüber zu informieren, was mit den gesicherten Daten im Rahmen eines zu gewährleistenden Schutzmanagements tatsächlich passiert.

Im Bereich Technik (Algorithmen) tritt eine Polarisierung in den Aussagen bezüglich des professionellen und des Lifestyle-Bereiches auf. Während die Experten den professionellen Gesundheitsbereich, wie z. B. Krankenhäuser oder Forschung, aus Image- und Existenzgründen für selbstregulierend einschätzen, gibt es Zweifel an und die Aufforderung zu mehr Transparenz bei der Datenerhebung und der Verarbeitung bei Lifestyle-Apps.

Beim Thema Open Data laufen die Expertenmeinungen auseinander. Die Aussagen reichen von entschiedener Ablehnung des Konzeptes bezüglich personenbezogener Daten bis hin zu Bejahungen mit der damit verbundenen Sicht auf mögliche positive Veränderungen in der gesellschaftlichen Grundeinstellung bezüglich Toleranz.

[505] Vgl. Röhrig, Interview Pos. 41.
[506] Vgl. Bärwolff, Interview Pos. 89.

Begleitet wird die Gesamtdiskussion um Transparenz bei Big Data von einer unterschwelligen Forderung nach Ethikdebatten und dem Recht auf Nichtwissen.

4.4.4 Risiken und Nutzen

In Bezug auf die Hauptkategorie Risiken und Nutzen von Big Data wurden die Interviewtranskripte für eine bessere Arbeit in MAXQDA in drei Bereiche unterteilt (s. Abb. 7):

- Der erste Bereich umfasst Subkategorien, die sich ausschließlich Risiken widmen;
- der zweite Bereich umfasst Subkategorien die sowohl Nutzen als auch Risiken beinhalten (pro/con hinter Subkategorien, s. Abb. 7);
- der dritte Bereich konzentriert sich auf das Privacy Paradox (s. Kap. 2.2.5 und 3.6) und exploriert die Sichtweisen der Experten bezüglich des Online-User-Verhaltens im Umgang mit ihren persönlichen Daten generell und im Kontext Gesundheit. Privacy Paradox wurde in dieser Hauptkategorie verankert, da der User durch ein solches Verhalten aus Big Data Nutzen bei gleichzeitigen möglichen Risiken ziehen kann.

Die einzelnen Subkategorien werden hier in der folgenden Abb. 1 aufgrund ihres Umfangs lediglich grafisch dargestellt und danach im jeweiligen Bereich besprochen.

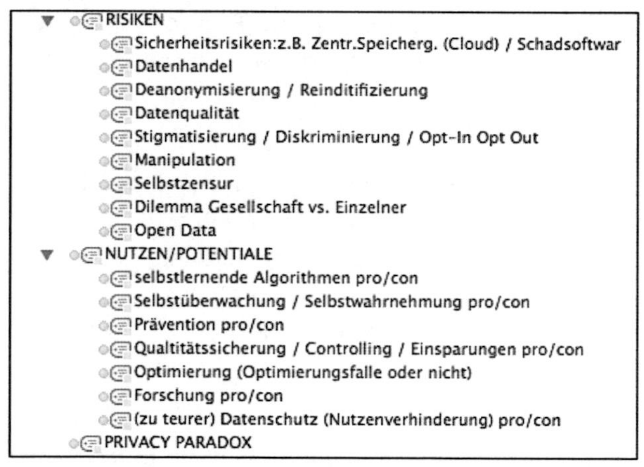

Abb. 7: Hauptkategorie 4 - *Nutzen und Risiken* m. Subkategorien

Risiken

Zu den Risiken zählen die Bereiche der Datensicherheit hinsichtlich des ökonomischen Potenzials ebenso wie mögliche negative Konsequenzen aus dem Bekanntwerden sensibler Daten. Dabei werden auch die Möglichkeiten, selbst zu verfügen oder Daten öffentlich zu machen, betrachtet.

- **Sicherheitsrisiken**

Alle Experten sind sich darin einig, dass keine Infrastruktur zu 100 % sicher sein kann.[507] Sechs Experten sehen das erhöhte Risiko eines möglichen Datenmissbrauches durch eine Aufbewahrung von personenbezogenen Gesundheitsdaten in der Cloud bzw. an einem zentralen Serverort und sprechen sich für eine dezentralisierte Speicherung von Gesundheitsdaten aus. Drei der Experten hingegen begrüßen einen zentralen Speicherort als effektives und kostensparendes Instrument.[508] Mobile Dienste sorgen laut Schumacher für eine noch größere Schutzlosigkeit von Daten und damit eine Gefährdung des Users[509], da man hier aufgrund zahlreicher Sensordaten noch detailliertere Personenprofile (illegal) bilden kann.

- **Datenhandel**

Das Problem eines potentiellen Datenmissbrauchs ergibt sich u. a. im professionellen Medizinbereich daraus, dass mit Daten, welche an privatunternehmerische Dritte zwecks der Verarbeitung z. B. für kassenärztliche Abrechnungen weitergegeben werden, häufig unbeaufsichtigt Handel betrieben wird oder diese Daten für die Verarbeitung nicht korrekt anonymisiert werden.[510]

- **De-Anonymisierung/Re-Identifizierung**

Aufgrund derzeitiger technischer Möglichkeiten kann zwar nahezu jeder zuvor anonymisierte Datensatz durch Big-Data-Anwendungen re-identifiziert werden, Weichert hält die im BDSG (s. Kap. 3.4) u. a. ausgewiesene Bedingung für eine Verschlüsselung der Daten zur Ermöglichung von Sekundärforschung dennoch weiterhin für aktuell, um ein Mindestmaß an Sicherheit trotz technischer Möglichkeiten zumindest vorzuschreiben.[511] Zwar können Datensätze soweit aggregiert werden, dass diese nicht mehr re-identifiziert werden können, jedoch leidet darunter auch sehr die für die Forschung notwendige Qualität der Inhalte.[512] Eine mögliche Alternative zur Aggregation und Anonymisierung sieht Röhrig daher in der Pseudonymisierung, die wenn aufwändig durchgeführt eine Re-Identifizierung der Person ausschließt, jedoch gleichzeitig notwendige Forschungsparameter enthält.[513]

Die Experten sehen große Gefahren hinsichtlich möglicher Re-Identifizierungen im Bereich der Lifestyle-Industrie - ein guter Algorithmiker kann hier problemlos aus

[507] Vgl. Röhrig, Interview Pos. 83 und u. a. Zöllner, Interview Pos. 51.
[508] Vgl. Schöneich, Interview Pos. 143.
[509] Vgl. Schumacher, Interview Pos. 20.
[510] Vgl. Bärwolff, Interview Pos. 30.
[511] Vgl. Weichert, Interview Pos. 19-20.
[512] Vgl. Weichert, Interview Pos. 19-20.
[513] Vgl. Röhrig, Interview Pos. 71.

einer Kombination – z. B. aus Daten der elektronischen Gesundheitskarte und privaten mHealth-Anwendungen wie Sport-Armbändern oder Apps – eine Identifizierung des Users ableiten.[514]

- **Datenqualität**

Die oft unstrukturierten Daten[515] machen es nach den Aussagen zweier Experten unter den herrschenden Bedingungen der (Big Data) Suchmethoden noch enorm schwierig, an das für den jeweiligen Zweck einer Untersuchung relevante Material zu gelangen.[516] Die Folgen je nach Datengrundlage können daher schlechte bis falsche Ergebnisse sein.[517] Es fehlt an zuverlässigen Suchmethoden und einem geeigneten Wissensmanagement, so Röhrig, um die wichtigen Daten weiter nach vorn zu heben, um damit die Präzision der Informationen und Ergebnisse zu erhöhen.[518]

- **Stigmatisierung**

Alle Experten sind sich darin einig, dass personenbezogene Gesundheitsdaten ein höchst schützenswertes Gut sind, denn sie können Entscheidungen Dritter dahingehend beeinflussen, Personen in ihrer Leistungsfähigkeit zu beurteilen bzw. zu diskriminieren.[519] Schöneich und Schumacher sagen, dass u. a. die Anwesenheit des Users in sozialen Netzwerken heutzutage eine Voraussetzung für eine Anstellung[520] sowie die Entscheidungsgrundlage für die Personalbeförderungsstrategie[521] von Firmen darstellt. Auf der anderen Seite nutzen dieselben Personaler sensible Informationen aus sozialen Netzwerken, die auch auf die Gesundheit oder den Lebensstil schließen lassen (z. B. Partybilder), um sich gegebenenfalls auch gegen einen unter Umständen geeigneten Kandidaten zu entscheiden.[522] Diening sieht allerdings in der Veröffentlichung solcher privaten Daten sogar eine Chance, das zukünftige Diskriminierungspotential zu verringern, wenn diese Daten zu einer Art Normalität werden. Konkret sagt er: „Wenn ich jetzt mir, und das kann durchaus gerade in der jüngeren Bevölkerungsgruppe der Fall sein, wenn ich mir vorstelle, dass aus diesen Daten keine Stigmatisierung mehr abgeleitet wird. Wenn wir in einer idealen Welt [leben würden], die diskriminierungsfrei ist, zumindest was die Kenntnis dieser Daten betrifft, [dann] brauche ich, theoretisch gese-

[514] Vgl. Zöllner, Interview Pos. 25.
[515] Vgl. Lauden (2010), S. 312. In Wirtschaftsinformatik – eine Einführung: Unstrukturierte Daten sind eine Mischung aus verschiedenen teils inkompatiblen Datenformaten, die meisten davon in Textdateien.
[516] Vgl. Röhrig, Interview Pos. 61-63.
[517] Vgl. Weichert, Interview Pos. 65.
[518] Vgl. Röhrig, Interview Pos. 63.
[519] Vgl. Röhrig, Interview Pos. 21.
[520] Vgl. Schöneich, Interview Pos. 121.
[521] Vgl. Schumacher , Interview Pos. 10.
[522] Vgl. Leipold, Interview Pos. 67-69.

hen, auch keinen Datenschutz mehr."[523] Gleichzeitig gibt er jedoch zu bedenken, dass dies auch ein neues Diskriminierungspotential in sich trägt, denn durch das Opt-Out, bei dem User sich bewusst gegen die Teilnahme an der Veröffentlichung von Privatem entscheiden, werden sie evtl. als grundsätzlich verdächtig diskriminiert.[524]

Darüber hinaus wird die Identifizierbarkeit von Krankheiten durch Big-Data-Anwendungen zunehmen und Auswirkungen auf Versicherungsmodelle haben.[525] Alle Experten bestätigen, dass die (auch von Versicherungen) in Umlauf gebrachten mHealth-Angebote und zahlreiche Lifestyle-Apps zu einer starken Zunahme der Freigabe von Vitaldaten durch den User beitragen. Zöllner sieht durch zukünftig geplante Bonus-Malus-Systeme der Versicherungen (s. Kap. 3.5) die Freizügigkeit des Users mit seinen Vitaldaten wachsen.[526] Außerdem wird eine steigende Risikoselektion bei Versicherungskonzernen diejenigen mit Krankheitssymptomen oder ohne Teilnahme an solchen Angeboten aus dem Versicherungsschutz ausschließen oder mit höheren Beiträgen versehen. Aus einem anfänglichen „ ... zwanglosen Zwang [wird] ein realer Zwang"[527] und die Gefahr das solidarische Versicherungsprinzip auszuhöhlen nimmt zu.[528] Bärwolff weist zusätzlich auch auf die Gefahr hin, dass User aufgrund des zuvor erwähnten Datenhandels sogar aus eigenem Unverschulden passiv in die Situation möglicher Diskriminierung oder Stigmatisierung geraten können, wenn die persönlichen Gesundheitsinformationen in die falschen Hände geraten.[529]

- **Manipulation**

Kamps sieht sowohl im professionellen wie auch privaten Bereich Potential für Manipulation durch Big-Data-Anwendungen. Er ist der Meinung, dass besonders das Fachpersonal sich immer stärker auf technisch errechnete Ergebnisse verlässt und dabei die eigene menschliche Intuition zukünftig immer weniger eine Rolle spielen wird.[530] Eine ähnliche Beobachtung machen er und Röhrig im Zusammenhang mit den zahlreichen Lifestyle-Angeboten, bei denen sich der User nicht mehr auf sein eigenes Empfinden bezieht, sondern auf die Ergebnisse einer App verlässt, was sich teils sogar als gesundheitsschädigend erweisen kann.[531]

---

[523] Diening, Interview Pos. 19.
[524] Vgl. Diening, Interview Pos. 19.
[525] Vgl. Zöllner, Interview Pos. 17.
[526] Vgl. Zöllner, Interview Pos. 39.
[527] Zöllner, Interview Pos. 39-45.
[528] Vgl. Kamps, Interview Pos. 31-35.
[529] Vgl. Bärwolff, Interview Pos. 27.
[530] Vgl. Kamps, Interview Pos. 81-83.
[531] Vgl. Kamps, Interview Pos. 17 und vgl. Röhrig, Interview Pos. 31.

- **Selbstzensur**

Aufgrund einer permanent gefühlten Überwachung nimmt Zöllner an, dass sich das Verhalten des Users in Bezug auf seine Suchbegriffe in Suchmaschinen aber auch das Konsumieren bestimmter Onlinedienste zukünftig aus Selbstschutz heraus anpassen wird. Er formuliert es zugleich als Chance für den User „richtiges Verhalten“[532] im Netz für die Zukunft zu erlernen. Weber bedauert bei einer Selbstzensur des Users die zukünftige mangelnde Aussagekraft der Daten für Big-Data-Analysen.[533]

- **Dilemma Gesellschaft vs. Einzelner**

Weichert und alle anderen Experten sprechen sich grundsätzlich dafür aus, dass eine Datenerhebung und -nutzung immer so angelegt sein sollte, dass kein Einzelner zu Schaden kommt.[534] In der Forschung existieren hierfür separate Schutzzwecke, um allgemeine Erkenntnisse für die Gemeinschaft zu gewährleisten. Und auch im Bereich der Telematik ist nirgend wie woanders in 291a SGB V[535] der Zweck und die Nutzung, „ ... was Datenempfänger und Datenarten selbst angeht ... “[536], geregelt (s. Kap. 3.4). Zöllner hält es dennoch für wichtig, in Anbetracht möglicher Nachteile, die Einzelnen entstehen können, eine öffentliche Diskussion darüber anzuregen, in welcher Gesellschaft wir eigentlich leben möchten.[537]

- **Open Data**

Das Thema Open Data wurde in Fortführung von 4.4.3 an dieser Stelle in Bezug auf seine Risiken untersucht. Eine Mehrheit der Experten befürchtet im Zusammenhang mit Open Data nicht einzuschätzende Risiken. Zum Beispiel hält Kamps die kriminelle Energie der Menschheit für zu groß, so dass es früher oder später zu einem Missbrauch kommt.[538] Außerdem weist er darauf hin, dass in Bezug auf die zu verwaltende Menge an Daten nur diejenigen dazu in der Lage sein werden, welche auch über die notwendigen ökonomischen Ressourcen verfügen – insofern wird diese Philosophie auch zu einer Frage des Machtgefüges in der Gesellschaft.[539] Aus ethischer Sicht hält Zöllner die offizielle Veröffentlichung von personenbezogenen Daten für höchst bedenklich, insbesondere in Hinblick auf die Privatheit eines jeden Einzelnen.[540] Diening weißt zusätzlich darauf hin, dass im Falle des Erreichens einer kritischen Masse an Veröffentlichungen das System Open

[532] Zöllner, Interview Pos. 17.
[533] Vgl. Weber, Interview Pos. 15.
[534] Vgl. Weichert, Interview Pos. 19.
[535] Vgl. Anhang 5, 291a, SGB5.
[536] Weichert, Interview Pos. 35.
[537] Vgl. Zöllner, Interview Pos. 59.
[538] Vgl. Kamps, Interview Pos. 20-21.
[539] Vgl. Kamps, Interview Pos. 101.
[540] Vgl. Zöllner, Interview Pos. 81.

Data zu einem Zwangssystem kippen könnte und sich Menschen dann genötigt sehen, wie alle anderen Daten zu veröffentlich, um nicht als Außenseiter da zu stehen.[541]

Nutzen und Potentiale unter Berücksichtigung der Risiken

Das Positive, das Big Data bewirken kann, soll im Folgenden dargestellt und in Hinblick auf mögliche Fallstricke betrachtet werden. Dabei spielen technische Aspekte wie Algorithmen oder Optimierungsansätze ebenso eine Rolle wie menschliche Einflussfaktoren, die sich beispielsweise aus Prävention oder Selbstüberwachung ergeben.

- **Selbstlernende Algorithmen**

Die Experten bestätigen alle, dass selbstlernende Algorithmen heutzutage einen festen Bestandteil von Big-Data-Anwendungen darstellen. Die Auffassungen dazu, ob solche Algorithmen sich menschlicher Kontrolle entziehen, gehen bei den Experten deutlich auseinander. Leipold und Langkafel verneinen dies und betonen deren positives Potential für die Forschung.[542] Eine Dokumentation hält Langkafel insbesondere aus urheberrechtlichen Gründen für schwer machbar.[543] Bärwolff erkennt das Potential solcher Algorithmen ebenso an, mahnt jedoch einen besseren Schutz der zum Teil unvorhersehbaren Ergebnisse an.[544] Röhrig sieht als einziger Experte die Nutzungsverhaltensänderung des Users als ein geeignetes Kontrollmittel für diese Algorithmen. Der Nutzer, erklärt er weiter, passt sich reflektierend und auf eine bestimmte Art selbstzensorisch an die Gegebenheiten an.

Drei weitere Experten sprechen sich eher gegen selbstlernende Algorithmen aus. Weichert untermauert in seiner Aussage, dass selbstlernende Algorithmen nicht dokumentiert werden und teilweise auch nicht mehr dokumentationsfähig sind. Aus diesem Grund sind deren Ergebnisprozesse auch nicht mehr nachvollziehbar, kontrollierbar oder unter Umständen korrigierbar. Darüber hinaus bemängelt er die Abwesenheit von Zulassungsverfahren und Risikoanalysen für solchen Formen der Algorithmen.[545] Zöllner sieht in ihnen sogar „ ... Herrschafts-, Überwachungs- und Unterdrückungsinstrumente."[546] Schöneich bemängelt an dieser Art der Algorithmen, dass diese nicht dazu in der Lage wären wie der Mensch intuitiv zu entscheiden.

[541] Vgl. Diening, Interview Pos. 19.
[542] Vgl. Leipold, Interview Pos. 261 und vgl. Langkafel, Interview2 Pos. 44.
[543] Vgl. Langkafel, Interview2 Pos. 44.
[544] Vgl. Bärwolff, Interview Pos. 109.
[545] Vgl. Weichert, Interview Pos. 71.
[546] Zöllner, Interview Pos. 91.

- **Selbstüberwachung**

Lifestyle-Apps und auch die in öffentlichen professionellen Gesundheitsprogrammen genutzten Wearables (s. Kap. 3.5) zur Überwachung und Analyse von Vitaldaten bringen laut Experten sowohl Vor- wie auch Nachteile mit sich. Keiner der beiden Anteile überwiegt dabei. Als positiver Effekt und eigentlicher Nutzen wird angegeben, dass diese Art der Selbstüberwachung tatsächlich eine Disziplinierung beim User bewirken kann, z. B. beim Beenden des Rauchens oder auch beim Abnehmen.[547] Häufig werden diese Überwachungsmethoden jedoch ohne das notwendige Backgroundwissen praktiziert. Der User gefährdet damit unter Umständen sogar seine Gesundheit.

- **Prävention**

Durch die Experten wird mehrheitlich der Nutzen von Big-Data-Analysen im professionellen Bereich dahingehend bestätigt, dass „ ... [Gesundheits-]Daten ja nicht nur erfasst [werden], um dem Patienten Werbung oder sonstiges überzuhelfen, sondern durchaus auch um wissenschaftliche oder gesundheitliche Auswertung zu fahren und den Patienten ja explizit auch Hilfestellung zu bieten."[548]

- **Qualitätssicherung, Controlling und Einsparpotenziale**

Die meisten Experten – neun von elf – sehen in der Big-Data-Technologie einen Gewinn für das Gesundheitswesen und den User (Patienten) im Sinne einer Qualitätssicherung und eines besseren Controllings. Schwerpunktbereiche in der Qualitätssicherung sind dabei u. a. Abrechnungs- und Organisationszwecke, durch die u. a. Zeit und auch Geld eingespart werden.[549] Konkret heißt das z. B., dass im Rahmen von Notfallbehandlungen auch durch die elektronische Gesundheitskarte alle für einen Notfall relevanten Daten auf einmal für den behandelnden Arzt verfügbar sind.[550] Darüber hinaus wird es Ärzten durch elektronische Gesundheitsfragebögen, sogenannte Screening-Tests, möglich sein, unter den Usern, also Patienten, die tatsächlich Kranken gezielter herauszufinden.[551]

Weitere Vorteile sieht Langkafel darin, Verfahrensabläufe aufgrund der umfangreicheren Digitalisierung in der Dokumentation kontrollierbarer und nachvollziehbarer zu machen als auf dem herkömmlichen Papier.[552] Diese umfangreichere Erfassung von Daten und deren Zugänglichkeit verspricht auch eine bessere gegenseitige Kontrolle von User (Patient) und Arzt.[553] Mehrfachbehandlungen können zu-

[547] Vgl. Röhrig, Interview Pos. 25 und vgl. Kamps, Interview Pos. 17.
[548] Bärwolff, Interview Pos. 25.
[549] Vgl. Weichert, Interview Pos. 65
[550] Vgl. Diening, Interview Pos. 58-59.
[551] Vgl. Schöneich, Interview Pos. 43 und 49.
[552] Vgl. Langkafel, Interview2 Pos. 60.
[553] Vgl. Weber, Interview Pos. 27.

künftig aufgrund eines besseren Datenabgleichs stärker vermieden werden sowie auch negative Wechselwirkungen bei Medikamenten im Sinne der Arzneimitteltherapiesicherheit.[554]

- **Optimierung**

Die Experten Röhrig[555] und Kamps befürchten, dass die aufgrund der zuvor genannten Qualitätssicherungs- und Kontrollmaßnahmen erzielten Einsparungen nicht der eigentlich vorgesehenen Umverteilung des Geldes innerhalb des Gesundheitswesen zukommen, sondern dass es zukünftig wie bereits bei großen privaten Krankenhauskonzernen immer mehr um die Wirtschaftlichkeit und nicht um den Menschen und seine Heilung gehen wird: „Wir sitzen im Gesundheitswesen natürlich in der Falle, dass wir in einem Gesellschaftssystem Gesundheitswesen betreiben, wo auch Profit wichtig ist.“[556]. Langkafel widerspricht: „ ... optimieren ist keine Falle. Optimierung ist notwendig und sinnvoll und muss natürlich weitergehen und wir müssen verstehen, [unter dem Aspekt von] Effizienz und Effektivität, [ob] wir die richtigen Dinge [tun] und [ob] wir die Dinge richtig [tun]. Um dieses zu wissen, brauchen wir Daten, die wir auswerten müssen.“[557]

- **Forschung**

Alle Experten sind sich darüber einig, dass die umfangreiche Datenerhebung und -verarbeitung für Forschungszwecke von großem Nutzen für die Gesellschaft sein kann. Langkafel hebt in diesem Zusammenhang besonders hervor, dass Krankenhäusern, Krankenkassen und Universitäten bereits über ein enormes Wissen verfügen, dieses jedoch nicht optimal genutzt wird. In diesem Zusammenhang geht es nicht um die aktuellste Datenerhebung, sondern darum die existenten Daten durch Big Data schneller und besser zur Verfügung zu stellen.[558] Auch ließen sich z. B. doppelte Verzerrungen (Biases) in Medikamentenstudien besser kontrollieren, wenn über die klinischen Settings hinaus mithilfe einer Big-Data-Infrastruktur für den User (Patienten) wirklich relevante Daten aus seinem ganz persönlichen Umfeld mit einbezogen würden, denn technisch ist das machbar.[559]

- **Datenschutz**

Der Datenschutz spielt im Zusammenhang mit den Nutzen und Potentialen von Big Data laut der Experten eine eher zu vernachlässigende Rolle. Dennoch hängt

---

554 Vgl. Diening, Interview Pos. 59.
555 Vgl. Röhrig, Interview Pos. 87-89.
556 Kamps, Interview Pos. 71.
557 Langkafel, Interview2 Pos. 60.
558 Vgl. Langkafel, Interview Pos.
559 Vgl. Langkafel, Interview1 Pos. 47-51.

er damit insofern zusammen, als er teilweise durch die sehr hohen Anforderungen die gleichzeitig gewünschte Effizienzsteigerung in der Qualitätssicherung des Gesundheitswesens blockiert.[560]

Privacy Paradox

Der überwiegende Teil der Experten ist sich darin einig, dass es sich bei dem Phänomen Privacy Paradox (s. Kap. 2.2.5) um etwas bereits Bekanntes unter neuem Namen handelt. Das Internet und seine Dienste trügen vor allem zu einer Intensivierung dieses Verhaltens bei, persönliche Informationen und Daten in einem bisher ungeahnten Ausmaße verbreiten zu können.[561] Bei den Annahmen über die Gründe für das Phänomen gehen die Auffassungen der Experten auseinander. So vertritt Diening vor allem, dass der User in einer immer individualisierteren anonymen Gesellschaft über das Internet Halt und ein Zusammenwachsen auf einer anderen Ebene sucht.[562] Zöllner ist der ergänzenden Ansicht, dass jüngere User bis 35 Jahre aufgrund ihrer technischen und funktionalen Kompetenz zudem gewillt sind, Risiken bei der Benutzung des Internets in Kauf zu nehmen.[563] Leipold und Bärwolff machen auf der anderen Seite vor allem das Nichtwissen um das Ausmaß möglicher Risiken des potentiellen Missbrauchs für das freizügige Verhalten der User mit ihren persönlichen Daten im Internet und beim Mobile Web verantwortlich.[564]

Die Mehrheit der Experten vertritt den Standpunkt, dass seit dem NSA Skandal 2013 und der medialen Berichterstattung darüber das Bewusstsein für die Möglichkeiten des Datenmissbrauchs durch Big-Data-Anwendungen zwar zugenommen hat, das Online-Verhalten der User sich jedoch keineswegs[565] oder lediglich geringfügig verändert hat.[566] Zwei Experten sind der Meinung, dass sich das Verhalten sogar hin zu einer Art Lethargie entwickelt hat, getreu dem Motto „... *die gucken eh*".[567] In Hinblick auf das Suchverhalten in Suchmaschinen wie z. B. Google, insbesondere bei der Eingabe von Gesundheitsbegriffen und einem damit verbundenen möglichen Tracking und Profile-Building über den Suchenden, sind sich die Experten darüber einig, dass der User seine Suchgewohnheiten nach wie vor beibehalten hat.[568] Eine mögliche Veränderung im Umgang mit den eigenen persönlichen Daten insbesondere im Kontext der Gesundheit sowohl auf klassischen Internetseiten wie auch im Mobile Health-Bereich sehen die Experten ent-

[560] Vgl. Bärwolff, Interview Pos. 41.
[561] Vgl. Kamps, Interview Pos. 4-5.
[562] Vgl. Diening, Interview Pos. 33.
[563] Vgl. Zöllner, Interview Pos. 11.
[564] Vgl. Leipold, Interview Pos. 17 und Bärwolff, Interview Pos. 9.
[565] Vgl. Diening, Interview Pos. 29.
[566] Vgl. Weichert, Interview Pos. 50.
[567] Röhrig, Interview Pos. 53.
[568] Vgl. Schöneich, Interview Pos. 19. und u. a. auch Röhrig, Interview Pos. 54.

weder durch die intensivere Schaffung von Aufklärungsmaßnahmen, wenige sogar erst durch das Eintreten eines weiteren neuen Datenmissbrauchsskandals.[569]

Zusammenfassung der Hauptkategorie Nutzen und Risiken

Zusammenfassend lässt sich für diese Hauptkategorie festhalten, dass die Experten bezüglich der Big-Data-Anwendungen im Gesundheitswesen sowohl Risiken als auch Nutzen benennen. Sie sind sich darüber einig, dass ein hohes Risiko von Big-Data-Anwendungen durch potentielle Datenmissbräuche den User in Form von Stigmatisierung und Diskriminierung durch Bekanntwerden kompromittierender Gesundheitsinformationen ernsthaft treffen können. Sie bestätigen damit einstimmig das hohe stigmatisierende Potential solcher persönlichen, die Gesundheit betreffenden Daten. Eng damit verbunden sind für sie die Risiken der Datenspeicherung und die unter den aktuellen technischen Voraussetzungen immer mögliche Re-Identifizierung von anonymisierten bzw. pseudonymisierten Daten. Lifestyle-Apps und private Wearables werden hier als besonders risikoreich eingestuft, da über sie sehr leicht an die Vitaldaten von Usern heranzukommen ist und problemlos Profile gebildet werden können. Einige der Experten weisen, trotz der erwähnten Sicherheitsbedenken in Bezug auf die Datenverwertung, neben dem professionellen Gesundheitsbereich auch auf den pädagogischen Nutzen von mHealth-Produkten hin, durch welche der User tatsächlich auch motiviert wird sich z. B. sportlicher zu betätigen.

In der Frage des Dilemmas, ob der Nutzen für die Gesellschaft die Schäden Einzelner überwiegt, sind sich die Experten darin einig, dass kein Einzelner durch eine Datenerhebung oder -verarbeitung zu Schaden kommen darf. Zugleich wird jedoch auch auf die strengen separaten Schutzzwecke innerhalb der Forschung hingewiesen und die Notwendigkeit, diese zum Nutzen der Allgemeinheit zu betreiben. Verbesserungspotential sehen einige Experten bezüglich der Suchmethoden innerhalb vorhandener (oft unstrukturierter) Daten, um durch das Auffinden relevanterer Daten die Datenqualität für Big-Data-Analysen und die daraus resultierenden Endergebnisse zu verbessern. Selbstlernende Algorithmen werden zwar als ein Gewinn für die Forschung betrachtet, ihre momentane Unkontrollierbarkeit lässt aber einige Experten Zulassungsverfahren und Risikoanalysen fordern.

Die Experten erwähnen im Zusammenhang mit dem Nutzen von Big Data häufig den Bereich der Qualitätssicherung (z. B. bei kassenärztlichen Abrechnungen) und des Controllings für Unternehmen. Die Gefahr einer Optimierungsfalle wird in diesem Zusammenhang zwar gesehen, jedoch wird zugleich darauf hingewiesen, dass durch Effektivität und Effizienz auch eine höhere Qualität im Gesundheitswesen erreicht werden kann. Die Philosophie Open Data wird vor dem Hintergrund

[569] Vgl. Bärwolff, Interview Pos. 19.

des potentiellen kriminellen Datenmissbrauchs von den Experten als sehr risikoreich eingestuft und deswegen eher ausgeschlossen.

Die meisten User seien sich nach Aussagen der Experten der Risiken eines Datenmissbrauchs bewusst, wenn sie den Nutzen von Big-Data-Anwendungen online aktiv wahrnehmen. Für die Mehrheit der Experten steht fest, dass es sich bei dem Privacy Paradox um ein bekanntes menschliches Verhalten handelt, das im Rahmen der technischen Möglichkeiten des Internets eine Potenzierung erfahren hat. Zwar divergieren die Meinungen der Experten über die Beweggründe der User für ein solches Verhalten, jedoch sind alle Experten derselben Auffassung, dass sich trotz eines stärkeren Bewusstseins für die Risiken eines potentiellen Datenmissbrauchs nach dem NSA-Skandal das Online-Verhalten im Umgang mit persönlichen Daten nicht verändert hat. Das trifft ebenso für das Suchverhalten z. B. in Google speziell in Bezug auf Gesundheitsbegriffe zu.

4.4.5 Maßnahmen

In Bezug auf die Hauptkategorie Maßnahmen wurden die Interviewtranskripte, wie bereits unter 4.2 erwähnt, für eine bessere Arbeit in MAXQDA in vier separate Bereiche unterteilt (s. Abb. 8):

- Der erste Bereich umfasst Subkategorien, die sich Maßnahmen der Vorsorge bezüglich der Anwendungsrisiken von Big Data und damit ihrer Kontrolle widmen;
- der zweite Bereich beschäftigt sich mit den Maßnahmen der gesetzlichen Regelungen und ist besonders wichtig in Hinblick auf die Klärung der Forschungsfrage;
- der dritte Bereich umfasst Subkategorien der technischen Maßnahmen als mögliche Lösungsansätze und Reaktion auf die unter 4.4.4 angeführten technischen Risiken von Big Data, und
- der vierte Bereich umfasst die Subkategorien des Monitoring – als Nachsorgekontrolle und Gegenpol zu Maßnahmen der Vorsorge des ersten Bereichs.

Die einzelnen Subkategorien werden hier (s. Abb. 8) aufgrund ihres Umfangs lediglich grafisch dargestellt und danach im jeweiligen Bereich besprochen.

Abb. 8: Hauptkategorien Maßnahmen (M = Maßnahmen)

Vorsorge und Kontrolle

Vorsorgende Maßnahmen können etwa in Aufklärungskampagnen und Schulungen, aber auch in Zertifizierungen oder der Selbstverpflichtung von Unternehmen liegen. Wenn ein funktionierendes Compliance System eingerichtet wurde, kann darüber Kontrolle ebenso ausgeübt werden wie über Open Data Transparenz geschaffen werden kann.

- **Aufklärung, Beratung und Schulungen**

Jeder Experte hält die Schaffung von mehr Transparenz durch umfangreiche Aufklärungsmaßnahmen über die Möglichkeiten von Big-Data-Anwendungen für ein notwendiges und sinnvolles Mittel, um die Bevölkerung in allen Schichten zu erreichen. Leipold äußert hierzu: „ ... Sie *punkten* [bei der Bevölkerung], wenn Sie Transparenz herstellen und sagen 'Okay, wir machen das, weil, und dafür' und diese Dinge".[570] Röhrig und Schumacher halten dies für noch wichtiger als eine Ausweitung der Gesetzeslage.[571] Von sechs Experten wird dabei die Schule als ein Ansatzpunkt für die Aufklärung in den Köpfen genannt.[572] Dabei fallen Vorschläge wie z. B. ein Unterrichtsfach Medienkompetenz und -ethik einzurichten[573] oder Einzelveranstaltungen wie z. B. „Sicher im Netz" mit externen Vortragenden häufiger zu initiieren, „ ... da [diese] deutlich mehr Einblicke haben ... Zumal dann der Prophet im eigenen Lande [damit gemeint ist der Lehrer, Anm. d. Verf.] ja auch nicht so viel gilt, wie derjenige, den man sich als Experten hereinholt, dem

[570] Leipold, Interview pos. 23.
[571] Vgl. Röhrig, Interview Pos. 97 und vgl. Schumacher, Interview Pos. 35.
[572] Vgl. u. a. Weichert, Interview Pos. 63.
[573] Vgl. Zöllner, Interview Pos. 19.

hört man auch eher zu."[574] Röhrig betrachtet die Aufklärung über die Schule hinaus als eine gesamtgesellschaftliche Aufgabe, begleitet durch die Herausbildung einer neuen Definition von Privatheit.[575] Auch Eltern sind verantwortlich, so Langkafel, ihre Kinder darauf hinzuweisen „... welche Accounts sie bekommen dürfen oder nicht, was sie wie machen können und was sie nicht machen können"[576].

Über die Schulen und die familiäre Erziehung hinaus sehen die Experten zusätzlich großen Bedarf an Informationsvermittlung durch Krankenkassen und Ärzte, insbesondere über die Hintergründe und möglichen Risiken von Lifestyle-Anwendungen und der Verbreitung von gesundheitlichen Informationen über ungeschützte E-Mails und in sozialen Netzwerken.[577] Es wird jedoch aus unternehmerischer Sicht auch darauf hingewiesen, ein adäquates Maß an Aufklärung finden zu müssen, um potentielle Kunden nicht unnötig zu verstören und womöglich deswegen nicht gewinnen zu können.[578] Unterstützende Mittel zur Aufklärung sehen Medienwissenschaftler wie Zöllner auch auf einer „narrationswissenschaftlichen Ebene"[579] durch Storytelling im Internet, z. B. durch einen eigenen YouTube Kanal oder auch in regelmäßigen öffentlichen politisch-gesellschaftlichen Diskussionsforen, um darüber zu reden, in was für einer Gesellschaft der Einzelne leben möchte.[580] Auch Medien – genannt werden hier von Bärwolff Sondersendungen, Nachrichten und Talkformate – und staatliche Aufklärungskampagnen sind für die meisten Experten ein geeignetes Mittel, um die Aufklärungsbotschaften zu transportieren. Dabei sollte darauf geachtet werden, dass nicht nur über die Ängste im Zusammenhang mit den Risiken gesprochen wird, sondern das Thema Big Data im Gesundheitswesen sehr viel breiter auch mit seinen großen Potentialen dargestellt wird.[581] Gefahren der Kompromittierung von Aufklärungsmaßnahmen sieht Zöllner in monetären Belohnungen für die Weitergabe persönlicher Daten, die der User annimmt, oder auch in einer absichtlichen Verweigerung vernünftigen Handelns aufgrund des Gefühls der Bevormundung durch Aufklärungskampagnen in einem Bereich wie dem Internet, der noch immer für viele als ein Bereich großer Privatheit gilt.[582]

Zwei der Experten sehen auch den Bedarf an einer Aufklärung von berufstätigen Ärzten und Programmierern. Kamps fordert eine stärkere Interdisziplinarität im Denken in der Medizin als dies momentan der Fall ist, damit Ärzte nicht rein technologiegetrieben sind. Zöllner berichtet davon, dass an der HdM Stuttgart Pro-

[574] Diening, Interview Pos. 31.
[575] Vgl. Röhrig, Interview Pos. 23.
[576] Langkafel, Interview1 Pos. 9.
[577] Vgl. Kamps, Interview Pos. 87 und vgl. Bärwolff, Interview Pos. 19.
[578] Vgl. Bärwolff, Interview Pos. 19 und vgl. Kamps, Interview Pos. 56-57.
[579] Zöllner, Interview Pos. 99.
[580] Vgl. Zöllner, Interview Pos. 43.
[581] Vgl. Bärwolff, Interview Pos. 16.
[582] Vgl. Zöllner, Interview Pos. 21-27 und 43.

grammierer bereits während des Studiums mit ethischen Fragen konfrontiert werden, um dies auch in den Denkens- und Schaffensprozess im Sinne einer verantwortlichen Softwareentwicklung von vornherein mit einzubeziehen.[583] Acht Experten sehen in regelmäßigen Schulungen und Audits eine Möglichkeit „den Faktor Mensch“[584] und seine Fehlbarkeiten im Zusammenhang mit der Einhaltung von Datenschutzregeln, die u. a. auch in den Compliances festgehalten sind, zu kontrollieren. Bei der gematik werden Audits jährlich durchgeführt, so Diening.[585]

Die Hälfte der Experten spricht sich für eine stärkere Eigeninitiative der Unternehmen in Form der Datenschutzberatung durch externe Firmen aus. Diese sind häufig sogar staatlich gefördert und teilweise sogar gratis.[586]

- **Zertifizierungen und Sicherheitsgutachten**

Die Experten sind sich darüber einig, dass Zertifizierungen und Sicherheitsgutachten notwendig und sinnvoll für einen besseren Schutz des Users, aber auch zur Unternehmensabsicherung sind. Sie ersetzen jedoch nicht gänzlich die Eigen- bzw. Nachkontrolle des Users.[587] Als erschwerend für eine verlässliche Zertifizierung von Soft- und Hardware wird von zwei Experten deren Schnelllebigkeit und ständige Aktualisierung ins Feld geführt, während Einrichtungen wie das BSI für Zertifizierungsprozesse teilweise zu lange benötigen.[588] Das Problem der Kurzlebigkeit von Software wurde im Rahmen einer Änderung der BSI Zertifizierungsverordnung Anfang 2015 erkannt, so dass es sich für eine knappere Befristung von Zertifikaten entschieden hat.[589] Langkafel spricht sich konkret für die Schaffung eines Gremiums aus, das in einem hochsensiblen Bereich wie der Datenverarbeitung in der Gesundheit grundsätzlich technische und auch juristische Voraussetzungen zertifiziert, da er Ethikkommissionen und Selbstkontrolle für unzureichend hält. Darüber hinaus fordert Bärwolff eine stärkere Standardisierung von Siegeln, damit die Transparenz dessen, was an Schutz abgedeckt wird, klarer und durch eine Staffelung im jeweiligen Abdeckungsumfang derzeit häufig zu teure Siegel für bestimmte Firmen auch erschwinglich werden.[590]

- **Compliances und Selbstverpflichtungen**

Die meisten Experten halten Compliance (s. Kap. 2.3.2) für ein wichtiges und seriöses Instrument der Kontrolle und Selbstverpflichtung. Firmen sichern sich auf

[583] Vgl. Zöllner, Interview Pos. 21-27.
[584] Bärwolff, Interview Pos. 75.
[585] Vgl. Schöneich, Interview Pos. 66-67.
[586] Vgl. Leipold, Interview Pos. 149-151.
[587] Vgl. Röhrig, Interview pos. 51.
[588] Vgl. Röhrig, Interview Pos. 51.
[589] Vgl. Diening, Interview Pos. 77.
[590] Vgl. Bärwolff, Interview Pos. 43-47.

diese Weise auch gegen mögliche Haftungsansprüche von Usern ab.[591] Langkafel hält eine Selbstkontrolle für machbar und verweist in diesem Zusammenhang auf den HONCode in der Medizin bei Inhalten von Internetseiten (s. Kap. 3.5). Er sieht hingegen eine freiwillige Selbstverpflichtung vor dem Hintergrund von Gewinninteressen bei privaten Unternehmen nicht immer gewährleistet.[592] Zöllner weist auf Gefahren hin; „... es gibt halt immer wieder Menschen [und damit gemeint sind Mitarbeiter], die sich halt nicht dran halten, manchmal aus bösem Willen, manchmal aber auch schlicht aus Schlampigkeit oder Unachtsamkeit oder Vergesslichkeit."[593] Schöneich verweist auf eine übergeordnete mediale Kontrollgewalt von Zeitungen und Sendern, die Firmen schon aus Imagegründen zur Wahrung ihrer Compliance-Vorgaben vor dem Hintergrund potentieller Veröffentlichungen von Fehlverhalten bewegt.[594]

- **Open Data**

Weber und Kamps sehen im Konzept von Open Data eine Möglichkeit der Kontrolle über den Umgang mit Daten, insbesondere auch im Zusammenhang mit Big-Data-Anwendungen. Kamps beruft sich dabei auf seinen 25-jährigen Aufenthalt in Norwegen, wo der offene Umgang mit Daten selbstverständlich ist, und sieht Parallelen zu Open Data und der Chance, durch eine kulturelle Einstellung und einen wachsenden moralischen Zwang den Missbrauch von Daten durch offenen Umgang mit diesen auch in Deutschland zu regulieren.[595] Weber sieht im Öffentlichmachen von Daten für alle ein Instrument der Kontrolle.[596] Leipold hält eine solche Philosophie im Internet, ganz besonders vor dem Hintergrund der deutschen Geschichte, für nicht umsetzbar.[597]

Gesetzliche Regelungen

Gesetzliche Regelungen bestehen vor allem in Bezug auf den *Datenschutz*, aber auch die Gestaltung von *AGBs* sowie das *Recht auf Vergessen* fallen in diesen Bereich.

- **Datenschutz**

Neun der elf Experten sind sich darüber einig, dass das deutsche Datenschutzrecht im Gesundheitswesen in seiner jetzigen Anwendung „sehr gut funktioniert".[598] Besonders im Umgang mit Daten in der primären und sekundären For-

[591] Vgl. Leipold, Interview Pos. 143.
[592] Vgl. Langkafel, Interview1 Pos. 39.
[593] Zöllner, Interview Pos. 75.
[594] Vgl. Schöneich, Interview Pos. 66-67.
[595] Vgl. Kamps, Interview Pos. 103.
[596] Vgl. Weber, Interview Pos. 22.
[597] Vgl. Leipold, Interview Pos. 225.
[598] Röhrig, Interview Pos. 97.

schung gibt es eindeutige Regelungen, sowohl die Zweckgebundenheit der Erhebung als auch die definierten Voraussetzungen für deren sichere Weiterverarbeitung betreffend. „... unabhängig von [...] Ethikkommission[en] [muss ein] Forschungsprojekt, wenn es größere Daten, oder übergreifende Datenmengen auswertet, [einer] Vorabkontrolle unterzogen werden [...]. Das heißt, man muss es als IT Verfahren beim Datenschutz anmelden. Und im öffentlichen Dienst, also vor allem in Universitätskliniken auch nochmal dem Landesdatenschutzbeauftragten [vorlegen].“[599]

Es existiert ein eigens für die Telematik und eGK geschaffener Paragraph, SGB V § 291b.[600] Zöllner weißt jedoch auch darauf hin, dass das derzeitige Datenschutzgesetz veraltet ist, den voranschreitenden Technologien nicht gerecht wird und in einem europäischen Kontext modernisiert anzupassen sei.[601] Außerdem sollten die Gesetzgebungsverfahren beschleunigt werden, damit sie mit der Schnelllebigkeit und Innovationsschubkraft der IT-Welt zukünftig besser schritthalten können.[602] Weitere Vorschläge für eine Verbesserung des Datenschutzes sind:

1. Wo keine Anonymisierung gefordert wird, sind Pseudonymisierungen ggf. zu verfeinern, um Re-Identifizierungen zu erschweren oder ganz auszuschließen.[603] Im Rahmen medizinischer Forschung konkretisiert Weichert: „... das ist im Prinzip meine zentrale Forderung bei Big Data im Medizinbereich, dass dort eben für bestimmte Formen der Auswertung eine Pseudonym-Auswertung erlaubt wird, aber dann auch reguliert nur erlaubt wird. [...] im SGB V[604] haben wir das teilweise geregelt. Wir haben auch in den Registergesetzen[605] solche Regelungen, aber eigentlich für die zentralen Anwendungen, Forschungsauswertungen oder Qualitätssicherung und so weiter. Da fehlt so was [...]“[606]
2. Bärwolff sagt, dass „[...] Praxen, MVZs, Krankenhäuser und so weiter und auch Kassen, die die Daten verarbeiten, ja sehr strengen Datenschutzregeln [unterliegen]. Und dieser staatliche Datenschutz greift ja ab einem gewissen Moment dann nicht mehr. So gesehen müsste man sich da seitens der Politik möglicherweise Gedanken machen: Wie kann dieser Datenschutz ausgeweitet werden.“[607]

---

[599] Röhrig, Interview Pos. 17 und siehe auch Anhang 2, §9, BDSG.
[600] Vgl. Diening, Interview Pos. 13.
[601] Vgl. Zöllner, Interview Pos. 43.
[602] Vgl. Zöllner, Interview Pos. 43.
[603] Vgl. Weichert, Interview Pos. 10.
[604] Vgl. Anhang 5, SGB V.
[605] Vgl. Augsberg (2014), S. 168. Registergesetze: Die Registergesetze umfassen die Rechtsnormen und -regeln in Bezug auf das Verfahren und die Rechtsbehelfe in den öffentlichen Registern als amtliche Verzeichnisse rechtlicher Vorgänge (z.B. Handelsregister, Grundbuch, Patentregister oder Vereinsregister).
[606] Weichert, Interview Pos. 25-26.
[607] Vgl. Bärwolff, Interview Pos. 29.

3. Darüber hinaus empfiehlt sie, dass gesetzliche Vorkehrungen zur Unterbindung bestimmter Interoperabilitäten getroffen werden,[608] sowie
4. insbesondere die Schlüssel für Datenverarbeitungsverfahren und Infrastrukturen als gesetzlich besonders schützenswert einzustufen sind.[609]

Für den Lifestyle-Bereich schlagen vier Experten die Einführung einer gesetzlich vorgeschriebenen Anzeige des geldlichen Wertes im Display/am Bildschirm vor, wenn der User Daten von sich an den Anbieter fort gibt, bis hin zu der Option eines Staffelmodels (Basis/Premium) und der Option für die Preisgabe seiner persönlichen Daten real entlohnt zu werden.[610]

- **AGB/Regelungen**

Aufgrund der Intransparenz von AGBs (s. Kap. 4.4.3) sehen alle Experten dort einen Verbesserungsbedarf. Weichert und Bärwolff sprechen sich dafür aus, dass es zusätzlich zu den AGBs eine Warnfunktion geben sollte, die bei der Preisgabe von personenbezogenen Daten automatisch erscheint und dem User die Möglichkeit gibt, der Preisgabe zuzustimmen.[611] Außerdem sollte insbesondere bei Lifestyle-Produkten das Prinzip Privacy by Default (s. Kap. 3.5) gelten.[612] Wünschenswert wäre in Ergänzung zu den AGBs ein im Internetversandhandelsgeschäft übliches Rücktauschs- bzw. Widerrufsrecht für Apps inkl. der Garantie der Nichtverwendung bzw. Löschung der Daten bei Widerruf.[613] Alternative Modelle zu dem bestehenden AGB-Modell sind:

1. *Das Layer-Modell*: Dem User werden hier allgemeinverständliche Erklärungen in Ergänzung zu den AGB-Klauseln präsentiert, welche dieser in einer weiteren ausklappbaren Ebene per Dropdownmenü bei Bedarf vertiefen kann. Außerdem werden die Einwilligungen auf mehrere Ebenen (Layer) verteilt. Zum Beispiel praktiziert Google so ein ähnliches Modell bereits.[614]
2. *Das Schweizer-Modell*: Der User erhält eine Art Deckblatt mit den wichtigsten Fragen bzw. Punkten vor dem Vertragstext der AGBs.[615]
3. *Kürzere AGBs*: Extra kurze, leichter verständliche und am Screen in knapper Absatzform präsentierte AGBs. Ein Pop-Up fragt wiederholend an unterschiedlichen Stellen die Zustimmung des Users ab.[616]

---

[608] Vgl. Bärwolff, Interview Pos. 84-85.
[609] Vgl. Bärwolff, Interview Pos. 81.
[610] Vgl. Weber, Interview Pos. 31. und vgl. Kamps, Interview Pos. 21 und vgl. Leipold, Interview Pos. 109-113 und vgl. Schumacher, Interview Pos. 30.
[611] Vgl. Weichert, Interview Pos. 10 und vgl. Bärwolff, Interview Pos. 61.
[612] Vgl. Weichert, Interview Pos. 10.
[613] Vgl. Weichert, Interview Pos. 14.
[614] Vgl. Weichert, Interview Pos. 15-16.
[615] Vgl. Röhrig, Interview Pos. 41.
[616] Vgl. Diening, Interview Pos. 25

4. *Bulletpoints*: Die dem User die wichtigsten Punkte und Neuerungen erklären und ihm erklären, dass er bei Nicht-Zustimmung den Dienst nicht mehr nutzen kann.[617]

Langkafel schlägt grundsätzlich die *Einrichtung eines Gremiums* vor, „ … das sich anschaut, ob das, was drin steht, überhaupt rechtens ist."[618] Aus unternehmerischer Sicht gibt Zöllner zu bedenken, dass sich AGBs wegen ihres Zwecks der Sicherstellung von Haftbarkeitsansprüchen überhaupt nicht „reduktionistisch"[619] und zugleich rechtlich sicher darstellen lassen. Schumacher ergänzt, dass einige der alternativen Modelle für Unternehmen sog. „Konversionshürden"[620] darstellen und geschäftsschädigend wirken.

- **Recht auf Vergessen**[621]

Alle befragten Experten halten ein Recht auf Vergessen (s. Kap 2.3.2) grundsätzlich für richtig, insbesondere, wenn es gesundheitliche Daten betrifft, die zu einer möglichen Diskriminierung führen können, wie z. B. Burnout oder Depressionen.[622] Im professionellen Medizinbereich gibt es dahingehende gesetzliche Vorschriften, dass Gesundheitsdaten gemäß §10 des Berufsgesetzes für Ärzte mindestens zehn Jahre aufbewahrt werden müssen, bei tiefer in das menschliche Leben eingreifenden Fällen, wie z. B. genetischen Schäden, verlängert sich die Frist auf 30 Jahre.[623] Einige Mediziner fordern die Aufbewahrung von medizinischen Daten bis zu 110 Jahren in Verantwortung für folgende Generationen.[624]

Trotz genereller Zustimmung zum Recht auf Vergessen wird unter den befragten Experten differenziert: Medizinische Notfalldaten, die Leben retten können, sollten besser nie gelöscht werden[625]; sie sollten, wenn es dem User nicht schadet, auch für Forschungszwecke verwendet werden dürfen.[626] Die Gesundheit betreffende Daten aus dem Lifestyle-Bereich und sozialen Netzwerken sollten nachvollziehbar zu löschen sein, darin sind sich alle einig.[627] Da der User ab einem bestimmten Punkt jedoch gar nicht mehr nachvollziehen kann, wo genau seine Daten in Zweit- oder Drittkopie lagern, zweifeln Zöllner und Bärwolff eine echte technische Umsetzung der Löschung an.[628]

[617] Vgl. Zöllner, Interview Pos. 33 und vgl. Bärwolff, Interview Pos. 64.
[618] Langkafel, Interview1 Pos. 33.
[619] Zöllner, Interview Pos. 33.
[620] Schumacher, Interview Pos. 24. (Konversion Hürde = Hürde, an der Kunde umkehrt und den Dienst nicht annimmt)
[621] Dies entspricht dem Recht auf Löschung unter 2.3.2.
[622] Vgl. Leipold, Interview Pos. 238-239.
[623] Vgl. Röhrig, Interview Pos. 59.
[624] Vgl. Röhrig, Interview Pos. 59.
[625] Vgl. Kamps, Interview Pos. 107 und vgl. Leipold, Interview Pos. 239.
[626] Vgl. Langkafel, Interview1 Pos. 13.
[627] Vgl. Langkafel, Interview1 Pos. 43.
[628] Vgl. Bärwolff, Interview Pos. 157 und vgl. Zöllner, Interview Pos. 33.

Technik

Der technische Bereich beginnt mit einer besseren Absicherung des Users durch Erklärungen und Berechtigungen. Darüber hinaus sind Strukturen für Nutzer des Back- und Frontends sowie die Sicherheit dieser Strukturen und anderer Mechanismen thematisiert worden.

- **Erklärung, Zugriffsberechtigung und Nachweisbarkeit eines Zugriffs**

Bärwolff fordert bei Lifestyle-Apps, dass auf Wunsch des Users der Algorithmus in Form eines kurzen Erklärungs-Popup genau erklärt, wie dieser die Daten verarbeitet.[629]

Vier der Experten sprechen sich für ein sicheres Zugriffsmanagement auf die Big-Data-Technik aus. Dabei wird hervorgehoben, dass nachvollziehbar sein muss, „... wer und von wo und auf welchem Niveau ...“ auf die Technik / das System zugreift.[630]

- **Strukturierung Backend und Frontend**

Alle Experten können bestätigen, dass erst durch Big Data im Bereich der medizinischen Ergebnisvisualisierung im Frontend umfangreiche und detaillierte Darstellungen entstanden sind. Konkret heißt das „... immer schönere Bilder, [...] immer plastischere Bilder über unseren Körper und unsere Entwicklung wurden ermöglicht.“[631] Langkafel bemängelt jedoch eine unzureichende Standardisierung, Vereinheitlichung und notwendige Vereinfachung in der Visualisierung im Frontend. Er bezieht dies sowohl auf die Ergebnispräsentation wie auch auf das Bedienungsinterface für den Arzt, aber auch für den User.[632] Diese Kompliziertheit in der Bedienung von Big-Data-Anwendungen setzt sich auch bei zahlreichen Kommunikationsdiensten zwischen User und Arzt fort. Leipold und Kamps fordern deswegen eine Reduzierung der Komplexität und den „... Abbau von Hürden ...“[633] bei Big-Data-Anwendungen, um so dem User wie auch dem Arzt z. B. einen leichten Zugang zu sicheren Kommunikationswegen zu ermöglichen – im Gegensatz zur unsicheren, aber sehr leicht zu handhabenden E-Mail.[634] Schutzmaßnahmen und eine Reduktion von Komplexität fordert Röhrig auch für die Strukturierung der Technik im Backend, um so spätere ungewollte Verselbständigungen auf der Basis von selbstlernenden Algorithmen besser auszuschließen.[635]

[629] Vgl. Bärwolff, Interview Pos. 119 und vgl. Leipold, Interview Pos. 40-41.
[630] Kamps, Interview Pos. 37.
[631] Kamps, Interview Pos. 83.
[632] Vgl. Langkafel, Interview Pos. 48-50.
[633] Kamps, Interview Pos. 50.
[634] Vgl. Kamps, Interview Pos. 50 und vgl. Leipold, Interview Pos. 53.
[635] Vgl. Röhrig, Interview Pos. 73.

Im Lifestyle-Bereich fordert Weichert einen sich leichter erschließenden Datenschutz im Frontend durch das automatische Erscheinen von Browsereinstellungen, die dem User z. B. verständlich suggerieren: „Speicherung von Standarddaten lasse ich zu oder lehne ich ab. Die [Daten-] Verarbeitung für bestimmte Forschungszwecke erlaube ich [oder] erlaube ich nicht.“[636]

- **Sichere Infrastruktur und geschützter Raum im Netz**

Kamps fordert, dass es zwischen Ärzten untereinander sowie zwischen Arzt und User ein eigenständiges Gesundheitsnetzwerk geben sollte, fernab „von Google und dem großen Internet“.[637] Er verspricht sich von solch einem sichereren Raum mehr Kontrolle über die darin kommunizierten gesundheitsbezogenen Daten und mehr Überschaubarkeit der daran teilnehmenden Akteure.[638]

- **Anonymität und Pseudonymisierung sowie Sicherheit durch Verschlüsselung, Dezentralität und gesicherte Daten**

Alle Experten sind sich darin einig, dass im Zeitalter von Big-Data-Anwendungen die Sicherheit personenbezogener Daten der besonderen Art vor allem durch Maßnahmen wie Pseudonymisierung, Verschlüsselung und Dezentralität erreicht werden kann. Weichert sagt, dass „eine hundert prozentige Anonymität nie möglich sein wird.“[639] Denkbar ist jedoch im Onlinebereich, dass dort in Browseranwendungen automatisiert Pseudonymisierungen zugelassen werden, während die Übermittlung von Klardaten verboten wird. In diesem Zusammenhang plädiert Weichert ebenso für eine Standardisierung der Qualität der Pseudonyme: „Das ist ein Unterschied ob ich als Pseudonym zum Beispiel den ersten Buchstaben meines Vornamens und den Nachnamens nehme, oder ob ich jetzt einen Unique-Identifier nehme, der also nur einmal auftaucht, aber der völlig nichtsprechend ist.“[640] Eine noch größere Sicherheit der Daten wird erreicht, wenn das Pseudonym mit einer Verschlüsselung kombiniert wird, wie es bei den Daten der elektronischen Gesundheitskarte gemacht wird.[641] Ergänzt würden diese beiden Maßnahmen zusätzlich durch eine dezentrale und überwachte Speicherung der Daten sowie durch Wahl einer vom Internet losgelösten und sicheren Infrastruktur zum Zwecke der Datenübertragung, so wie z. B. bei der Telematik.[642]

[636] Weichert, Interview Pos. 17-18.
[637] Kamps, Interview Pos. 79.
[638] Vgl. Kamps, Interview Pos. 79.
[639] Vgl. Weichert, Interview Pos. 22.
[640] Weichert, Interview Pos. 24.
[641] Vgl. Diening, Interview Pos. 71.
[642] Vgl. Diening, Interview Pos. 71-75.

Monitoring

- **Nachsorge, Kontrolle und Strafen**

Bärwolff und Kamps sprechen sich für regelmäßigere Nachkontrollen für den datenschutzgerechten Umgang mit Big-Data-Anwendungen durch eine unabhängige höhere Instanz aus. Konkret heißt das für Bärwolff: Es „ … müsste deutlicher drauf geschaut werden: Was passiert mit den Daten? Welche Daten werden weitergegeben? Also sind sie anonymisiert oder nur pseudonymisiert, was passiert weiterhin mit den Daten und an wen werden sie verkauft oder wer verwendet sie weiter?“[643]

Vier der Experten sprechen sich im Falle von Datenmissbrauch für deutlich höhere Strafen als ein Mittel der Kontrolle aus.[644]

Zusammenfassung der Hauptkategorie Maßnahmen

Zusammenfassend lässt sich für die Hauptkategorie der Maßnahmen Folgendes festhalten. Im Bereich der Risikovorsorge sprechen sich die Experten einstimmig für Maßnahmen der Aufklärung aus; Vorschläge reichen beginnend beim Elternhaus, über die Schule (Unterrichtsfächer Medienethik, Vorträge etc.), Krankenkassen und Ärzte bis hin zu groß angelegten vom Staat finanzierten Kampagnen. Darüber hinaus halten alle Experten einstimmig Zertifizierungen und Sicherheitsgutachten für ein sinnvolles und notwendiges Mittel, um den User zukünftig noch besser zu schützen, warnen jedoch davor, dass dies nicht eine zusätzliche kritische Selbstkontrolle des Users ersetzen sollte. Weiter halten die Experten mehrheitlich die sogenannten Compliances, welche Firmen als Mittel der Selbstkontrolle zum Einsatz bringen, für ein geeignetes Mittel die Risiken bei der Erhebung und Weiterverarbeitung von Gesundheitsdaten zu minimieren. Kritiker weisen in diesem Zusammenhang jedoch auf die menschliche Fehlbarkeit und deswegen eine einzukalkulierende Nichteinhaltung der Compliances hin. Regelmäßige Schulungen und Audits können laut Experten diesem menschlichen Fehlverhalten zusätzlichen Einhalt gebieten. Für den Bereich der gesetzlichen Regelungen sehen die Experten besonderen Handlungsbedarf bei den AGBs. Da diese laut allen Experten in keiner Weise dazu geeignet sind, den User über die Datenerhebung und -verarbeitung nach den gesetzlichen Vorschriften (informationelle Selbstbestimmung) zu informieren, werden mehrere Alternativen zu dem jetzigen AGB-Modell vorgeschlagen. Dazu zählen u. a. das sog. Layer-Modell, das Schweizer Modell, eine Verkürzung der AGBs oder das 5-Bullet-Piont-Modell. Darüber hinaus wird auch der Vorschlag für ein Gremium zur grundsätzlichen Erstkontrolle neuer AGBs

[643] Bärwolff, Interview Pos. 33 und vgl. Kamps, Interview Pos. 76.
[644] Vgl. Bärwolff, Interview Pos. 36-39 und vgl. Leipold, Interview Pos. 129-133 und vgl. Kamps, Interview Pos. 76.

im Sinne einer Entlastung und Unterstützung des Users zu seinem Schutz vorgeschlagen. In Bezug auf das bestehende Datenschutzrecht sind sich die Experten darin einig, dass dieses im professionellen Bereich des deutschen Gesundheitswesens sehr gut angewendet wird. Um den User ggf. noch besser schützen zu können, werden Vorschläge wie eine gesetzlich vorgeschriebene feinere Pseudonymisierung von personenbezogenen Daten (die nicht anonymisiert werden sollen), eine Ausweitung des Zugriffsrechtes der User auf seine Daten über den Ersterheber hinaus, das Verbot von bestimmten Interoperabilitäten sowie Vorschriften für einen stärkeren Schutz von Schlüsseln und Infrastruktur gemacht.

Für Lifestyle-Apps sprechen sich drei Experten für eine gesetzlich vorgeschriebene Anzeige des monetären Wertes der verwendeten Daten aus – bis hin zu Vorschriften, dass Unternehmen tatsächlich für die Verwendung der Daten dem User auch Geld bezahlen müssen.

Die Experten sprechen sich alle für ein Recht der Löschung von Daten aus, jedoch gibt es, abgesehen von den gesetzlichen Vorschriften bestimmter Aufbewahrungsfristen, ein deutliches Plädoyer hinsichtlich der Nichtlöschung von Notfalldaten, die dem User unter Umständen auch das Leben retten können.

Bei den technischen Maßnahmen sprechen sich die Experten einstimmig für eine Intensivierung von Lösungsfindungen in den Bereichen der Pseudonymisierung, Verschlüsselung und dezentralen Infrastruktur für Gesundheitsdaten aus. Auch stimmen alle darin überein, dass die Komplexität des Zugangs von Big-Data-Anwendungen reduziert werden sollte, um Fehler und Fehlinterpretationen auszuschließen. Die Experten beziehen dies einerseits auf das Backend, um hier dem Programmierer die Arbeit zu erleichtern und die Anwendung von vornherein im Sinne des Datenschutzes sicherer zu programmieren. Andererseits beziehen sie es auch auf das Frontend, denn eine Vereinfachung und (internationale) Vereinheitlichung würde auch hier sowohl für den Profi wie auch für den Laien Fehlinterpretationen von visualisierten Ergebnissen oder auch Bedienungsfehler stärker reduzieren und den Datenschutz verbessern. Fünf der Experten sprechen sich für eine stärkere Nachkontrolle von Schutzmaßnahmen aus bis hin zu höheren Strafen bei Nichteinhaltung der Datenschutzvorschriften.

4.5 Zwischenfazit: Interviewerkenntnisse nach Themenkreisen

Mit Hilfe der Erkenntnisse aus 4.3 und 4.4 werden im Folgenden Zusammenfassungen in Form von Kreuztabellen erstellt, in welchen die Themenkreise der Arbeit und die Kategorien in Beziehung zueinander gesetzt werden und in den jeweiligen Kreuzfeldern schwerpunktbezogen die wichtigsten Erkenntnisse aus Theorie und Analyse abgeglichen werden. Dies hat den Vorteil, dass die verbalen Daten in systematischer Form quantitativ (4.5.1) und qualitativ (4.5.3) aufgeführt und nachvollzogen werden können. Dazwischen liegt in 4.5.2 eine Darstellung von Idealtypen in One-Case-Szenarios, die stellvertretend für die jeweilige Expertengruppe eines Themenkreises, deren Aussageverhalten und -schwerpunkte noch deutlicher veranschaulichen. Die Inhalte der Kreuztabellen dienen als Grundlage für die Bearbeitung der offenen Hypothesen in 4.6.

4.5.1 Häufigkeiten der Aussagen von Expertengruppen in den Kategorien

In der ersten Kreuztabelle werden die Experten, nun Expertengruppen, in Fortführung zu 4.1 erneut mit den Kategorien in Beziehung gesetzt (s. Tab. 2). Hierbei wird nach Kuckartz mit Hilfe eines Mixed-Methods-Ansatzes eine „Quasi-Quantifizierung“ vorgenommen, bei welcher die Häufigkeiten der Expertengruppen-Antworten für die jeweiligen Kategorien ermittelt werden. Auf dieser Basis sollen Aussagenschwerpunkte der Experten identifiziert und noch besser quantitativ voneinander abgegrenzt werden. Die identifizierten Schwerpunkte liefern eine Grundlage dafür, sich in Hinblick auf die Auswertung der Untersuchung einen ersten Überblick zu verschaffen, zu welchen Kategorien und Themen die Experten sich in ihren jeweiligen Gruppen besonders angeregt äußerten. Die Schwerpunkte der Gruppenaussagen liefern ein wichtiges Hilfsmittel zur Priorisierung der in der inhaltlich strukturierenden Inhaltsanalyse ermittelten Erkenntnisse (s. Kap. 4.4), um diese im Anschluss an die unter 4.5.2 dargestellten Idealtypen ebenfalls in einer Kreuztabelle inhaltlich aufzubereiten.

	Gesundheitsdatenmanagement	Datenschutzrecht	Technik	Soziologie/Ethik	User	SUM	
ANWENDUNGSBEREICHE BIG DATA							ANWENDUNGSBEREICHE BIG DATA
Versicherung	1	1	1	1	1	5	Versicherung
Staat / nichtöff. Institute	3	5	2	4	4	18	Staat / nichtöff. Institute
Forschung	1	4	1	1	2	9	Forschung
Sicherheit / Kriminalitätsbekämpfung	1	2	1	0	0	4	Sicherheit / Kriminalitätsbekämpfung
Gesundheitsdatenmanagement	7	3	2	3	4	19	Gesundheitsmanagement
Infrastruktur Telematik / eGK	5	7	4	5	6	27	Infrastruktur Telematik / eGK
mHealth	4	6	3	3	5	21	mHealth
Google etc.	2	3	1	2	2	10	Google etc.
GES. INSTITUTIONEN							GES. INSTITUTIONEN
Kontroll- und QS Institutionen (auch Medien)	2	5	1	3	4	15	Kontroll- und QS Institutionen (auch Medien)
Ethikkommissionen	3	6	3	3	5	26	Ethikkommissionen
TRANSPARENZ							TRANSPARENZ
Datenspars. / Umfang der Datenerhebung / Verfahrensabläufe	3	5	3	5	6	22	Datenspars. / Umfang der Datenerhebung / Verfahrensabläufe
Algorithmen / technische Dokumentation	1	2	2	2	3	10	Algorithmen / technische Dokumentation
Rechtsgrundlagen / AGBs	5	8	5	5	8	31	Rechtsgrundlagen / AGBs
Gesundheits- vs. Krankheitsdaten / unklare Def.	1	1	0	1	1	4	Gesundheits- vs. Krankheitsdaten / unklare Def.
Datensicherheits- / Schutzmanagement	3	5	2	4	5	19	Datensicherheits- / Schutzmanagement
Geldwert als Bedeutungsmerkmal des Wertes	0	0	0	0	1	1	Geldwert als Bedeutungsmerkmal des Wertes
Ethikdebatten (Bayes)	1	2	1	1	2	7	Ethikdebatten (Bayes)
Open Data	4	7	4	5	7	27	Open Data
Recht auf Nichtwissen	2	3	2	2	2	11	Recht auf Nichtwissen
RISIKEN							RISIKEN
Sicherheitsrisiken:z.B. Zentr.Speicherg. (Cloud) / Schadsoftwar	4	7	3	4	4	22	Sicherheitsrisiken:z.B. Zentr.Speicherg. (Cloud) / Schadsoftware
Datenhandel	0	2	0	2	2	6	Datenhandel
Deanonymisierung / Reinditifizierung	3	6	3	3	4	19	Deanonymisierung / Reinditifizierung
Datenqualität	3	4	1	2	3	13	Datenqualität
Stigmatisierung / Diskriminierung / Opt-In Opt Out	4	8	3	4	6	25	Stigmatisierung / Diskriminierung / Opt-In Opt Out
Manipulation	0	2	0	2	3	7	Manipulation
Selbstzensur	1	1	2	0	1	5	Selbstzensur
Dilemma Gesellschaft vs. Einzelner	3	5	4	3	6	21	Dilemma Gesellschaft vs. Einzelner
Open Data	3	7	2	4	6	22	Open Data
NUTZEN / POTENTIALE							NUTZEN / POTENTIALE
selbstlernende Algorithmen pro/con	6	8	5	6	6	31	selbstlernende Algorithmen pro/con
Selbstüberwachung / Selbstwahrnehmung pro/con	2	3	2	1	2	10	Selbstüberwachung / Selbstwahrnehmung pro/con
Prävention pro/con	2	3	1	2	2	10	Prävention pro/con
Qualtitätssicherung / Controlling / Einsparungen pro/con	6	8	6	6	8	34	Qualtitätssicherung / Controlling / Einsparungen pro/con
Optimierung (Optimierungsfalle oder nicht)	3	5	3	3	5	19	Optimierung (Optimierungsfalle oder nicht)
Forschung pro/con	1	3	1	1	2	8	Forschung pro/con
(zu teurer) Datenschutz (Nutzenverhinderung) pro/con	0	2	0	1	2	5	(zu teurer) Datenschutz (Nutzenverhinderung) pro/con
PRIVACY PARADOX	5	8	5	5	8	31	PRIVACY PARADOX
M_VORSORGE / KONTROLLE IM SINNE DER BESSEREN HANDHABE	0	0	0	0	0	0	M_VORSORGE / KONTROLLE
Aufklärung in der Bev. / Schulen (Unterrricht)	5	8	4	6	8	31	Aufklärung in der Bev. / Schulen (Unterrricht)
Ethikdebatten	1	1	1	0	1	4	Ethikdebatten
Aufklärung unter Profis (Lebenserfahrung Bayes) /Programmierer	2	2	2	1	2	9	Aufklärung unter Profis (Lebenserfahrung Bayes) /Programmierer
Datenschutzberatung für Firmen	0	1	0	1	1	3	Datenschutzberatung für Firmen
Zertifizierung / Sicherheitsgutachten	1	5	3	3	6	18	Zertifizierung / Sicherheitsgutachten
Compliances / Selbstverpflichtungen	2	5	2	2	3	14	Compliances / Selbstverpflichtungen
Schulungen und Audits	1	3	0	2	2	8	Schulungen und Audits
Open Data als Kontrolle	2	3	2	3	3	13	Open Data als Kontrolle
M_GESETZLLICHE REGELUNGEN							M_GESETZLLICHE REGELUNGEN
Datenschutz	4	7	4	4	7	26	Datenschutz
AGB / Regelungen	4	7	4	5	7	27	AGB / Regelungen
Recht auf Vergessen / Löschung	3	6	4	4	7	24	Recht auf Vergessen / Löschung
Bezahlung für / gegen Datennutzung	1	2	1	2	3	9	Bezahlung für / gegen Datennutzung
M_TECHNIK							M_TECHNIK
Erklärung / Dokumentation von Algorithmen	0	1	0	1	1	3	Erklärung / Dokumentation von Algorithmen
Zugriffsberechtigung Nachweisbarkeit des (krimin.) Zugriffs	0	1	0	1	2	4	Zugriffsberechtigung Nachweisbarkeit des (krimin.) Zugriffs
Strukturierung (techn.) Backend // Frontend Visual./Einfachheit	1	5	1	3	5	15	Strukturierung (techn.) Backend // Frontend Visual./Einfachheit
Sichere Infrastruktur / Netz / geschützter Raum	1	1	1	1	2	6	Sichere Infrastruktur / Netz / geschützter Raum
Anonym. / Pseudon. /Verschlüsselg./Dezentralität /Gesichterte Daten	3	5	3	5	7	23	Anonym. / Pseudon. /Verschlüsselg./Dezentralität /GesichterteDa
M_MONITORING							M_MONITORING
Nachsorge: Kontrolle	0	1	0	1	1	3	Nachsorge: Kontrolle
Strafen	0	2	0	2	3	7	Strafen
SUM	126	223	111	146	209	815	
N (Dokumente)	6	5	6	6	6	36	

Tab. 2: Übersicht Häufigkeiten der Codes nach Themenkreisen

Die Identifizierung der Aussagenschwerpunktbereiche der Experten erfolgte grafisch durch die Zuweisung unterschiedlicher Farben in der Kreuztabelle. Die Legende der folgenden Abbildung erläutert die jeweilige Bedeutung der Farben.

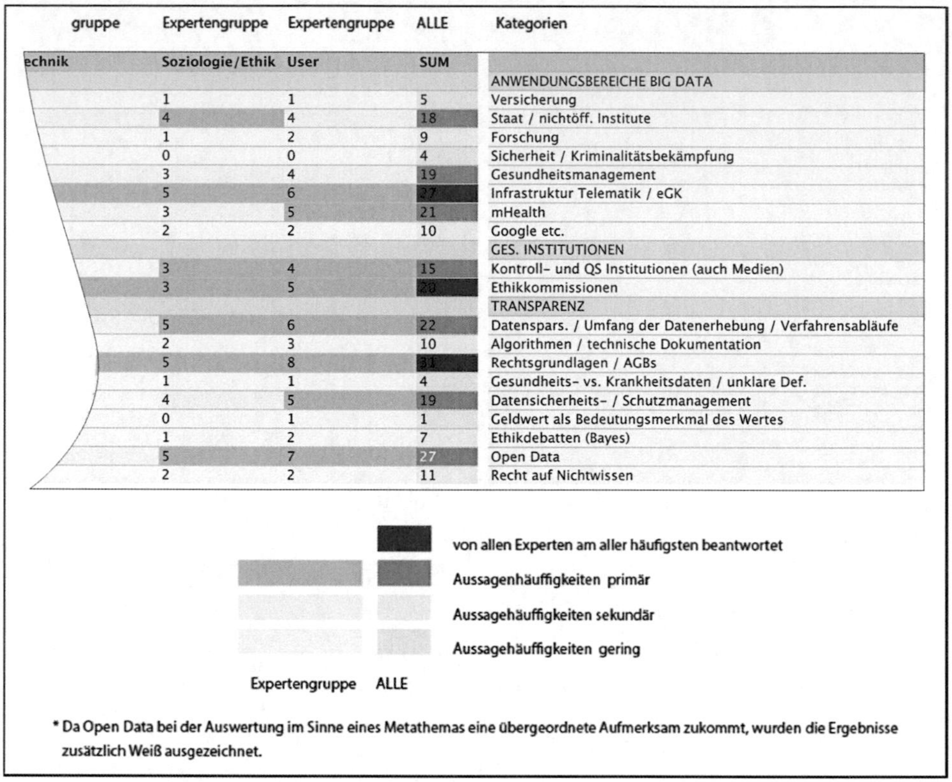

gruppe	Expertengruppe	Expertengruppe	ALLE	Kategorien
echnik	Soziologie/Ethik	User	SUM	
				ANWENDUNGSBEREICHE BIG DATA
	1	1	5	Versicherung
	4	4	18	Staat / nichtöff. Institute
	1	2	9	Forschung
	0	0	4	Sicherheit / Kriminalitätsbekämpfung
	3	4	19	Gesundheitsmanagement
	5	6	27	Infrastruktur Telematik / eGK
	3	5	21	mHealth
	2	2	10	Google etc.
				GES. INSTITUTIONEN
	3	4	15	Kontroll- und QS Institutionen (auch Medien)
	3	5	20	Ethikkommissionen
				TRANSPARENZ
	5	6	22	Datenspars. / Umfang der Datenerhebung / Verfahrensabläufe
	2	3	10	Algorithmen / technische Dokumentation
	5	8	31	Rechtsgrundlagen / AGBs
	1	1	4	Gesundheits- vs. Krankheitsdaten / unklare Def.
	4	5	19	Datensicherheits- / Schutzmanagement
	0	1	1	Geldwert als Bedeutungsmerkmal des Wertes
	1	2	7	Ethikdebatten (Bayes)
	5	7	27	Open Data
	2	2	11	Recht auf Nichtwissen

Abb. 9. Farbgestaltung Schwerpunkte Häufigkeiten

4.5.2 Idealtypen der Expertengruppen in Form von One-Case-Scenarios

In Unterstützung zu Kapitel 4.5.1 und für eine bessere Veranschaulichung der jeweiligen Expertengruppe werden im Folgenden Idealtypen pro Expertengruppe erstellt, die stellvertretend für die Angehörigen der jeweiligen Gruppe stehen. Die für den Idealtyp identifizierten Aussagenschwerpunktbereiche werden schriftlich nach der Darstellung im One-Case-Szenario zusammengefasst. Die Inhalte der Theorie aus Kapitel 2 und 3 werden so mit den Experteninterviews in visueller Aufbereitung abgeglichen und quantifiziert widergespiegelt. Sie dienen jeweils als ein veranschaulichendes jedoch nur exemplarisches Beispiel ihrer Expertengruppe. Da die befragten Experten in der Regel über zwei oder drei Spezialisierungen verfügen, gehören sie auch mindestens zwei Expertengruppen an.

Bei den folgenden One-Case-Scenarios steht der Idealtyp als Stellvertreter der Expertengruppe im Mittelpunkt der Grafik. Um das Zentrum herum gruppieren sich hierarchisch die am häufigsten bedienten Auswertungskategorien. An jeder Auswertungskategorie sind die jeweiligen kodierten Textsegmente aufgeführt. Die Dicke der Linien zeigt darüber hinaus die Intensität der Häufigkeit der verwendeten Kategorien an. In vom Idealtypen am häufigsten bedienten Kategorien wird dem Leser eine typische Expertenaussage zu der dort befragten Thematik auszugsweise präsentiert. Da in der Darstellung Haupt- und Subkategorien gemischt dargestellt werden wird dem Leser eine zusätzliche Legende mit den Farben der Hauptkategorien zur Verfügung gestellt (s.

Abb. 10).

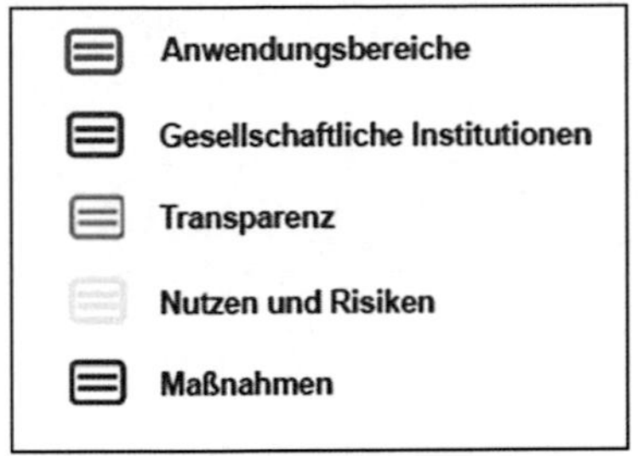

Abb. 10: Legende Farbzuweisung Kategorien

1. Idealtyp: Expertengruppe Gesundheitsmanagement

Das One-Case-Scenario des Idealtyps Gesundheitsmanagement zeigt eine hohe Konzentration von Aussagen in der Subkategorie Telematik/eGK (Hauptkategorie Anwendungsbereiche) sowie in den Subkategorien Privacy Paradox (Hauptkategorie Nutzen und Risiken) und Aufklärung (Hauptkategorie Maßnahmen). Die Häufigkeit der Antworten bei Telematik verdeutlicht die für diese Gruppe der Experten konzentrierte Auseinandersetzung mit der Thematik der Gesundheitsinfrastruktur, welche in ihrer Funktion u. a. eine Grundvoraussetzung für das Management von Gesundheitsdaten darstellt und die dafür von Unternehmen im Bereich des Gesundheitswesens Anwendung findet (s. Kap. 3.5).

Über die Infrastruktur hinaus äußern sich die Experten in dem in der Grafik stichprobenhaften Interviewausschnitt auch explizit zur elektronischen Patientenakte und deren Vorzügen. In Hinblick auf eine voranschreitende Verschmelzung von professionellem und Lifestyle-Gesundheitsbereich (s. Kap. 3.5) und einer damit verbundenen Ausweitung des Verantwortungsrahmens für das Gesundheitsmanagement beschäftigt die Expertengruppe auch das Thema Privacy Paradox. Der private, häufig freizügige Umgang des Users mit seinen Informationen und die Verbreitung seiner persönlichen Gesundheitsdaten über zunehmend unterschiedliche, teilweise im Nachhinein sehr schwer nachvollziehbare Kanäle, beschäftigt die Experten insbesondere dann, wenn die Daten an Dritte, u. a. auch in krimineller Absicht weitergehandelt werden. Sie diskutieren aus diesem Grunde intensiv die Frage zukünftiger Maßnahmen, die dem entgegenwirken können, z. B. durch Aufklärung des Users, um das Management von Gesundheitsdaten auch in Zukunft unter Kontrolle zu behalten. Weniger häufige Antworten waren dagegen z. B. in den Kategorien Rechtgrundlagen/AGBs und Open Data zu verzeichnen. Die folgende Grafik steht exemplarisch für einen Idealtypen der Expertengruppe Gesundheitsmanagement und illustriert alle relevanten Kategorien dieses ausgewählten Falles.

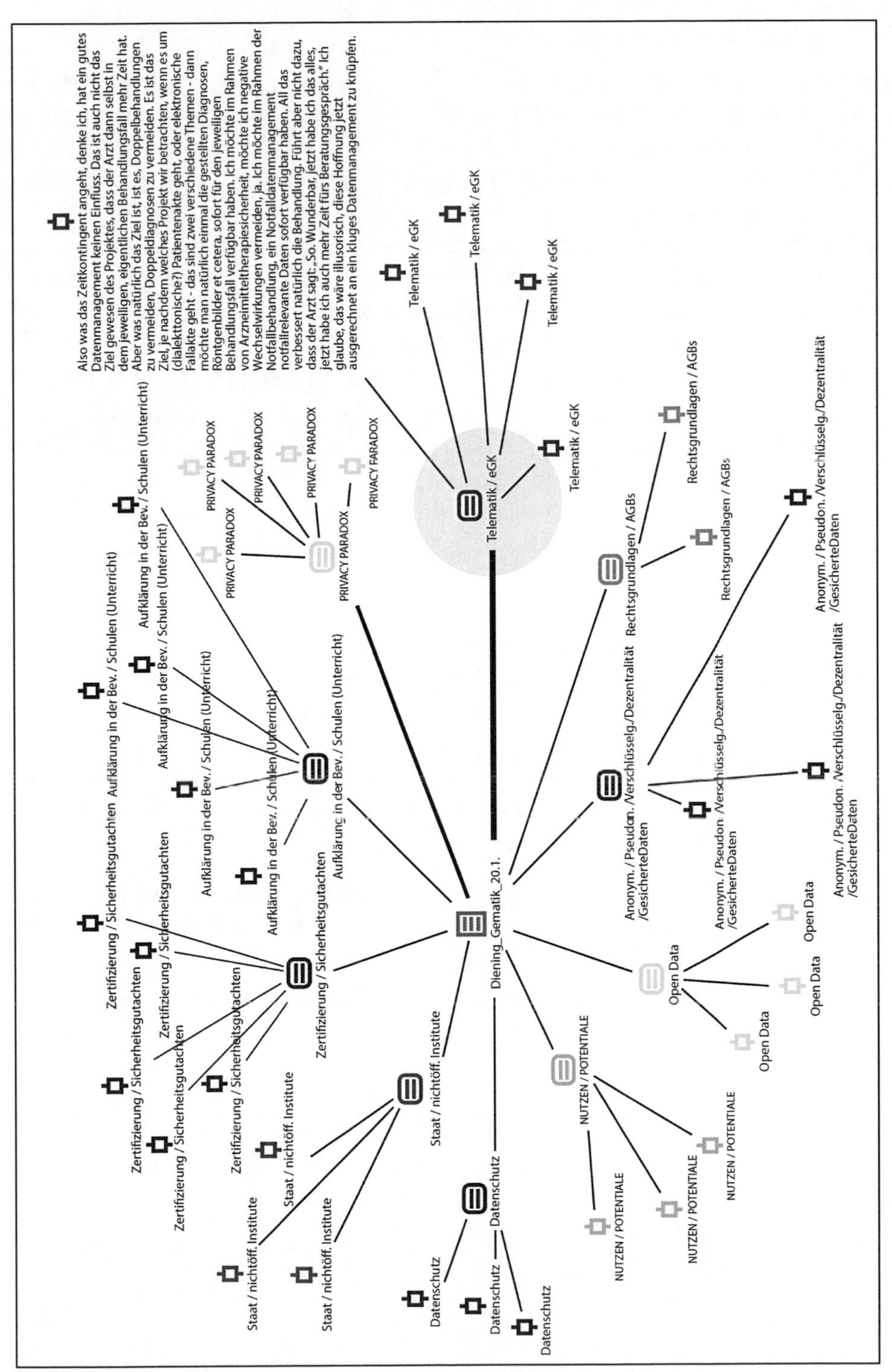

Abb. 11: Idealtyp der Expertenspezialisierung Gesundheitsdatenmanagement

2. Idealtyp: Expertengruppe Datenschutz

Das One-Case-Scenario des Idealtypen Datenschutz zeigt eine hohe Konzentration von Aussagen für die beiden Hauptkategorien Maßnahmen und Transparenz – in beiden Hauptkategorien wurde sich intensiv insbesondere dem Thema der AGBs und der rechtlichen Regelungen gewidmet, was ein Indiz für das umfangreiche Hintergrundwissen der Experten auf dem Gebiet des Datenschutzes darstellt. Besonders ging es den Experten im Zusammenhang mit den AGBs darum, wie Lösungen bzw. Maßnahmen zu treffen sind, um den User in seinen Entscheidungen besser zu unterstützen. Die Häufigkeit der Aussagen bestätigt insofern den Trend nach der Forderung notwendiger Maßnahmen, um die Intransparenz von AGBs und die nach Meinung v. Lewinskis daraus entstehende Aushebelung informationeller Selbstbestimmung des Users (s. Kap. 2.3.2) vor dem Hintergrund einer zunehmenden Digitalisierung des Gesundheitssektors zu lösen. Auch andere rechtliche Regelungen über den Rahmen der AGBs hinaus werden angesprochen. In dem hier dargestellten Interviewauszug ist dies z. B. der Wunsch nach einem Widerspruchsrecht bei Online-Angeboten, wie z. B. auch Lifestyle-Apps, mit der Garantie der Nichtweiterverwendung personenbezogener gesundheitlicher Daten, wenn die App den zuvor erhofften Nutzen für den User nicht erfüllt. Beide von dem Idealtyp der Experten häufig bedienten Kategorien, Maßnahmen und Transparenz, stehen durch die AGBs in engem Zusammenhang mit dem Userverhalten. Eine intensive Auseinandersetzung mit dem Verhalten scheint, wie die folgende Grafik veranschaulicht, vor einem Hintergrund von Ursache (Transparenz) und Wirkung (Userverhalten) im Zusammenhang mit sinnvollen Lösungen (Maßnahmen), wie sie bereits in Kapitel 2.2.5 z. B. in Form eines Frage-Antwort-Kataloges erwähnt wurden, nur logisch.

Weniger häufige Antworten waren dagegen z. B. in den Kategorien Selbstlernende Algorithmen und dem (technischen) Schutzmanagement (von Daten) zu verzeichnen.

Die folgende Grafik steht exemplarisch für einen Idealtypen der Expertengruppe Datenschutz und illustriert alle relevanten Kategorien dieses ausgewählten Falles (s. Abb. 12).

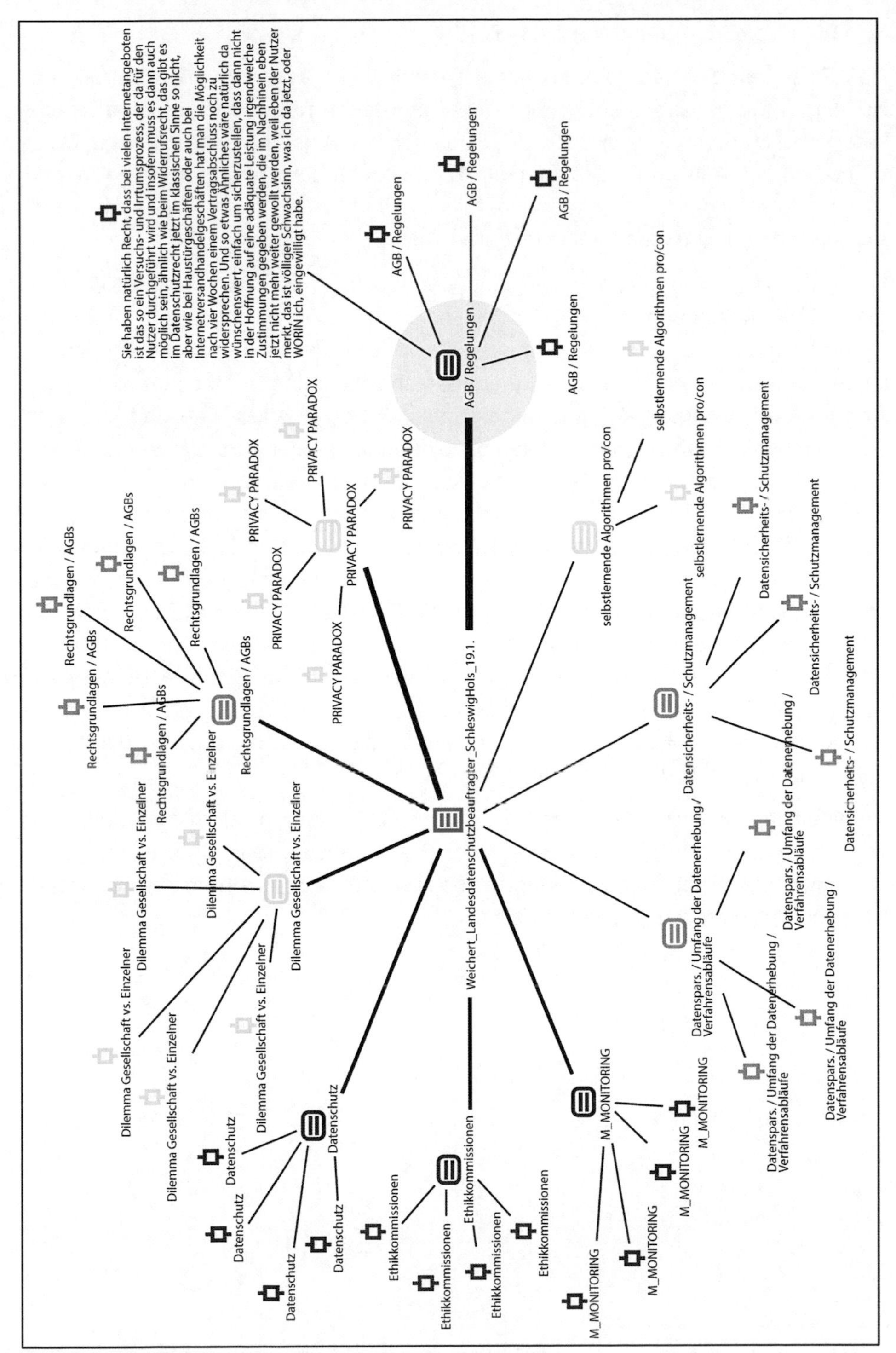

Abb. 12: Idealtypen der Expertenspezialisierung Datenschutz

3. Idealtyp: Expertengruppe Technik

Das One-Case-Scenario des Idealtyps Technik weist eine hohe Konzentration an Aussagen für die Subkategorie Strukturierung (techn.) Backend/Frontend (Hauptkategorie: Maßnahmen) und für die Subkategorie Algorithmen/technische Dokumentation auf. Außerdem bestehen starke Verbindungen zu Infrastruktur (Telematik, Hauptkategorie: Anwendungsbereiche) und zum Thema selbstlernende Algorithmen (Hauptkategorie: Transparenz).

In dem dargestellten Interviewausschnitt des Idealtyps Technik wird deutlich, dass die im Zusammenhang mit Big Data im Gesundheitswesen verwendete Technik im Frontend noch nicht zur Gänze ausgereift ist. Die dort visualisierten Ergebnisse lassen in ihrer derzeitigen Darstellung unterschiedliche Interpretationen zu, welche sich auf den Patienten als Empfänger ärztlicher beurteilender Leistung beziehen, aber auch durch persönliche Fehlentscheidungen bei der Nutzung von Lifestyle-Apps fatale Folgen für die Gesundheit des Users haben können. Mit den Maßnahmen zur Schaffung bestimmter Standards wie sie bereits unter Kapitel 4.4.5.3 von den Experten gefordert und im Theorieteil unter Kapitel 3.3 z. B. durch Spiegelhalters[645] alternative Ergebnisdarstellung vorgeschlagen wurden, hat dieser Idealtyp einen seiner Wissensschwerpunkte. Begleitet wird diese Diskussion, wie sich auch anhand der Häufigkeit der Antworten ablesen lässt, durch die Frage nach der technischen Dokumentation von Algorithmen im Sinne einer besseren Nachvollziehbarkeit/Transparenz derer Qualität (s. Kap. 2.3.1), ganz besonders vor dem Hintergrund einer in Teilen bereits existierenden unkontrollierbaren Verselbständigung selbstlernender Algorithmen.

Weniger häufige Antworten wurden z. B. in den Kategorien Dilemma Gesellschaft vs. Einzelner und Monitoring abgegeben. Die folgende Grafik steht exemplarisch für einen Idealtypen der Expertengruppe Technik und illustriert alle relevanten Kategorien dieses ausgewählten Falles.

[645] Vgl. Spiegelhalter et al (2011), S. 1393-1400. Visualization Uncertainty About the Future. In: Science 333/2011.

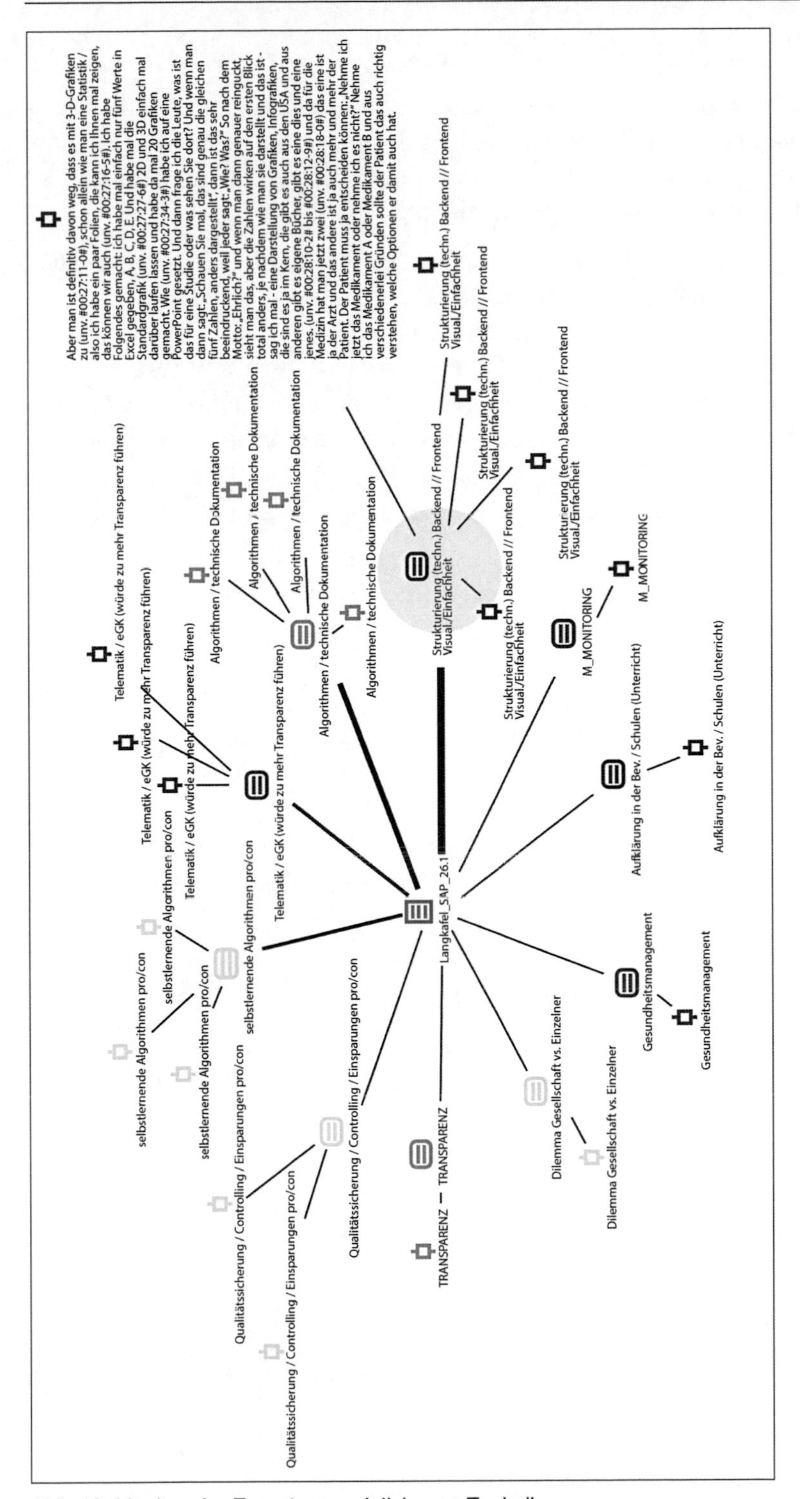

Abb. 13: Idealtyp der Expertenspezialisierung Technik

4. Idealtyptyp: Expertengruppe Soziologie/Ethik

Das One-Case-Scenario des Idealtyps Soziologie/Ethik zeigt eine hohe Konzentration von Aussagen in den Subkategorien *Ethikkommissionen* (Hauptkategorie: Gesellschaftliche Institutionen), *Vorsorge/Kontrolle* (Hauptkategorie: Maßnahmen) und *Privacy Paradox* (Hauptkategorie: Nutzen und Risiken).

In dem hier exemplarisch dargestellten Interviewauszug wird deutlich, welche hohe Verantwortung Mitglieder von Ethikkommissionen gegenüber einer im Grundgesetz festgelegten freien Gesellschaft in Ihren Abwägungsverfahren zu tragen haben (s. Kap. 2.3.3 und 3.2). Der Interviewausschnitt macht dies insbesondere vor dem Hintergrund u. a. Empfehlungen aussprechen zu müssen, die unter Umständen in den kritischen Bereich einer paternalistischen Bevormundung hineinragen, deutlich.

Für die Experten dieser Gruppe steht den Aussagehäufigkeiten der Grafik folgend die Aufklärung des Users im Sinne der Vermeidung eines potentiellen Missbrauchs durch einen unachtsamen Umgang mit persönlichen Daten an vorderster Stelle. Der Interviewauszug stützt diese Prämisse insofern, als dass hier auch darauf hingewiesen wird, dass Aufklärung Bewusstsein schaffen und Missbrauchsfälle von vorn herein ausschließen soll. Dies würde die Ethikkommissionen insofern dabei entlasten, Entscheidungen für den User aufgrund von dessen Unwissenheit (s. Kap. 3.2) treffen zu müssen, welche sie häufig in die Situation der Paternalisierung gegenüber dem User versetzen. Eine intensive Auseinandersetzung ist deswegen auch mit dem Verhalten des Users besonders in Hinblick auf Privacy Paradox notwendig, weil dies eine der Voraussetzung für den potentiellen Missbrauch personenbezogener Daten darstellt (s. Kap. 2.2.5).

Weniger häufige Antworten wurden z. B. in den Kategorien Telematik/eGK und Zertifizierungen/Sicherheitsgutachten gemacht.

Die folgende Grafik steht exemplarisch für einen Idealtypen der Expertengruppe Soziologie/Ethik und illustriert alle relevanten Kategorien dieses ausgewählten Falles.

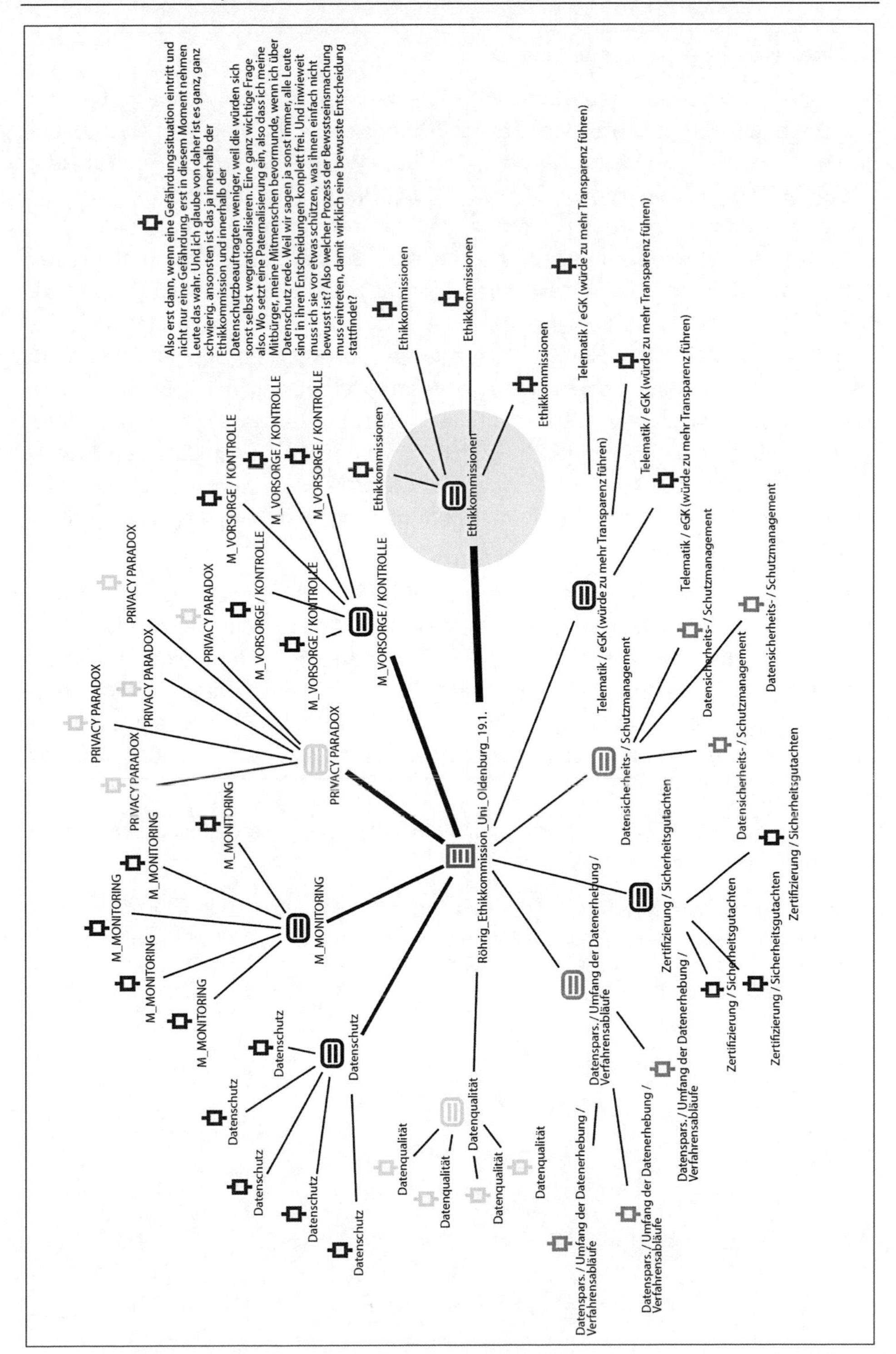

Abb. 14: Prototyp der Expertenspezialisierung Soziologie/Ethik

5. Idealtyp: Expertengruppe User

Das One-Case-Scenario des Idealtyps User weist eine hohe Konzentration von Aussagen für die Subkategorie Privacy Paradox (Hauptkategorie: Nutzen und Risiken) sowie zu gleichen Anteilen in den Kategorien Rechtsgrundlagen (Hauptkategorie: Transparenz) und Stigmatisierung/Diskriminierung/Opt In, Opt Out (Hauptkategorie: Nutzen und Risiken) auf. Der in der Theorie in den Kapiteln 2.2.5 und 3.6 beschriebene teils freizügige Umgang des Users mit seinen persönlichen Daten im Netz wird nach einer erstmaligen allgemeinen Bestätigung unter der Subkategorie Privacy Paradox Kapitel 4.4.4 nun durch die Intensität der Aussagehäufigkeiten untermauert. Häufige Aussagen des Idealtyps zu Stigmatisierung und Diskriminierung unterstreichen dessen Auseinandersetzung mit Privacy Paradox vor allem hinsichtlich der Risiken für den User. Die aktuelle Rechtsgrundlage, ganz besonders die intransparente Gestaltung von AGBs (s. Kap. 2.3.2 und 4.4.3), ergänzt die möglichen negativen Folgen der Datenfreigabe durch den User um die aus der Intransparenz resultierende Überforderung des Users im Rahmen bewusster Entscheidungen.

Die Vertreter dieser Expertengruppe beschäftigen sich von Berufs wegen sehr intensiv mit dem User (s. Kap. 4.2.2) und haben im Alltag häufigen Kontakt zu ihm. Sie können daher, wie die Grafik des Idealtyps darstellt, umfangreiche Aussagen über das aktuelle Userverhalten (s. Kap. 2.2.5 und 3.6) aus erster Quelle bezeugen. Dies wird durch den folgenden Interviewausschnitt in der Grafik über das grenzenlose Agieren der User mit gesundheitsbezogenen Suchbegriffen bei Google zusätzlich untermauert.

Weniger häufige Antworten wurden u. a. in den Kategorien Ethikkommissionen und Recht auf Nichtwissen getroffen.

Die folgende Grafik steht exemplarisch für den Idealtypen der Expertengruppe User und illustriert alle relevanten Kategorien dieses ausgewählten Falles.

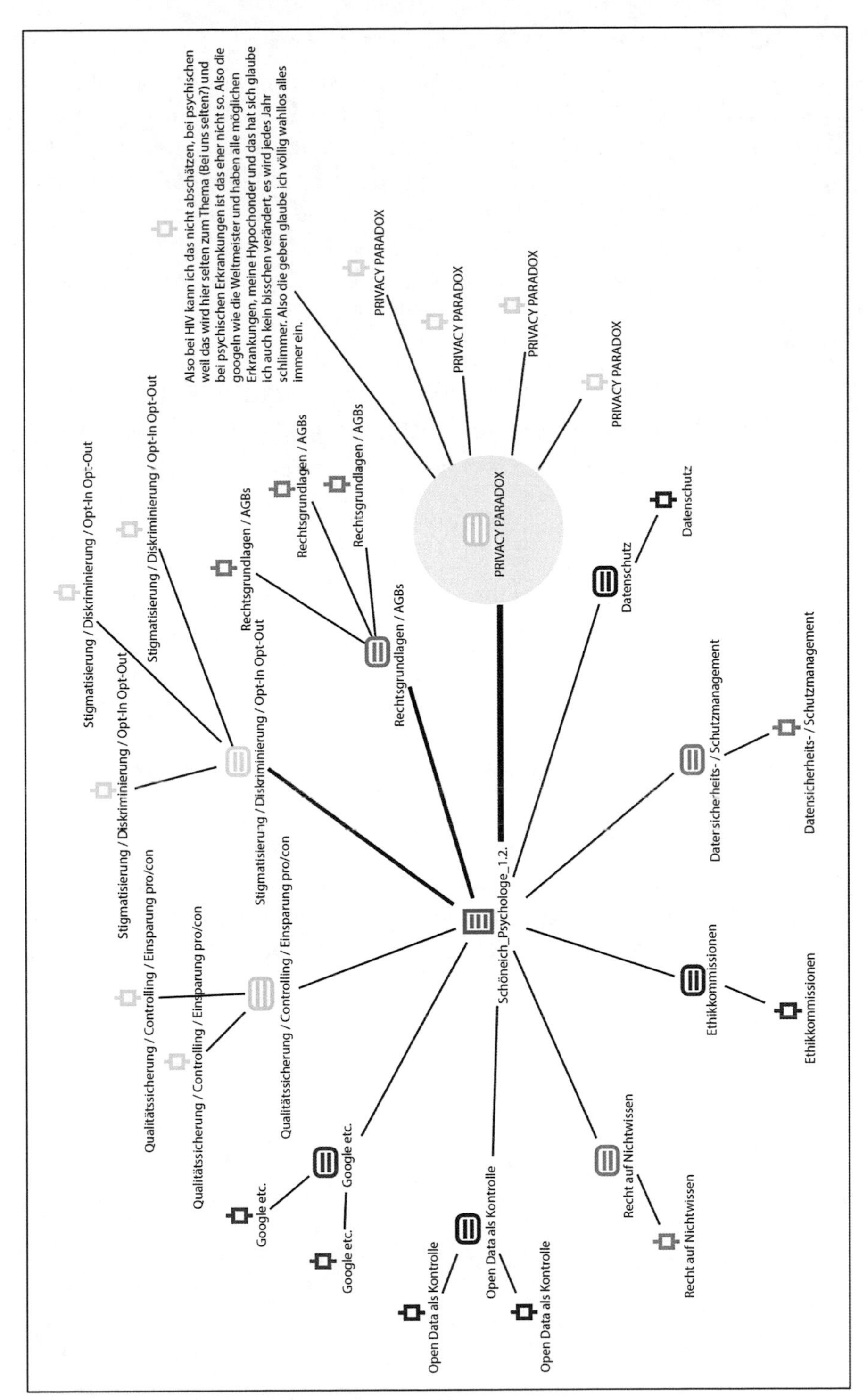

Abb. 15: Idealtyp der Expertenspezialisierung User

- **Übergreifende Ergebnisse der Idealtypenbetrachtung**

Zusammenfassend lässt sich aus der Analyse der Expertengruppen mit Hilfe des One-Case-Models die Erkenntnis gewinnen, dass das Aussageverhalten der Idealtypen in den jeweiligen Kategorien die Erwartungen bezüglich ihrer Expertise bestätigt, die der Autor im Zuge seiner Auswahl der Experten hatte. Zusätzliche stichprobenhafte Darstellungen von Interviews decken sich zudem mit zahlreichen Inhalten und theoriebasierten Erkenntnissen aus den Kapiteln 2 und 3 und bekräftigen die in Kapitel 4.4 gewonnenen Analyseergebnisse der inhaltlich-strukturierenden Inhaltsanalyse nun im Rahmen gebündelter Expertisen erneut.

Auch wird die in Kapitel 4.1 gewonnene Absicht einer ausgewogenen Beantwortung im Rahmen des Gesamtspektrums durch jeden einzelnen Experten erfüllt, und zusätzlich durch die Quasi-Quantifizierung der Ergebnisse, die sich aus den dargestellten Intensitäten ergibt, sinnvoll ergänzt. Zusammen bilden sowohl allgemeine als auch spezialisierte Erkenntnisse eine solide Grundlage für die folgende inhaltliche Bewertung nach Themenkreisen.

4.5.3 Kreuztabelle Zusammenfassung

In der folgenden Tabelle werden die zentralen Ergebnisse der Befragung nach Kategorien (Anwendungsbereiche, Gesellschaftliche Institutionen, Transparenz, Nutzen und Risiken, Maßnahmen) den Themenkreisen (Gesundheitsdatenmanagement, Datenschutz, Technik Soziologie/Ethik und User) der Theorie aus Kapitel 2 und 3 zusammenfassend zugeordnet. Dabei werden auf der Basis der Häufigkeiten (s. Tab. 3) Inhalte stichpunktartig zugeordnet und auf zugrundeliegende Stellen in der Theorie verwiesen.

In den folgenden Kreuzfeldern stehen sich die häufigsten Aussagen von Themenkreis und Kategorie zum Abgleich mit den Abschnitten des Theoriekapitels gegenüber, wo der dort genannte Aspekt bereits schon theoretisch diskutiert wurde.

HAUPTKATEGORIEN	THEMENKREISE Gesundheitsdatenmanagement Interviews	Theor	Datenschutz Interviews	Theor	Technik Interviews	Theor	Soziologie / Ethik Interviews	Theor	User Interviews	Theor	Alle
Anwendungsbereiche	**Unternehmen (priv. & staatl.)**: Ökonomisierung des Gesundeitsw., Abläufe und Prozesse kontrollierbarer **Telematik / eGK**: Effizienz, Rückverfolgung von Krankheiten **Nicht-öffentliche Unternehmen** (staatl. Outsourcing wg. zu geringer Expertise) **Lifestylebereich** populär / Verschmelzung mit Profibereich	3.5 3.4 3.1 3.5	**Telematik / eGK**: eigenes Gesetz §291a SGB5 (sicher) **Lifestylebereich / mHealh**: regellos (Vitaldaten gelten gesetzlich nicht als Gesundh.daten) **Forschung**: sehr gut reguliert / Probl. Einbezug v. privaten Vital und Alltagsdaten **Nicht-Öff. Einrichtungen**: Datenhandel, keine Anonymisierung --> Missbrauch	3.3 3.4 3.2 3.5	**Telematik / eGK**: dezentrale Speicherung vs. Cloud **mHealth**: keine Schutzbarrieren, Profilierungen leicht mgl.	3.3 3.6	**Telematik / eGK**: ges. Gewinn - Outsourcing: **Staat** kommt seinen Schutz- u. Fürsorgepflichten nicht nach - **mHealth**: Didaktik vs. Tugendterror	3.3 3.6	**Telematik / eGK**: Vermeidung von Doppelmedikation, Vermeidung von Wechselwirkungen --> gesundheitsfördernd **mHealth**: User verbreitet leichtfertig ungeschützte Gesundheitsdaten	3.3 3.6	**Telematik / eGK** **mHealth** **Gesundheitsmanagm. Staat/nicht öffentl. Einr.**
Gesellschaftliche Institutionen	**Kontrollinstitute / -einrichtungen** - Staat: Bundessoz.gericht, Bundesverfassungsgericht, BSI, Gemeinsamer Bundesausschuss (G-BA) - Ethikrat / **Ethikkommissionen** (keine Entscheidungsgewalt / Beratung und Empfehlung) - Medien (Kontrollinst.)	3.4 3.1 2.3.3 3.2	**Kontrollinstitute** - BSI, G-BA - priv. Datenschutzinstitute - staatl. Amt für die generelle Überprüfung von AGBs fehlt **Ethikkommissionen** Empfehlungen = Paternalisierung = Einschränkung von Freiheit	3.1 2.3.3 3.2	**Ethikkommissionen**: Besetzungsproblem häufig kein Medieninformatiker	2.3.3 3.2	**Ethikkommissonen**: Bewertungen in hochsensiblen ges. Fragen	2.3.3 3.2	**Ethikkommissionen:** Paternalisierung = User trotzt den Empfehlungen	2.3.3 3.2	**Kontrollinstitute** **Ethikkommissionen**
Transparenz	**Intransp. AGBs**: Zweckerfüllung zur Absicherung des Unternehmens, nicht des Users - Profi Bereich der Medizin: nicht mehr Transp. nötig da zureichend reguliert / Gefahr bei Missbrauch von Daten f. Krankenhäuser = Imageverlust **Open Data**: bessere Allokation öffentlicher Mittel (Politik) **Unternehmersicht**: wenn zu viel Erklärung, dann Konversionpoint für Kunden	2.2.5 3.6 2.3.3	**aktuelles AGB-Modell**: stellt informationelle Selbstbestimmung infrage (koplizierte Formulierg., zu lang, keine Hervorhebungen) **Open Data**: Abschaffung d.informat. Selbstbestimmung unnklare(s) **Datensicherheits- / Schutzmanagement / Verfahrensabläufe** Mangel Risikomanagement / (besonders bei mHealth /Lifestyle Apps) **Datensparsamkeit / Verfahrenabläufe:** Grundsatz im Sinne der Erforderlichkeit bleibt trotz Big Data	2.3.2 2.3.3 3.4 2.3.2	**AGBs:** kein "Privacy by Default" (AGBs auf Display: z.B. keine präz. Hervorhebung von Klauseln, keine aktives Entscheidungsklicken für User)		**Open Data**: schafft Bewusstein für persönliche Daten, mehr Daten = Wandel in Hinblick auf Toleranz + mehr Verfügbarkeit = weniger Begehrlichkeiten	2.3.3.	**AGBs:** Besitzen häufig nicht d. f. d. User gesetzlichen geforderten Erklärungswert (z.B. Warnfkt.) , Folge: User liest die AGBs nicht - User kennt nicht den Wert der persönlichen Daten	2.3.2 2.2.5	**Rechtsgrundlagen/AGBs** **Open Data** **Datensparsamkeit**
Nutzen und Risiken	**Stigmatisierung**: durch kriminellen Datenhandel **Sicherheitsrisiken:** keine Infrastruktur 100% sicher // Zentrale vs. Dezentrale Speicherung **selbstlernende Algorithmen**: hohes Potential für Forschung **Qualitätssicherung +Controlling**: z.B. kassenärtzliche Abrechnung, Organisation, Screeningtests, Verfügbarkeit relevanter Daten **Privacy Paradox**: Verbreitung von Daten über Mobile Devices (mHealth) erschwert die die Nachverfolgbarkeit und ein eff. Datenmanagement	2.3.3 3.2 3.3 2.3.1 3.1 3.5 2.2.5 3.6	**selbstlernende Algorithmen**: Dokumentation aus urheberrechtlichen Gründen schwierig, keine Zulassungsverfahren vorhanden; **Reidentifizierungsklausel** im BDSG zur Sekudärforschung beibehalten **Stigmatisierung**: Gesundheitsdaten = personenbez. Daten der bes. Art **Qualitätssicherung = Optimierung** = bessere Verankerung von Datenschutz **Privacy Paradox:** eigentl. vorhandener Datenschutz wird nicht unausgeschöpft (AGBs nicht lesen)	2.3.1 3.4 2.3.3 3.2 3.1 3.5 2.2.5 3.6	**selbstlernende Algorithmen**: Ergebnisse nicht nachvollziehbar o. korrigierbar // haben keine menschliche Intuition // unzureichende Daten-Suchmethoden (Stichwort: unstrukturierte Daten) **staat. Telematik**: Dilemma Gesellschaft vs. Risken des Einzelnen **Privacy Paradox**: Internet und Big Data befördern Privacy Paradox	2.3.1 3.3 2.2.5 3.6	**selbstlernende Algoritmen** entziehen sich gesellschaftlicher Kontrolle / technisierte Ges. - Stigmatisierung: Opt-In vs.Opt-Out z.B. Bonus Malus System Versicherung) **Dilemma Ges. vs. Schäden des Einzelnen**: Mangel an öffentl. Diskussionen **Open Data**: Veröffentlichung senkt Schwelle f. Stigmatisierung **Privacy Paradox**: wird befördert durch den Gruppenzwang (nach dem Motto: "jeder ist bei facbook")	2.3.1 3.4 2.3.3 2.2.5 3.6	**Stigmatisierung**: v.a. wg. Freigabe ungeschützer Daten über mHealth und soz. Netzwerke mgl. **Dilemma Ges. vs. Schäden des Einzelnen**: Telematik, der Einzelne kann sich nicht wehren gegen gesamtges. Entscheidungen **Privacy Paradox**: Gründe sind Kommunikationsbedürfnis, techn. und funktionale Kompetenz bei junger Gen., Unwissenheit über Risiken / Bewusstsein für Datenmissbrauch seit NSA Skandal gewachsen - jedoch keine Verhaltensänderung beim User - teilweise lethargisches Verhalten	2.3.3 3.2 3.4 2.2.5 3.6	**Stigmatisierung** **Dilemma Gesellschaft vs. Einzelner** **Qualitätsmanagement** **Selbstlernende Algorithmen**
Maßnahmen	**Aufklärung** Schulungen, Audits **Datenschutz / AGBs**: feinere Pseudonymisierung **Anonymisierung/Pseudonym.**: zusätzliche Verschlüsselung von Pseudonymen, keine Übermittlung von Klardaten **Compliances**: Selbstkontrolle / Selbstverpflichtung- dient auch Firmenabsicherung **Open Data**: Transparenz / Kontrollmittel	3.4 2.3.2 3.2 2.3.3	**Aufklärung**: noch wichtiger als Ausweitung von Gesetzen **Datenschutz** Modernisierung = Ausweitung des Datenschutz, Interoperabilitäten verbieten & in kurzen Intervallen erneuern **AGBs**: verständlichere Modelle, z.B. Layer-Model // Schaffung staatl. Amt für die generelle Überprüfung von AGBs **Compliances**: sinnvolles Hilfsmittel-Mittel zur Ergänzung und Umsetzung d. gesetzl. Datenschutzes **Zertifizierungen**: Standard Siegel (Gold/ Silber/ Bronze) / Schaffung eines nat. Gremiums für Zertifiz.in Ergänzung zu Ethikkommissionen und Compliances **Strukturierung Front/Backend**: Datenschutz besser implementieren (product by design) und auch besser zugänglich machen	2.2.1 2.3.2 3.2 2.3.2 3.2 3.4 3.3	**Aufklärung**: von Algorithmikern über mgl. (Ethische) Auswirkungen **Datenschutz**: Datenschlüssel und Infrastruktur besser absichern **AGBs**: privacy by default **Recht auf Vergessen**: Metadaten an Daten **Zertifizierung:** Anpassung der Erlasse und Erneuerung an Schnellebigkeit von Software **Anonymisierung/Pseudonym.:** Browser Automatisierung von Pseudonymisierung **Strukturierung Front/Backend**: Reduktion von Komplexität im Backend für Programmierer von Big Data Anwendungen	3.1 2.3.3 3.4 2.3.2 3.4 3.3	**Aufklärung**: pol. ges. Diskussionsforen // Medienkampagnen **Anonymisierung/Pseudonym.:** Privatsphäre wahren **Strukturierung Front/Backend**: Risiken von Big Data minimieren, ges. Kontrolle der Technik/Algorithmen **Open Data**: moral. Zwang gegen Daten Missbrauch **höhere Strafen**: Mittel der Kontrolle und Ahndung bei Daten Missbrauch	3.4 2.3.2 3.3 2.3.3 2.2.4	**Aufklärung:** in Setting Bereichen durch Leher, Eltern,Krankenkassen und Ärzte über unsichere Kommunikationswege **AGBs:** Usergerechte AGBs **Anonymisierung/Pseudonym**: Schutz pers. Daten **Strukturierung Front/Backend**: Bedienung von AGBs leichter (visuell) erschließen // Lifestyle Apps Fkt. und Ergebnisse verstehen **Recht auf Vergessen:** generell ja, keine Notfalldaten **Open Data**: gegenseitige Kontrolle **höhere Strafen:** Mittel der Kontrolle und Ahndung bei Daten Missbrauch	2.2.2 3.3 2.2.5 2.3.2 3.3 2.3.3 2.3.3 2.2.4	**Aufklärung** **AGB / Regelungen** **Anonymisierung/ Pseudonymisierung/ Verschlüsselung/ Dezentralität/ Gesicherte Daten** **Strafen**
PROTOTYP	Anwendungsbereiche / Privacy Pardox / Maßnahmen (Aufklärung)		Maßnahmen (AGB) / Privacy Paradox / Transparenz (AGB)		Maßnahmen / Transparenz / Anwendungsbereiche		Ethikkommissionen / Maßnahmen / Privacy Paradox (N&R)		Privacy Paradox(N&R) / Transparenz / Stigmatisierung (N&R)		

Tab. 3: Kreuztabelle Kategorien und Themenkreise

4.6 Hypothesenbewertung

Im Folgenden werden die unter 4.1 aufgestellten offenen Hypothesen zu den einzelnen Themenkreisen beantwortet. Die Antworten werden kaskadisch aufeinander aufbauen, um bei dem eigentlichen Untersuchungssubjekt, dem User, anzugelangen, und zur finalen Klärung der Forschungsfrage, in dessen Mittelpunkt dieser steht, überzuleiten.[646]

4.6.1 Hypothese zum Themenkreis 1: Gesundheitsdatenmanagement

Die aufgestellte Hypothese lautete, dass durch die Zunahme der öffentlichen Diskussion über Big Data Unternehmen, die Gesundheitsdaten erfassen, filtern und/oder verarbeiten, dazu gezwungen sind, interne klare Regeln zum Umgang mit personenbezogenen Daten ihrer Kunden/Patienten, aufzustellen.

Um diesen Zusammenhang untersuchen zu können, muss ein Blick auf die Entwicklung von Big Data und dem Umgang damit geworfen werden. Im Jahr 2013 begann die öffentliche Diskussion über Big Data durch die Enthüllungen Snowdens über die nach deutschem und europäischem Recht als kriminell einzustufenden Aktivitäten des amerikanischen Geheimdienstes NSA. Was seit den 70er Jahren in militärischen Kreisen in Form von AWACS als geheim galt, jedoch um die Jahrtausendwende in Form eines algorithmierten Finanzwesens in die Wirtschaftswelt Einzug hielt und durch die Terroranschläge von 2001 eine Legitimierung vor dem Hintergrund einer überreizten Terrorabwehrdebatte mithilfe von Prozessorgeschwindigkeit und enormen Speicherkapazitäten (s. Kap. 2.1.2) erhielt, wurde der Öffentlichkeit als Big-Data-Technologie bekannt. Seitdem wurden die Potentiale von Big Data auch für die im Gesundheitswesen tätigen Unternehmen aus dem öffentlichen wie auch privaten Sektor in den Fokus gerückt und haben dort in Arbeitsalltag durch das Erfassen, Filtern und Verarbeiten von personenbezogenen Gesundheits- und Vitalfunktionsdaten von Patienten/Usern bereits Einzug gehalten.

Der öffentliche Sektor, der wie in 3.1 beschrieben unter einem chronischen Geldmangel leidet, sieht in Big Data eine besonders große Chance für das Gesundheitswesen, um den in den vergangenen Jahren im Zuge des demografischen Wandels und medizinischen Fortschritts dramatischen Anstieg der Ausgaben durch eine technisierte Qualitätssicherung in einem überschaubaren Rahmen zu halten. Im privaten Sektor sind es vor allem die Lifestyle- und Wellnessprodukte, welche sich zunehmender Beliebtheit in der Bevölkerung erfreuen. In Kombination mit diesen Lifestyle-Apps und aus eigenen ökonomischen Beweggründen begin-

[646] Vgl. Anhang 8, Skizze zur Erarbeitung der Klärung von Hypothesen und Forschungsfrage – als grafisches Anschauungsmittel für die Zusammenhänge der Kaskade der Hypothesen und der Forschungsfrage.

nen auch Versicherungsunternehmen, wie z. B. die Generali, eigene auf User-Daten basierende Versicherungsmodelle zu entwickeln.

Durch die nicht abreißenden öffentlichen Diskussionen nach dem NSA Skandal und Big Data ist den meisten Usern jedoch auch bekannt, welche Risiken mit der Erhebung und Verarbeitung ihrer Daten verbunden sein können (s. Kap. 2.2.5) und dass personenbezogene Gesundheitsdaten ein hohes Stigmatisierungspotential tragen. Einige der User verzichteten deswegen nach dem NSA Skandal aus Sicherheitsgründen sogar auf bestimmte Onlinedienste wie z. B. Onlinebanking freiwillig. Weitere Berichte über Datenmissbrauchsfälle im Rahmen einer steigenden Cyberkriminalität seit dem NSA Skandal (s. Kap. 2.2.3) sorgen für weitere Verunsicherungen in der Bevölkerung. Hinzu kommt auch das Bekanntwerden des bereits vielfach beobachteten Datenhandels durch nicht-öffentliche Unternehmen (s. Kap. 4.4.4), die vom Staat beauftragt personenbezogene Daten verarbeiten und diese an Dritte verkaufen. Die in der Hypothese angenommene zunehmende öffentliche Diskussion scheint demnach gegeben zu sein.

Zwar handelt es sich bei diesen Datenmissbrauchsfällen nicht um die Norm, jedoch wächst die Unsicherheit bei den Verbrauchern und damit auch die Gefahr, sich zukünftig von den Diensten auch loszusagen und diese nicht in Anspruch nehmen zu wollen. Auf staatlicher Ebene fand diese Verunsicherung bereits öffentlichen Ausdruck als ein Bürger 2014 gegen die Telematik und die eGK klagte, weil er sein Recht auf informationelle Selbstbestimmung in Gefahr sah. Auch wenn es in diesem Zusammenhang, anders als z. B. bei Lifestyle-Apps, um die Zur-Wehr-Setzung gegen eine Zwangsteilnahme ging, ist dies jedoch ein Beispiel für die wachsende Verunsicherung im Rahmen von Datenerhebung und -verarbeitung.

Die Schaffung firmeninterner Regeln im Umgang mit den sensiblen Gesundheitsdaten ist ein wichtiges Zeichen, um das Vertrauen bei den Kunden zu stärken und diese auch zu binden. Ein Compliance-System kann den Mitarbeitern bei der Entscheidung helfen, Unregelmäßigkeiten im Unternehmen zu melden (Whistleblowing). Außerdem können sich firmeninterne Regeln auf ein generell verantwortungsbewusstes Verhalten Angestellter auch in ihrem privaten Alltag auswirken, sie adaptieren insofern diesen verantwortungsvollen Umgang mit den Kundendaten auf ihr eigenes Verhalten. Je stärker öffentlich die mangelnde Transparenz diskutiert wird, umso wichtiger ist es, durch die Kommunikation von klaren Regelungen Vertrauen zu schaffen. Darüber hinaus sind solche Regeln auch ein geeignetes Mittel zur eigenen Absicherung im Rahmen des bestehenden Datenschutzrechts. Es darf davon ausgegangen werden, dass Firmen im Interesse ihres Images und der Kundenbindung zukünftig stärker auf solche internen Regeln setzen werden, um der noch zurückgebliebenen Gesetzgebung etwas entgegen zu setzen und um bestehende Kunden nicht zu verlieren und zukünftig neue zu gewinnen.

4.6.2 Hypothese zum Themenkreis 2: Datenschutz

Die zweite Hypothese bezog sich auf alle zur Verfügung stehenden Möglichkeiten im Zusammenhang mit Big Data. Wenn diese ihre Anwendung finden, dann ist zu prüfen, ob das mit den in der 2014 gültigen deutschen Gesetzgebung verankerten Bestimmungen zu informationeller Selbstbestimmung und zum Datenschutz nicht mehr vereinbar ist.

Die Hypothese ist eindeutig zu bejahen. Das deutsche Datenschutzrecht ist in Hinblick auf die volle Anwendung von Big Data als veraltet zu bezeichnen, die darin enthaltenen, konzeptionellen Ansätze stammen in großen Teilen aus den 60er und 70er Jahren als eine Technologie wie Big Data noch nicht absehbar war (s. Kap. 2.3.2). Eine ursprüngliche Erneuerung der gesetzlichen Regelungen insbesondere in Hinblick auf IT, welche Ende der 90er Jahre schon fertig vorlag, fiel den staatlichen Überwachungsinteressen infolge des Terroranschlages auf die World Trade Centers in New York City 2001 vorerst zum Opfer (s. 1.1). Seitdem kam es zu keiner ernsthaften Novellierung, was die Schwächen hinsichtlich Big Data im Zusammenhang mit informationeller Selbstbestimmung und Datenschutz verdeutlichen. Zwar halten die Experten einstimmig das deutsche Datenschutzrecht in seiner Grundstruktur für ausreichend, dennoch zeigen die folgenden Beispiele, dass dieses durchaus in Hinblick auf Big Data ergänzungswürdig ist.

Big Data läuft den im Bundesdatenschutzgesetz unter § 3 verankerten Grundsätzen der Datenvermeidung, Datensparsamkeit und Datenlöschung in seiner Philosophie zuwider. Es verfolgt prinzipiell den gegenteiligen Ansatz, nämlich so viele Daten wie möglich zu erfassen und auf Vorrat zu speichern, um diese gegebenenfalls für unterschiedliche Zwecke zu analysieren und zu nutzen. Dieser von Mayer-Schönberger unter 2.2.4 beschriebene Optionswert von Daten verstößt nicht nur gegen das auf Quantität bezogene Datensparsamkeits- und Löschungsprinzip im Sinne der Erforderlichkeit, sondern zugleich gegen die für jede einzelne personenbezogene Datenanalyse notwendige Zweckbestimmung, über welche die betreffende Person im Sinne der seit 1986 im Grundgesetz verankerten informationellen Selbstbestimmung auch informiert sein muss. Im Falle einer Vorratsdatenspeicherung wäre das Einholen einer Erlaubnis in Anbetracht der Vielfalt sich ergebender Analysemöglichkeiten so gut wie ausgeschlossen. Zwar existieren im professionellen Gesundheitswesen Aufbewahrungsfristen von bis zu 30 Jahren, aber es gibt Befürworter der Vorratsdatenspeicherung, die sich im Sinne des Allgemeinwohls und der Verantwortung gegenüber zukünftiger Generationen sogar für Aufbewahrungsfristen bis zu 110 Jahren aussprechen (s. Kap. 4.4.5).

Aus der mangelnden Datensparsamkeit ergibt sich jedoch auch das Potential für Datenhandel mit Dritten (s. Kap. 4.5.1). Dieser verhindert faktisch eine Nachverfolgbarkeit des Verbleibs und der Verarbeitung von Daten, was die Verbindung des Users zu seinen Daten für die Ausübung informationeller Selbstbestimmtheit aufhebt und die, im wahrsten Sinne des Wortes, Begrenztheit des Datenschutzrechts versinnbildlicht.

Die Untersuchung hat hinsichtlich des Umgangs mit Gesundheitsdaten im professionellen Bereich des Gesundheitswesen gezeigt, dass der Datenschutz dort, abgesehen von einigen Ausnahmen im nicht-öffentlichen Sektor der Outsourcing-Firmen weitestgehend sehr gut funktioniert. Eine Gefahr für den Patienten besteht darin, dass sich Daten seit Big Data viel leichter re-identifizieren lassen. Dem kann z. B. effektiv durch eine feinere Pseudonymisierung, ggf. in Kombination mit einer Verschlüsselung, entgegengewirkt werden (s. Kap. 4.4.5). Dies verdeutlicht eine der möglichen Lösungen, das deutsche Datenschutzrecht an die Gepflogenheiten von Big Data noch besser anzupassen.

Ein weiteres Problem ergibt sich hinsichtlich des Datenschutzes im Bereich der Lifestyle- und Wellnessindustrie (Lifestyle-Apps) sowie bei Onlineangeboten wie sozialen Netzwerken, die dem User die Gelegenheit bieten, sich über seine Gesundheit auszutauschen (s. Kap. 3.6). Während im professionellen Medizinbereich die informierte Patienten-Einwilligung (informed consent) das im Grundgesetz seit 1986 verankerte Recht auf die informationelle Selbstbestimmung bestätigt (s. Kap. 2.3.2), kommen im Rahmen der Datenerhebung und -weiterverarbeitung im Online-Bereich lediglich die Allgemeinen Geschäftsbedingungen der Firmen für den User als Informationsquelle infrage. Diese sind dem User jedoch aufgrund der Länge und Unverständlichkeit schwer zugänglich, wodurch sich die Darlegung des Datenumgangs der Kontrolle des Users entzieht und dieser von seinem Recht auf informationelle Selbststimmung aus Überforderung keinen Gebrauch machen kann (s. Kap. 4.4.5 Rechtsgrundlagen/AGBs und 2.3.2). Gestützt wird diese Intransparenz zusätzlich durch die nicht Einhaltung von Vorschriften des BGB 305[647], dass z. B. bestimmte Optionen zur Freigabe aktiv geklickt werden müssten, kritische Bereiche deutlich hervorgehoben und eine gesonderte Warnfunktion aufblinken müsste (4.4.3 Transparenz). Auch das passiert in den meisten Fällen nicht und verhindert somit die Wahrnehmung des Rechts auf informationelle Selbstbestimmung.

Prognose: Das Datenschutzrecht funktioniert weitestgehend zwar in Hinblick auf den professionellen Gesundheitsbereich, ist aber nicht auf der Höhe der Zeit, um die Problematiken wie Re-Identifizierung und die Nutzung von Produkten im Bereich Lifestyle zu regeln. Hier besteht klar der Bedarf an Nachbesserung z. B.

[647] Vgl. Anhang 6, §305, BGB.

durch verfeinerte Pseudonymisierung mit kombinierter Verschlüsselung. Die Produkte des Lifestyle-Bereichs sollten wie die professionellen medizinischen Äquivalente unter das Medizinproduktgesetz gestellt und Vitaldaten gesetzlich auch zu Gesundheitsdaten erklärt werden.

4.6.3 Hypothese zum Themenkreis 3: Technik

Als dritte Hypothese wurde angenommen, dass je regulierter, einheitlicher und damit kontrollierbarer die Technik um Big Data im Front- und Backend gestaltet wird, desto größer ihr Nutzen ist und negative Auswirkungen begrenzt werden.

Dass erst durch die Big-Data-Technologie ein höheres Maß an Visualisierung im Bereich der Gesundheit und Medizin möglich wurde, ist bei der Befragung der Experten einstimmig bestätigt (s. Kap. 4.4.5) worden. Die Echtzeit-Resultate, welche durch die enorme Leistungsfähigkeit der Big Data Technologie heutzutage möglich sind (s. Kap. 3.3), liefern sowohl im professionellen Bereich den Ärzten wie auch im Lifestyle-Bereich den Privatanwendern wertvolle visuelle und gebrauchstaugliche Grafiken. Für den Arzt hat dies u. a. den Vorteil einer besseren Nachvollziehbarkeit von Abläufen und Prozessen, womit ihm auch ein besseres Maß persönlicher Kontrolle in Bezug auf z. T. für den Patienten lebensnotwendige Entscheidungen an die Hand gegeben wird.

Im privaten Bereich der Lifestyle-Apps führen die Echtzeit-Resultate u. a. auch zu einer Motivation sich mehr zu bewegen oder gesünder zu ernähren.

Allerdings wurde während der Interviews häufig darauf hingewiesen, dass die Grafiken, welche im Frontend für die Anwender erzeugt werden, in der Regel von Anwendung zu Anwendung so unterschiedlich ausfallen (s. Kap. 3.3), dass hierdurch kein einheitliches Maß an individueller, gesundheitsbezogener Einschätzung zu erwarten ist. Dies scheint für den professionellen Bereich dramatisch zu sein, da es in der Tat in bestimmten Situationen um Leben und Tod gehen kann. Für den Lifestyle-Bereich ist es jedoch nicht minder gefährlich zumal der Anwender in der Regel kein Fachmann ist, der sich im Falle bestimmter Ergebnisse durch sein Hintergrundwissen ggf. kritisch gegenüber den Ergebnissen verhalten könnte, was dem Laien oft nicht gelingt. Wer sich blind auf die Technik verlässt, riskiert gesundheitsschädliche Handlungen zu begehen (s. Kap. 4.4.4, Manipulation). Die Forderung der Experten nach Standards in der Visualisierung ist daher sowohl für den professionellen wie auch für den privaten Bereich unbedingt zu unterstützen. Der Autor folgt hier der Position Spiegelhalters in Kapitel 3.3 und der Forderung der Expertengruppe (Idealtyp) in Kapitel 4.5.2, die Visualisierungen soweit in ihrer Komplexität zu beschränken, dass ein Mindestmaß gleicher Interpretation möglich wird. Dabei kann jedoch auf eine Auswahl an unterschiedlichen Darstellungen zurückgegriffen werden, da keine einzelne Darstellung für alle Betrachter gleich gut ist – oder alternativ können Grafiken auch mit Wörtern und Zahlen versehen werden.

Mit Bezug auf den unter der vorherigen Hypothese behandelten Punkt Datenschutz ist die Forderung Röhrigs nach Schutzmaßnahmen und einer Reduktion von Komplexität auch für die Strukturierung der Technik im Backend zu unterstützen, um so spätere ungewollte Verselbständigungen auf der Basis von selbstlernenden Algorithmen besser auszuschließen (s. Kap. 4.4.5). Die den Datenschutz betreffende Forderung wird durch die Lösung Weicherts für den Lifestyle-Bereich, dort im Frontend durch das automatische Erscheinen von Browsereinstellungen sich den Datenschutz auf Anwenderebene leichter zu erschließen, sinnvoll unterstützt (s. Kap. 4.4.5).

Die hier genannten Erkenntnisse verdeutlichen, dass ein Mindestmaß an Regulierung und Einheitlichkeit in der Strukturierung im Front- wie im Backend der Big-Data-Technologie die Nutzen für den Einzelnen in jedem Fall erhöhen, denn die Technik wird so vom Backend ausgehend im Sinne einer kontrollierten Technik beherrschbarer und grafische und verständlichere Bedienungsoberfläche im Frontend lassen Fehler bzw. Fehlinterpretationen seltener auftreten. Außerdem bildet eine solche Strukturierung auch eine wichtige Grundlage dafür, dass der existierende normative Rahmen, der für die Big-Data-Technologie wie unter 4.5.2 beschrieben bislang teilweise nicht greift, dort besser anwendbar wäre und die Nutzen dieser Technologie letztlich die Risiken überwiegen.

Da Visualisierung im Frontend sowohl für Profis wie auch Laien von großem Wert ist, werden sich zukünftig in diesem Bereich Entwicklungen ergeben, um auf die Bedürfnisse und auch die Förderung der Tauglichkeit von Big Data einzugehen. Selbiges gilt ebenso für den Backend-Bereich, der eine wichtige Grundlage – sowohl im technischen wie auch im ethischen Sinne – für die Validität der Ergebnisse darstellt. Nur wenn Front- und Backend durchschaubar und intuitiv verständlich werden, kann eine Verbesserung des kompletten Angebots erreicht werden. In beide Richtungen sind Spezialisierungen in Berufsbranchen zu erwarten.

4.6.4 Hypothese zum Themenkreis 4: Soziologie/Ethik

Im Folgenden ist zu prüfen, ob der Nutzen der Gesellschaft auch die Schäden Einzelner überwiegt, wenn die Vorteile des Sammelns, Filterns und Bewertens von Big Data die Nachteile überwiegen.

Selbst wenn Big Data durch einen dem User besser zugänglichen Datenschutz kontrollierbarer ist und er dadurch die Vor- und Nachteile bewusster abwägen könnte, so muss ihm immer noch die Wahl bleiben, sich an bestimmten Angeboten nicht beteiligen zu wollen (s. Kap. 4.4.3) ohne dass ihm ein Nachteil entsteht. Wenn Versicherungen z. B. anfangen Apps standardmäßig auszugeben und daran ein Bonus-Malus-System gekoppelt ist, kann dies in der Konsequenz zulasten desjenigen gehen, der die Anwendung nicht bedient. Der Autor teilt hier die Auffassung der Experten, dass so das solidarische Prinzip der Krankenkassen zukünftig in Gefahr gebracht wird. Hinzu kommt, dass es Stigmatisierung und Vorurteile auch zukünftig geben wird und ein bewussterer User sich zukünftig schon allein aufgrund der Möglichkeiten von Big Data (Re-Identifizierung/De-Anonymisierung) stärker zurückziehen wird.

Die mehrheitliche Meinung der Experten war, dass, um die positiven Seiten von Big Data im Gesundheitswesen zur Entfaltung zu bringen, die negativen Eventualitäten stets berücksichtigt werden müssen (s. Kap. 4.4.4). Der Nutzen der Gesellschaft sollte möglichst die Schäden eines Einzelnen überwiegen. Diese schwierige Aufgabe der Abwägung können nur Ethikkommissionen im Interesse der Gesellschaft wie auch des Einzelnen effektiv lösen, denn diese verfügen bei richtiger Besetzung – im Zusammenhang mit Big Data sollte mindestens ein Medizininformatiker dabei sein – über das notwendige Know How, um Abwägungen gewissenhaft treffen zu können (s. Kap. 4.4.2). Ethikkommissionen werden u. a. zukünftig auch mit darüber zu beraten haben wie der Datenschutz mit den Nutzen und Risiken von Big Data optimal in Einklang gebracht werden kann.

Die Medien stellen in ihrer Kontrollfunktion eine sinnvolle Ergänzung zu den Ethikkommissionen dar. Medien sind u. a. auch als Maßnahmenmittel zur Aufklärung der Bevölkerung in der Frage des Datenschutzes und zur Förderung eines daraus möglichen selbstverantwortlicheren Umgangs mit den eigenen persönlichen Daten geeignet.

Ethikkommissionen werden in Zukunft eine noch wichtigere Rolle bei einer so komplexen Technologie wie Big Data spielen, denn Big Data bringt neben den in der Untersuchung unter 4.4.4 genannten Risiken auch umfangreiche Nutzen mit sich, die es zukünftig aller Wahrscheinlichkeit nach noch häufiger abzuwägen gilt. Die Zusammensetzung der Ethikkommissionen wird voraussichtlich den Vorschlägen Röhrigs und Langkafels folgend sinnvollerweise um mindestens einen gesetzlich vorgeschriebenen Techniker erweitert werden müssen, um den technischen Aspekten von Big Data gerecht zu werden.

4.6.5 Hypothese zum Themenkreis 5: User

Zuletzt soll diskutiert werden, ob sich durch den medialen Fokus auf den Datenschutz im Zuge des NSA-Skandals das Verhalten der Online-Nutzer (User) hinsichtlich des Suchverhaltens, der Datenfreigabe und der Kommunikation untereinander merklich verändert.

Die Befragung der Experten hat gezeigt, dass der mediale Fokus bei der Bevölkerung zwar ein Bewusstsein für die Risiken von Big Data nach dem NSA-Skandal hinterlassen hat, jedoch hat sich nach der einstimmigen Meinung der Experten weder das Suchverhalten noch das Verhalten der Datenfreigabe oder das der Kommunikation untereinander allgemein und in Bezug auf Gesundheit verändert. Ein eher lethargisches Verhalten ist bei den Usern zu beobachten, was vermutlich darin begründet liegt, dass von einer Überwachung ohnehin ausgegangen wird. Der Datenmissbrauch ist für die meisten User nach wie vor etwas sehr Abstraktes und die Vorteile des Internets und die Vorteile der Dienste überwiegen momentan noch immer die Risiken Big Datas (s. Kap. 2.2.5). Der Austausch über Gesundheitsfragen hat im Internet in den vergangenen zwei Jahren sogar noch zugenommen – so der Werte Index 2014 (s. Kap. 3.2). Das Bedürfnis nach Kommunikation ist nach wie vor ungebrochen und die Risiken werden unterschätzt (s. Kap. 4.4.4). Selbstverantwortung vor dem Hintergrund möglicher Risiken von Big Data ist nur wenig vorhanden.

Aus der Untersuchung heraus ergibt sich die Frage, ob die Medien überhaupt die Macht besitzen, um eine Handlungsveränderung zu bewirken. Die meisten der Experten bezogen sich bei Ihren Vorschlägen zu den Maßnahmen vor allen auf den sogenannten Setting-Bereich, welcher Schulen, Eltern und Ärzte einschließt, also auf das direkte Gespräch mit Individuen. Mehr direkte Debatten und vor allem auch eine gesamtheitliche Aufklärung über Vor- und Nachteile von Big Data halten sechs der Experten für ein sehr geeignetes Mittel, die User im Umgang mit Ihren Gesundheitsdaten stärker zu sensibilisieren. Die Medien kamen in den Ausführungen der Experten kaum vor, was darauf schließen lässt, dass ihr Einfluss auf das Nutzerverhalten gering ist.

Da die Experteninterviews mehrheitlich ergaben, dass das Privacy Paradox ein Verhalten ist, dessen zugrundeliegendes Abwägen von Nutzen und Risiken ein schon immer dagewesenes Verhalten ist, darf von einer dramatischen Abkehr des Users vom aktuell üblichen Verhalten im Internet nur im Falle eines neuerlichen, großdimensionierten

Skandals ausgegangen werden. Bei der Umsetzung der unter den vorherigen Hypothesen genannten Maßnahmen wie Compliance, Strukturierung im Front- und Backend, Einsatz von Ethikkommissionen und in Kombination mit einer gesamtheitlichen Aufklärung z. B. in Schulen wird es zukünftig aber trotz oder auch mit Privacy Paradox einen bewussteren und bedachteren Umgang mit den persönlichen Daten geben können und ein Datenmissbrauchsskandal in dem zuvor beschriebenen Ausmaße potenziell von vornherein verhindert werden.

5 Fazit

5.1 Zusammenfassung

Die vorliegende Studie hat sich mit der Thematik um Big Data und dem potenziellen Datenmissbrauch personenbezogener Daten im Gesundheitsbereich befasst. Dabei wurde das *Ziel* verfolgt, herauszufinden ob sich das Userverhalten nach den Enthüllungen von Edward Snowden 2013 über das allgegenwärtige Ausspähen aller möglichen Daten verändert hat und zu prüfen wie die Gesetzeslage und Regelungen wie AGBs derzeit ausgestaltet sind bzw. welcher Verbesserungsbedarf besteht.

Um zu einem fundierten Ergebnis zu gelangen, wurden zunächst in den Kapiteln 2 und 3 Grundlagen aus der Fachliteratur zu Big Data allgemein (Kap. 2) und in Bezug auf das deutsche Gesundheitssystem (Kap. 3) diskutiert. Darauf aufbauend wurden qualitativ-empirische Experteninterviews durchgeführt, in denen jeweils auch Spezialbereiche vertiefend behandelt wurden, um aus der Theorie generierte Hypothesen zu überprüfen (Kap. 4).

Über die Gesetzeslage in Hinblick auf Big Data lässt sich festhalten, dass diese als unzureichend zu bewerten ist. Zwar ist im professionellen medizinischen Bereich alles mit Ausnahme der Outsourcing-Problematik nach den bestehenden Regeln ausreichend umgesetzt. Allerdings bestehen im zweiten identifizierten Sektor, dem Wellness- und Lifestyle-Bereich, erhebliche Regelungslücken. So fallen professionelle mHealth-Apps zwar als Gesundheitsprodukt unter das Medizinproduktgesetz, Lifestyle-Apps dagegen sind weiterhin ungeregelt. Da außerdem beide Bereiche zunehmend miteinander verschmelzen, etwa durch die Angebote von Krankenkassen in App-Gestalt, ist der professionelle Bereich auch von der Problematik des potentiellen Datenmissbrauchs der Kunden betroffen.

Dem Privacy Paradox folgend nimmt der User die Risiken selbst nicht ausreichend wahr. Big Data bleibt als Konzept weiterhin abstrakt und solange die Vorteile etwa durch den Nutzen aus mHealth- und Lifestyle-Angeboten die Risiken vermeintlich überwiegen, wird er sein Verhalten nicht ändern. Hier liegt ein Lösungsansatz darin, die Transparenz zu steigern und die Wahrnehmung zukünftiger Risiken zu erhöhen. Teil der einleitenden Fragestellung war, ob das Engagement und die Berichterstattung der Medien dazu einen Beitrag leisten. Nach den in der theoretischen Erörterung vorgestellten Studien und nach Ansicht der Experten reicht die mediale Berichterstattung nicht aus, um den User zum Umdenken zu bewegen.

Aus den dargestellten Sachverhalten ergibt sich der Schluss, dass auch die Gesetzeslage sich ändern muss. Eine Grundvoraussetzung ist der Anspruch an einen moderneren Datenschutz: Er muss flexibler und kurzfristiger an die Entwicklungsgeschwindigkeit von Software anzupassen sein und den Lifestyle-Bereich ebenfalls regulieren.

Dabei sollte der Grundsatz der Datensparsamkeit zum Datenschutz als Kontrollmittel erhalten bleiben. Auch die Zweckbestimmung sollte weiterhin verankert bleiben, damit der User nachvollziehen kann, wofür die Daten genutzt werden. In Hinblick auf die Verhinderung einer Re-Identifizierung und De-Anonymisierung sollte die bestehende Gesetzeslage grundsätzlich erhalten bleiben und ggf. verstärkt werden, um nicht aus Kapitulation vor den technischen Möglichkeiten in Nachlässigkeit zu verfallen und gar nicht erst zu anonymisieren.

Der Datenschutz speziell auf die User und deren Verhalten und Informationen bezogen läuft über die AGBs. In ihrer jetzigen Form sollten diese abgeschafft werden, da sie die informationelle Selbstbestimmung ad absurdum führen, weil sie im Grunde die Datenpreisgabe obligatorisch für die Nutzung der Angebote machen. Eine denkbare und unterstützenswerte Alternative besteht im Layer-Modell, das dem User die Möglichkeit gibt zu entscheiden, gleichzeitig aber das Recht auf Nichtwissen durch das Ablehnen eines tieferen *Eintauchens* ebenso gewahrt wird. Auch hier sollte ein aktives Klicken gemäß BGB 305 zur bewussten Zustimmung notwendig sein. Dazu kämen die Optionen, dem Nutzer das sichere Surfen durch auf Datenschutz voreingestellte Browseroptionen zu erleichtern.

Eine alleinige Verkürzung von AGBs ist dagegen abzulehnen, da dies aus unternehmerischer Sicht unkalkulierbare Risiken mit sich bringt und sich aus dem Versuch, einen Bereich des Users sicherer zu machen, nicht ein neues Problem auf Seiten der Unternehmen ergeben sollte. Letztlich profitieren beide, Firmen und User, von der neuen Layer-Regelung – der User wird ernst genommen und geht deswegen sorgsamer mit Daten um, die Daten die er gibt, sind aber auch unverfälscht, da er es zukünftig nicht nötig haben wird sein Verhalten selbstzensorisch anzupassen. Der Output für die Firmen ist also damit ein validerer. Außerdem werden die Firmen durch diese Art der AGBs selbst besser geschützt und sichern sich ab. Zusätzlich ist die Idee eines Gremiums etwa nach dem australischen Governance-Modell zu zusätzlicher Absicherung zur Vorabüberprüfung von AGBs zu unterstützen, ohne jedoch den User aus der Selbstverantwortung zu nehmen.

5.2 Ausblick

Big Data kann, darf und sollte existieren, allerdings sollte besonders der User zukünftig bewusster entscheiden, was er preisgibt und was nicht. Dabei könnte ihm ein einfaches auch für Firmen erschwingliches Zertifizierungs-System mit einer überschaubaren Zahl an Siegeln zur Verfügung gestellt werden. Technisch gesehen sollten Produkte im Lifestyle-Bereich und in den sozialen Medien von Hause aus *privacy by default* sein, d. h. auch die technische Seite der Algorithmiker und Programmierer aktiv in den Datenschutz mit einzubeziehen. Würden die Lifestyle-Apps und Wearable-Anwendungen ebenfalls unter das Medizinproduktgesetz gestellt, würde eine weitere Regelungslücke geschlossen werden. Außerdem sollten Techniker auch während ihrer Ausbildung in ethischen Aspekten geschult werden, um ihre Programmierung so anzugehen, dass diese auch unter Kontrolle bleibt. Der Schlüssel auf technischer Seite liegt in einer stärkeren Absicherung von Daten und einer sichereren Infrastruktur, um der Kriminalität voraus zu sein.

In Hinblick auf den Umgang mit Daten sollte das Privacy Paradox eingedämmt werden. Dies kann durch die Aufklärung der Beteiligten geschehen. So könnten User an Schulen durch ihre Lehrer oder eingeladene Experten erreicht werden. In dem Zusammenhang sind ebenso regelmäßige Schulungen von Lehrern anzuraten. Weitere Ansatzpunkte bestehen dort, wo der User sich im Internet aufhält, also beispielsweise in YouTube-Kanälen oder Facebook-Kampagnen. Krankenkassen und Ärzte könnten verstärkt face-to-face Angebote aufsetzen.

Unternehmen im Gesundheitssektor könnten ähnlich wie wertpapierhandelnde Finanzdienstleister gesetzlich zur Einrichtung eines Compliance Management Systems in zertifiziertem Rahmen verpflichtet werden. Damit würde sowohl der potenzielle Missbrauch von Daten sowie Verstöße gegen das Datenschutzgesetzt etwa durch Whistleblowing eingedämmt werden, als auch könnten Mitarbeiter, die für ihr firmeninternes Handeln bewusst Verantwortung übernehmen, zu mehr Selbstverantwortung im privaten Bereich gebracht werden.

Ethikkommissionen werden zukünftig eine noch wichtigere Rolle bei der Bewertung datenschutzrechtlicher Belange spielen, denn insbesondere vor der Komplexität von Big Data werden die Entscheidungen im Spannungsfeld zwischen dem Schutz des Einzelnen und der Förderung der Gemeinschaft immer schwerer. Um einheitlich bewerten zu können, ist die Schaffung von gesetzlichen Vorschriften zur Zusammensetzung solcher Kommissionen eine wichtige Grundvoraussetzung. Ein Dilemma wird zukünftig zwar nicht ganz auszuschließen sein, aber es kann durch die Arbeit dieser Kommissionen drastisch minimiert werden. Vor allem würden Ethikkommissionen durch erlernte Medienkompetenz in der Bevölkerung und damit einer größeren Eigenverantwortung des Einzelnen im Umgang mit den Daten mit der Unterstützung der zuvor geäußerten Maßnahmen auch in ihrer Arbeit entlastet. Dies würde es ihnen vor dem Hintergrund Big Datas und eines zu erwartenden Komplexitätswachstums strittiger Fälle erleichtern, diese konzentrierter und damit zum Wohle aller umso abwägender zu klären.

Auf der Metaebene besteht mit Open Data ein löbliches Modell, das jedoch nur in Gesellschaften funktioniert, die diesbezüglich eine gewachsene Tradition haben. Das scheint in Deutschland auf Grund seiner Vergangenheit nicht der Fall zu sein. Daher ist in diesem Zusammenhang ein Kompromiss anzustreben: Open Data kann dort funktionieren, wo nicht personenbezogen Daten einbezogen werden oder diese vorher so pseudonymisiert und verschlüsselt werden, dass sie nicht reidentifizierbar sind.

Weiteres Untersuchungspotenzial böte eine quantitative Befragung, um die Ergebnisse der qualitativen Untersuchung direkt am User in größerem Umfang abzufragen. Dies hat sich u. a. aus Zeitgründen nicht als Teil dieser Arbeit ergeben. Der Arbeit hängt jedoch ein möglicher Fragebogen für eine solche Befragung an.[648]

[648] Vgl. Anhang 9, Leitfragen einer Quantitativen Befragung des Users.

Literaturverzeichnis

Beitrag

Anderson, Chris (2013): Das Ende der Theorie. Die Datenschwemme macht wissenschaftliche Methoden obsolet. In: Geiselberger, Heinrich (Hg.): Big Data. Das neue Versprechen der Allwissenheit. 2. Aufl. Berlin: Suhrkamp, S. 124–130.

Baecker, Dirk (2013): Metadaten. Eine Annäherung an Big Data. In: Geiselberger, Heinrich (Hg.): Big Data. Das neue Versprechen der Allwissenheit. 2. Aufl. Berlin: Suhrkamp, S. 156–186.

Bartmann, F.-J. (2012): Der kalkulierte Patient. In: Weichert; Schmidt (Hg.): Datenschutz, S. 178–185.

Boyd, Danah; Crawford, Kate (2013): Big Data als kulturelles, technologisches und wissenschaftliches Phänomen. Sechs Provokationen. In: Geiselberger, Heinrich (Hg.): Big Data. Das neue Versprechen der Allwissenheit. 2. Aufl. Berlin: Suhrkamp, S. 187–218.

Brunner, Thomas (2014): Big Data aus Sicht einer Krankenkasse. In: Langkafel, Peter (Hg.): Big Data im Gesundheitswesen. 1. Aufl. Heidelberg, Neckar: medhochzwei Verlag, S. 63–73.

Eberhardt, Werner (2014): Big Data in Healthcare: Einsatzmöglichkeiten und Nutzen der SAP Technologien. In: Langkafel, Peter (Hg.): Big Data im Gesundheitswesen. 1. Aufl. Heidelberg, Neckar: medhochzwei Verlag, S. 131–139.

Engelhorn, Michael (2014): Semantiken und Big Data - Semantische Methoden bei der Datenaufbereitung und Suche in großen Datenmengen. In: Langkafel, Peter (Hg.): Big Data im Gesundheitswesen. 1. Aufl. Heidelberg, Neckar: medhochzwei Verlag, S. 205–224.

Hagner, Michael; Helbing, Dirk (2013): Technologiegetriebene Gesellschaft oder sozial orientierte Technologie? In: Geiselberger, Heinrich (Hg.): Big Data. Das neue Versprechen der Allwissenheit. 2. Aufl. Berlin: Suhrkamp. S. 238-272.

Hansen, Marit (2014): Hemmnisse für Privacy by Design. In: Knaut, Andrea; Pohle, Jörg (Hg.): Fundationes I: Geschichte und Theorie des Datenschutzes. Münster, Westf: Monsenstein und Vannerdat, S. 73–84.

Kamps, Harald (2014): Big Data und der Hausarzt. In: Langkafel, Peter (Hg.): Big Data im Gesundheitswesen. 1. Aufl. Heidelberg, Neckar: medhochzwei Verlag, S. 75–80.

Kirchgeorg, Manfred (2015): Meinungsführer. In: Gabler (Hg.): Gabler Wirtschaftslexikon. Online verfügbar unter http://wirtschaftslexikon.gabler.de/Definition/meinungsfuehrer.html, zuletzt geprüft am 09.02.2015.

Krolop, Sebastian; Souchon, Henri (2014): Big Data in Healthcare aus Sicht von Business Consulting (Accenture). In: Peter Langkafel (Hg.): Big Data im Gesundheitswesen. 1. Aufl. Heidelberg, Neckar: medhochzwei Verlag, S. 175–188.

Langkafel, Peter (2014): Der digitale Patient? In: Langkafel, Peter (Hg.): Big Data im Gesundheitswesen. 1. Aufl. Heidelberg, Neckar: medhochzwei Verlag, S. 263–266.

Langkafel, Peter (2014): Intro Big Data for Healthcare? In: Langkafel, Peter (Hg.): Big Data im Gesundheitswesen. 1. Aufl. Heidelberg, Neckar: medhochzwei Verlag, S. 1–38.

Langkafel, Peter (2014): Visualisierung - Wie sieht Big Data eigentlich aus? In: Langkafel, Peter (Hg.): Big Data im Gesundheitswesen. 1. Aufl. Heidelberg, Neckar: medhochzwei Verlag, S. 253–261.

Langkafel, Peter (2014): Big Data. In: In Trend Guide Gesundheits-IT 2014/15. Bröckerhoff, Hans-Peter (Hg.). Offenbach, S. 28-29.

Laslo, Peer (2014): Einfluss von Big Pharma in der Medizin, Logistik und Datentechnik im Wandel. In: Langkafel, Peter (Hg.): Big Data im Gesundheitswesen. 1. Aufl. Heidelberg, Neckar: medhochzwei Verlag, S. 191–203.

Latour, Bruno (2013): Ihre Phantasie hinterlässt digitale Spuren! In: Geiselberger, Heinrich (Hg.): Big Data. Das neue Versprechen der Allwissenheit. 2. Aufl. Berlin: Suhrkamp, S. 119–123.

Lewinski, Kai von (2014): Zufall und Notwendigkeit bei der Entstehung des Datenschutzrechts - was sagt die kontrafaktische Geschichtsschreibung beim BDSG? In: Knaut ,Andrea; Pohle, Jörg (Hg.): Fundationes I: Geschichte und Theorie des Datenschutzes. Münster, Westf: Monsenstein und Vannerdat, S. 9–36.

Mühlbacher, Axel; Kaczynski, Anika (2014): "Zum Wohle des Patienten" ... was sagt der Patient dazu? In: Langkafel, Peter (Hg.): Big Data im Gesundheitswesen. 1. Aufl. Heidelberg, Neckar: medhochzwei Verlag, S. 243–251.

Müller, Albrecht von (2014): Ein paar philosophische Überlegungen zu Big Data. In: Langkafel, Peter (Hg.): Big Data im Gesundheitswesen. 1. Aufl. Heidelberg, Neckar: medhochzwei Verlag, S. 53–60.

Pimperl; Dittmann; Fischer; Schulte; Wendel; Wetzel; Hildebrandt (2014): Wie aus Daten Wert entsteht: Erfahrungen aus dem Integrierten Versorgungssystem "Gesundes Kinzigtal". In: Peter Langkafel (Hg.): Big Data im Gesundheitswesen. 1. Aufl. Heidelberg, Neckar: medhochzwei Verlag, S. 83–101.

Pohl, Hartmut (2014): Wie sicher sind die IT-Gesundheitsdaten? Die beste Verschlüsselung hilft nicht gegen menschliches Versagen. In: Christian Beneker (Hg.): Wie sicher sind die IT-Gesundheitsdaten?, S. 2–3.

Pohle, Jörg (2014): Kausalitäten, Korrelationen und Datenschutzrecht. In: Andrea Knaut und Jörg Pohle (Hg.): Fundationes I: Geschichte und Theorie des Datenschutzes. Münster, Westf: Monsenstein und Vannerdat, S. 85–106.

Pötter-Kirchner, Karola; Höchstetter, Renate; Grüning, Thilo (2014): Die neue datengestützte Qualitätssicherung des Gemeinsamen Bundesausschusses: Chancen und Herausforderungen. In: Peter Langkafel (Hg.): Big Data im Gesundheitswesen. 1. Aufl. Heidelberg, Neckar: medhochzwei Verlag, S. 115–128.

Röhrig, Rainer; Weigand, Markus A. (2014): Ethische Aspekte. In: Peter Langkafel (Hg.): Big Data im Gesundheitswesen. 1. Aufl. Heidelberg, Neckar: medhochzwei Verlag, S. 103–113.

Rost, Martin (2014): Neun Thesen zum Datenschutz. In: Andrea Knaut und Jörg Pohle (Hg.): Fundationes I: Geschichte und Theorie des Datenschutzes. Münster, Westf: Monsenstein und Vannerdat, S. 37–44.

Rost, Ole (2012): Schutzziele des Datenschutzes. In: Datenschutz und Jan-Hinrik Schmidt (Hg.): Weichert // Datenschutz. Grundlagen, Entwicklungen und Kontroversen. Bonn: Bundeszentrale für politische Bildung (1190), S. 353–355.

Schepers, Josef; Peuker Martin (2014): Informationsmanagement für die Systemmedizin - an der nächsten digitalen Schwelle. In: Peter Langkafel (Hg.): Big Data im Gesundheitswesen. 1. Aufl. Heidelberg, Neckar: medhochzwei Verlag, S. 41–52.

Schirrmacher, Frank (2013): Der verwettete Mensch. In: Heinrich Geiselberger (Hg.): Big Data. Das neue Versprechen der Allwissenheit. 2. Aufl. Berlin: Suhrkamp, S. 273–280.

Schumacher, Florian (2014): Quantified Self, Wearable Technologies und persönliche Daten. In: Peter Langkafel (Hg.): Big Data im Gesundheitswesen. 1. Aufl. Heidelberg, Neckar: medhochzwei Verlag, S. 227–241.

Sergio, Fabio (2014): Werte Index 2014. In: Peter Wippermann und Jens Krüger (Hg.): Werte-Index 2014. 1. Aufl., neue Ausg. Frankfurt am Main: Deutscher Fachverlag, S. 28–29.

Wehmeier, Axel; Baumann, Timo (2014): Big Data - mehr Risiken als Nutzen für die Gesundheitsversorgung. In: Peter Langkafel (Hg.): Big Data im Gesundheitswesen. 1. Aufl. Heidelberg, Neckar: medhochzwei Verlag, S. 141–149.

Weichert, Thilo (2013): Big Data. Die Herausforderung für den Datenschutz. In: Heinrich Geiselberger (Hg.): Big Data. Das neue Versprechen der Allwissenheit. 2. Aufl. Berlin: Suhrkamp, S. 131–148.

Weichert, Thilo (2014): Medizinisches Big Data und Datenschutz. In: Peter Langkafel (Hg.): Big Data im Gesundheitswesen. 1. Aufl. Heidelberg, Neckar: medhochzwei Verlag, S. 161–173.

Weinberger, David (2013): Die digitale Glaskugel. In: Heinrich Geiselberger (Hg.): Big Data. Das neue Versprechen der Allwissenheit. 2. Aufl. Berlin: Suhrkamp, S. 219–237.

Zimmermann-Rittereiser, Marcus; Schaper, Hartmut (2014): Big Data - Ein Effektivitätsschub im Healthcare-Bereich. In: Peter Langkafel (Hg.): Big Data im Gesundheitswesen. 1. Aufl. Heidelberg, Neckar: medhochzwei Verlag, S. 151–159.

Zimmermann, Wolfgang (2014): Privatsphäre. Aufruf zur Konstruktion einer realitätsbezogenen Bildwelt. In: Andrea Knaut und Jörg Pohle (Hg.): Fundationes I: Geschichte und Theorie des Datenschutzes. Münster, Westf: Monsenstein und Vannerdat, S. 45–64.

Buch (Monographie)

Angerer, Peter; Schwartz, Friedrich Wilhelm (2010): Arbeitsbedingungen und Befinden von Ärztinnen und Ärzten. Befunde und Interventionen, Köln: Dt. Ärzte-Verlag.

Augurzky, Boris (2009): Bedeutung der Krankenhäuser in privater Trägerschaft. Essen: Rheinisch-Westfälisches Institut für Wirtschaftsforschung.

Augsberg, Ino (2014): Informationsverwaltungsrecht. Tübingen: Mohr Siebeck.

Bachinger, Monika (2011): Regionen und Netzwerke. Kooperationsmodelle zur Förderung von branchenübergreifender Kompetenzentwicklung. 1., neue Ausg. Wiesbaden: Betriebswirtschaftlicher Verlag Gabler.

Bachmann, Peter (2013): Mit Sicherheit gesund bauen. Fakten, Argumente und Strategien für das gesunde bauen, modernisieren. Wiesbaden: Springer Vieweg.

Behrendt, Ingo (2009): Zukunftsorientierter Wandel im Krankenhausmanagement. Outsourcing, IT-Nutzenpotenziale, Kooperationsformen, Changemanagement. Berlin, Heidelberg: Springer.

Blyth, Mark (2014): Wie Europa sich kaputtspart. Die gescheiterte Idee der Austeritätspolitik. 1. Aufl. Bonn: Dietz.

Brennecke, Ralph (1981): Datenquellen für Sozialmedizin und Epidemiologie. Berlin: Springer.

Bruderer, Herbert (2012): Konrad Zuse und die Schweiz. Wer hat den Computer erfunden? München: Oldenbourg.

Buchmann, Johannes (2012): Internet privacy. Eine multidisziplinäre Bestandsaufnahme. Berlin: Acatech.

Buchmann, Johannes (2013): Internet Privacy. Options for adequate realisation. Heidelberg: Springer.

Bull, Hans Peter (2011): Informationelle Selbstbestimmung - Vision oder Illusion? Datenschutz im Spannungsverhältnis von Freiheit und Sicherheit. 2. aktual. Auflage. Tübingen: Mohr Siebeck.

Dannhäuser, Ralph (2014): Praxishandbuch Social Media Recruiting. Experten Know-How / Praxistipps / Rechtshinweise. Wiesbaden: Imprint: Springer Gabler.

Davis, Kord; Patterson, Doug (2012): Ethics of big data. Sebastopol, CA: O'Reilly.

Doerfel, Stephan; Hotho, Andreas; Kartal-Aydemir, Aliye; Roßnagel, Alexander; Stumme, Gerd (2013): Informationelle Selbstbestimmung im Web 2.0. Chancen und Risiken sozialer Verschlagwortungssysteme. Berlin, Heidelberg: Imprint: Springer Vieweg.

Edel, Karl-Otto (2010): Die Macht der Sprache in der Wissenschaft. [ein geschichtlicher Abriss von den Anfängen bis zur Gegenwart]. 1. Aufl. Paderborn: IFB-Verl. Dt. Sprache.

Frieling, Jens (2010): Zielgruppe Digital Natives: wie das Internet die Lebensweise von Jugendlichen verändert. Neue Herausforderungen an die Medienbranche. Hamburg: Diplomica-Verlag.

Frommann, Daniel (2014): Das deutsche Gesundheitssystem. Reformen und die steigende Bürokratie im deutschen Gesundheitswesen. Hamburg: Diplomica-Verlag.

Genz, Alexander (2004): Datenschutz in Europa und den USA. Eine rechtsvergleichende Untersuchung unter besonderer Berücksichtigung der Safe-Harbor-Lösung. Wiesbaden: Dt. Univ.-Verlag.

Gläser, Jochen; Laudel, Grit (2010): Experteninterviews und qualitative Inhaltsanalyse. Als Instrumente rekonstruierender Untersuchungen. 4. Aufl. Wiesbaden: VS Verlag für Sozialwissenschaft.

Göhmann, Robert (2015): Das Ende des Verkaufsschlagers. Hamburg: Bachelor + Master Publ.

Heubel, Friedrich; Kettner, Matthias; Manzeschke, Arne (2010): Die Privatisierung von Krankenhäusern. Ethische Perspektiven. Wiesbaden: VS Verlag für Sozialwissenschaften / GWV Fachverlage, Wiesbaden.

Hofstetter, Yvonne (2014): Sie wissen alles. Wie intelligente Maschinen in unser Leben eindringen und warum wir für unsere Freiheit kämpfen müssen. 2. Aufl. München: Bertelsmann.

Kielholz, Annette (2008): Online-Kommunikation. 1. Aufl. Heidelberg: Springer-Verlag.

Kirchner, Hildebert (1993): Grundriss des Bibliotheks- und Dokumentationsrechts. 2. durchges. Aufl. Frankfurt am Main: Klostermann.

Kotteder, Franz (2011): Die wissen alles über Sie. Wie Staat und Wirtschaft Ihre Daten ausspionieren - und wie Sie sich davor schützen. München: Redline Verlag.

Kreienbaum, Birgit (1998): Transparenz und AGB-Gesetz. Eine Untersuchung des Inhalts und der Schranken des Transparenzgebotes. Berlin: Duncker & Humblot.

Krystek (2009): Zukunftsorientierter Wandel im Krankenhausmanagement. Outsourcing, IT-Nutzenpotenziale, Kooperationsformen, Changemanagement. Berlin, Heidelberg: Springer.

Kurz, Constanze; Rieger, Frank (2012): Die Datenfresser. Frankfurt, M.: Fischer-Taschenbuch-Verlag.

Lewinski, Kai von (2014): Die Matrix des Datenschutzes. Besichtigung und Ordnung eines Begriffsfeldes. Tübingen: Mohr Siebeck.

Manyika, James et al. (2011): Big data: The next frontier for innovation, competition, and productivity, USA: McKinsey Global Institute.

Mayer-Schönberger, Viktor (2010): Delete. Die Tugend des Vergessens in digitalen Zeiten. 1. Auflage. Berlin: Berlin University Press.

Mayer-Schönberger, Viktor; Cukier, Kenneth (2013): Big Data. Die Revolution, die unser Leben verändern wird. München: REDLINE.

Mayer, Ansgar (2014): Context Business. Neue Umsatzpotenziale durch Kontextualisierung. Wiesbaden: Springer Gabler.

Mihajlovic, Sascha (2012): Social Media Marketing. Welchen Nutzen haben soziale Netzwerke für Unternehmen? Hamburg: Bachelor + Master Publ.

Mißler-Behr, Magdalena (1993): Methoden der Szenarioanalyse. Wiesbaden: Dt. Univ.-Verlag.

Palfrey, John G.; Gasser, Urs (2008): Generation Internet. Die Digital Natives: Wie sie leben - Was sie denken - Wie sie arbeiten. 1. Aufl. München: Hanser, Carl.

Passoth, Jan-Hendrik (2008): Technik und Gesellschaft. Zur Entwicklung sozialwissenschaftlicher Techniktheorien von der frühen Moderne bis zur Gegenwart. 1. Aufl. Wiesbaden: VS, Verl. für Sozialwiss.

Picot, Arnold (2011): Trust in IT. Wann vertrauen Sie Ihr Geschäft der Internet-Cloud an? Berlin, Heidelberg: Springer.

Runkel, Martin (2010): IT Compliance - Regulative Rahmenbedingungen und ihre Bedeutung für den Einsatz der Informationstechnologie im Unternehmen. Unter besonderer Berücksichtigung standardisierter Prozessmodelle. München: GRIN Verlag GmbH.

Rüter, Andreas; Schröder, Jürgen; Göldner, Axel; Niebuhr, Jens (2010): IT-Governance in der Praxis. Erfolgreiche Positionierung der IT im Unternehmen. Anleitung zur erfolgreichen Umsetzung regulatorischer und wettbewerbsbedingter Anforderungen. Berlin, Heidelberg: Springer-Verlag Berlin Heidelberg.

Salfeld, Rainer (2001): Die Zukunft des deutschen Gesundheitswesens. Perspektiven und Konzepte. Berlin: Springer.

Schaar, Peter (2009): Das Ende der Privatsphäre. Der Weg in die Überwachungsgesellschaft. Taschenbuchausg., 1. Aufl. München: Goldmann.

Schade, Peter (2006): Grundgesetz mit Kommentierung. 7., vollkommen neu bearb. Aufl. Regensburg: Walhalla-Fachverlag.

Schaefer, Gerhard (2009): Nicht-gebildete Bildung? Schule auf der Suche nach Sinn. Bern: P. Lang.

Schlesinger, Robin (2014): Social Media Recruiting als Trend. Deutsche Unternehmen im Kampf um High Potentials. München: GRIN Verlag GmbH.

Schramme, Thomas (2002): Bioethik. Frankfurt/Main: Campus.

Schroeder, Wolfgang (2009): Gesundheitsreform 2007. Wiesbaden: Springer Fachmedien.

Schultka; Schultka, Christian (2014): Datenschutz und Datenschutzrecht in der unternehmerischen Praxis. Hamburg: Diplomica-Verlag.

Schwenk, Jörg (2002): Sicherheit und Kryptographie im Internet. Von sicherer E-Mail bis zu IP-Verschlüsselung. 1. Aufl. Braunschweig, Wiesbaden: Vieweg.

Segaran, Toby (2008): Kollektive Intelligenz analysieren, programmieren und nutzen. [lassen Sie User-Daten für sich arbeiten ; Algorithmen für smarte Web-2.0-Apps]. 1. Aufl. Beijing, Cambridge, Farnham, Köln, Paris, Sebastopol, Taipei, Tokyo: O'Reilly.

Sehy, Hendrik Bernd (2013): Die Dienstleistungsgesellschaft der Kassenärztlichen Vereinigung (Paragraph 77a SGB V). Sozialrechtliche Grundlagen, gesellschaftsrechtliche Gestaltungsmöglichkeiten und verfassungsrechtliche Grenzen. Wiesbaden: Springer Gabler.

Sibbel, Rainer (2010): Krankenhäuser als Wirtschaftseinheiten – ökonomische Aspekte und Herausforderungen, Wiesbaden: VS Verlag für Sozialwissenschaften | GWV Fachverlage GmbH.

Smolan, Rick; Erwitt, Jennifer (2012): The human face of big data. Sausalito, CA: Against All Odds Productions.

Studie der Bundesarbeitskammer; Christl, Wolfie (2014): KOMMERZIELLE DIGITALE ÜBERWACHUNG IM ALLTAG. Studie im Auftrag der Bundesarbeitskammer. Wien: AK Wien.

Sutter, Peter (2011): Zeit für eine andere Welt. Warum der Kapitalismus keine Zukunft hat. Erstdr. Norderstedt: Books on Demand GmbH.

Troger, Rochus (2014): Globalisierung und Depression. Fördert die moderne Wirtschaft psychische Erkrankungen? Wiesbaden: Imprint: Springer Gabler.

Trojanow, Ilija; Zeh, Juli (2009): Angriff auf die Freiheit. Sicherheitswahn, Überwachungsstaat und der Abbau bürgerlicher Rechte. München: Hanser.

Voßbein (2010): Datenschutz - best practice. Ausgewählte Lösungen für die Praxis. 5., neu bearb. Aufl. Heidelberg, München, Landsberg, Frechen, Hamburg: Datakontext.

Wichelmann, Kai (2013): Wirkungsfaktoren von Social Media Recruiting: Eine Analyse aus Sicht einer studentischen Zielgruppe. 1., Aufl. Hamburg: Diplomica Verlag.

Wußing, Hans (2008): 6000 Jahre Mathematik. Eine kulturgeschichtliche Zeitreise. Berlin [u.a.]: Springer.

Zeller et al (2012): Qualifikationsentwicklungen durch das Internet der Dinge. Trends in Logistik, Industrie und "Smart House". Bielefeld: Bertelsmann.

Buch (Sammelwerk)

Beneker, Christian (Hg.) (2014): Wie sicher sind die IT-Gesundheitsdaten? New York: WebMD Global LLC.

Gabler (Hg.) (2015): Gabler Wirtschaftslexikon. Wiesbaden: Springer Gabler.

Geiselberger, Heinrich (Hg.) (2013): Big Data. Das neue Versprechen der Allwissenheit. 2. Aufl. Berlin: Suhrkamp.

Horx, Matthias (Hg.) (2011): Trend-Report 2012. Soziokulturelle Schlüsseltrends für die Märkte von morgen. 1., neue Ausg. Kelkheim (Taunus): Zukunftsinstitut.

Knaut, Andrea; Pohle, Jörg (Hg.) (2014): Fundationes I: Geschichte und Theorie des Datenschutzes. Münster, Westf: Monsenstein und Vannerdat.

Langkafel, Peter (Hg.) (2014): Big Data im Gesundheitswesen. 1. Aufl. Heidelberg, Neckar: medhochzwei Verlag.

Schmidt, Jan-Hinrik, Weichert (Hg.) (2012): Datenschutz. Grundlagen, Entwicklungen und Kontroversen. Bonn: Bundeszentrale für politische Bildung (1190).

Seitz, Janine (Hg.) (2012): Mikrotrends. 52 spannende Indikatoren für die Marktentwicklungen von morgen. Kelkheim: Zukunftsinstitut.

Stoppe, Gabriela; Bramesfeld, Anke; Schwartz, Friedrich Wilhelm (Hg.) (2006): Volkskrankheit Depression? Bestandsaufnahme und Perspektiven. Heidelberg: Springer Medizin.

Wippermann, Peter; Krüger, Jens (Hg.) (2014): Werte-Index 2014. 1. Aufl., neue Ausg. Frankfurt am Main: Deutscher Fachverlag.

Hochschulschrift

Hennig, Boris: The Four Causes. Habilitationsschrift. Universität Leipzig, Leipzig. Fakultät Sozialwissenschaften und Philosophie. Leipzig.

Internetdokument

Aboudan (2013): eHealthcare. Hg. v. IBM Deutschland. Frankfurt am Main. Online verfügbar unter http://www.e-health-com.eu/fileadmin/user_upload/dateien/Specials/IBM_1.5MB.pdf, Abruf am 22.01.2015.

ARD/ZDF Online Studie (2014): ARD/ZDF Online Studie. Frankfurt am Main. Online verfügbar unter http://www.ard-zdf-onlinestudie.de/index.php?id=506, zuletzt aktualisiert am 19.12.2014, Abruf am am 19.12.2014.

Art 5 GG (2015): Art 5 GG. Online verfügbar unter http://www.gesetze-im-internet.de/gg/art_5.html, Abruf am 23.02.2015.

Art. 14 II 2 GG (2015): Art. 14 II 2 GG. Online verfügbar unter http://www.gesetze-im-internet.de/gg/art_14.html, Abruf am am 22.01.2015.

ASA (2014): ASA Physical Status Classification System. Online verfügbar unter https://www.asahq.org/resources/clinical-information/asa-physical-status-classification-system, Abruf am am 02.01.2015.

AtKearney (2013): AtKearney. Information Security. Düsseldorf. Online verfügbar unter http://www.atkearney.de/documents/10192/2328471/Information+Security+-+Preparing+for+the+Next+Hack+Attack-English+Versio...pdf/ec1f9869-7b15-4b1b-8efa-e66c8477bab2, Abruf am 24.1.2015.

AWA Studie 2014 (2015): AWA Studie 2014. Allensbacher Institut. Allenbach, Abruf am 24.1.2015.

Bachinger, Gerald (2011): Praxisleitfaden: Wie finde ich seriöse Gesundheitsinformationen im Internet? Hg. v. Land Niederösterreich. Pölten. Online verfügbar unter http://www.hauptverband.at/portal27/portal/hvbportal/content/contentWindow?contentid=10008.564610&action=b&cacheability=PAGE&version=1391184574, Abruf am 24.1.2015.

Bagnoli, Vanessa et al. (2012): Trends in der IT. Hg. v. Anett Mehler-Bicher und Lothar Steiger. IBM. Online verfügbar unter http://www-01.ibm.com/software/data/infosphere/hadoop/, Abruf am 24.1.2015.

Balsubramaniam, Niroshan (2009): Busines aspects of the Internet of Things. Zürich. Online verfügbar unter http://www.im.ethz.ch/education/FS09/iotsem09_proceedings.pdf#page=28, Abruf am 04.03.2015.

Bariswyl, Bruno (2015): Big Data. Basel. Online verfügbar unter https://dsb.zh.ch/internet/datenschutzbeauftragter/de/ueber_uns/veroeffentlichungen/digma/_jcr_content/contentPar/publication/publicationitems/big_data_ohne_datens/downlo-ad.spooler.download.1366722282493.pdf/2013.1_BigData+ohne+Datenschutz-Leitplanken.pdf, Abruf am 04.01.2015.

BDSG (2015): Bundesdatenschutzgesetz in der Fassung der Bekanntmachung vom 14.01.2003 (BGBl. I S. 66) zuletzt geändert durch Gesetz vom 14.08.2009 (BGBl. I S. 2814) m.W.v. 01.09.2009 bzw. 01.04.2010 Online verfügbar unter http://dejure.org/gesetze/BDSG/35.html, Abruf am 04.03.2015.

Beck, Sebastian (2011). Frankfurter Allgemeine Verlag. Frankfurt am Main. Online verfügbar unter http://www.sueddeutsche.de/politik/volkszaehlung-staat-sammelt-daten-das-leben-der-anderen-1.1093303, Abruf am 08.02.2015.

Bendel, Oliver (2015): Ethikkommissionen. Hg. v. Springer Gabler. Wiesbaden. Online verfügbar unter http://wirtschaftslexikon.gabler.de/Definition/ethikkommission.html, Abruf am 05.02.2015.

Beneker, Christian (2013): Wie sicher sind die IT-Gesundheitsdaten? Die beste Verschlüsselung hilft nicht gegen menschliches Versagen. Hg. v. Medscape. Online verfügbar unter http://praxis.medscapemedizin.de/artikel/4901636, Abruf am 02.02.2015.

Beuth, Patrick (2014): Mein Bullshitarmband und ich. Hg. v. Zeit Online. Zeit. Online verfügbar unter http://www.zeit.de/digital/mobil/2014-07/runtastic-orbit-fitness-tracker-test, Abruf am 20.12.2014.

Bitkom (2012a). Hg. v. Bitkom. Online verfügbar unter http://www.bitkom.org/de/presse/74532_72055.aspx, Abruf am 10.12.2014.

Bitkom (2012b): Big Data im Praxiseinsatz. Online verfügbar unter https://www.bitkom.org/files/documents/BITKOM_LF_big_data_2012_online%281%29.pdf. Abruf am 20.12.2014.

Bitkom (2014a). Ergebnisse einer repräsentativen Befragung von Unternehmen in Deutschland. Berlin. Online verfügbar unter http://www.k.org/files/documents/Studienbericht_Big_Data_in_deutschen_Unternehmen.pdf, Abruf am 10.03.2015.

Bitkom (2014b): Big Data und Geschäfts modell-Innovationen in der Praxis: 40+ Beispiele. Online verfügbar unter http://www.bitkom.org/files/documents/BITKOM-Leitfaden_Big_Data_und_GM-Innovationen_06Febr2015.pdf. Abruf am 20.12.2014.

Bitkom (2014c): Big-Data-Technologien – Wissen für Entscheider Leitfaden. Hg. v. Bitkom. Berlin. Online verfügbar unter http://www.bitkom.org/files/documents/BITKOM_Leitfaden_Big-Data-Technologien-Wissen_fuer_Entscheider_Febr_2014.pdf, Abruf am 10.01.2015.

Bitkom (2014d): BITKOM begrüßt IT-Sicherheitsgesetz. Online verfügbar unter http://www.bitkom.org/files/documents/BITKOM-Presseinfo_IT-Sicherheitsgesetz_Kabinett_17_12_2014_v2.pdf. Abruf am 10.12.2014.

Brähler, Elmar (2013): Jeder Dritte nutzt Internet als Gesundheits-Ratgeber. Leipzig. Online verfügbar unter http://www.uniklinikum-leipzig.de/r-pressemitteilungen.html?modus=detail&pm_id=5107, Abruf am 10.12.2014.

Bruderer, Herbert (2011): Konrad Zuse und die ETH Zürich. Zürich. Online verfügbar unter http://e-collection.library.ethz.ch/eserv/eth:2705/eth-2705-01.pdf, Abruf am 10.12.2014.

BSG B1 KR 35 / 13 (2014). Hg. v. dejure. Online verfügbar unter http://juris.bundessozialgericht.de/cgi-bin/rechtsprechung/document.py?Gericht=bsg&Art=tm&Datum=2014&nr=13640, Abruf am 02.02.2015.

Buchmann, Johannes (2013): Big Data, Big Picture, Big Brother? Hg. v. brand eins. Hamburg. Online verfügbar unter http://www.brandeins.de/archiv/2013/privat/big-data-%20big-picture-big-brother/, Abruf am 02.02.2015.

Bundesministerium für Justiz und Verbraucherschutz (2015): Bundesdatenschutzgesetz. Hg. v. BJV. Online verfügbar unter http://www.gesetze-im-internet.de/bdsg_1990/__3.html, Abruf am 20.12.2014.

Burda Studie (2014): Burda-Studie zu sozialen Netzwerken: Deutsche wollen auf Facebook und Xing nicht verzichten. Hg. v. Burda. Berlin. Online verfügbar unter http://meedia.de/2014/10/29/burda-studie-zu-sozialen-netzwerken-deutsche-wollen-auf-facebook-und-xing-nicht-verzichten/, Abruf am 20.12.2014.

Cicero (2014): Die Speicherung von Vorratsdaten ist eine Technik von gestern. Hg. v. Cicero. Online verfügbar unter http://www.cicero.de/berliner-republik/datenschutz-cyberwar-experte-die-vorratsdatenspeicherung-hilft-strafverfolgern-nicht/57396, Abruf am 20.12.2014.

D21 - Digital - Index 2014 (2014): Die Entwicklung der digitalen Gesellschaft in Deutschland. Online verfügbar unter content/uploads/2014/11/141107_digitalindex_WEB_FINAL.pdf, Abruf am 02.02.2015.

DAK (2014): Arzttermine einfach per Klick. DAK. Online verfügbar unter http://www.dak.de/dak/bundesweite_themen/Arzt-Termin-Service-1445682.html, Abruf am 02.02.2015.

Däubler (2009): Datenschutz und Postgeheimnis beim Einsatz von Unterauftragnehmern. Essen. Online verfügbar unter http://www.datakontext.com/index.php?seite=rdv_artikel_detail&system_id=137367&com=detail&kategorie_filter=334&kanal=html&status=print. Abruf am 29.12.2014.

Dickmann, Frank (2011): Langzeitarchivierung von Forschungsdaten: Wie geht man mit Peta- und Exabytes um? Hg. v. Ärzteblatt. Online verfügbar unter http://www.aerzteblatt.de/archiv/109185/Langzeitarchivierung-von-Forschungsdaten-Wie-geht-man-mit-Peta-und-Exabytes-um, Abruf am 29.12.2014.

Dr. Datenschutz (2014): IP-Adressen – personenbezogene Daten. Online verfügbar unter http://ddrm.de/?p=3200, Abruf am 29.12.2014.

dsrm (2014): Keine Untaten mit Bürgerdaten. Trotz Entscheidung des Bundessozialgerichts zur elektronischen Gesundheitskarte: Die politische und juristische Auseinandersetzung um eGk und Telematik geht weiter. Hg. v. dsrm. Online verfügbar unter http://ddrm.de/?p=3200, Abruf am 27.12.2014.

Dülsner, Dorette (2014): Trend 6: The Era of Big Data and YOU. Hg. v. Fit for Value. Online verfügbar unter http://www.fitforvalue.de/trend-6-the-era-of-big-data-and-you/, Abruf am 27.12.2014.

Edel, Karl-Otto (2008): Die Macht der Sprache in der Wissenschaft. Brandenburg / a.d. Havel. Online verfügbar unter https://www.fh-brandenburg.de/uploads/tx_userfhbtermine/Macht_der_Sprache.pdf, Abruf am 27.12.2014.

Enquete Kommission (2004): Bericht der Enquete-Kommission „Zukunft des Bürgerschaftlichen Engagements“*. 2002. Online verfügbar unter http://www.bmi.bund.de/SharedDocs/Downloads/DE/Themen/Politik_Gesellschaft/GeselZusammenhalt/enquete_be.pdf?__blob=publicationFile, Abruf am 02.02.2015.

FAZ Forum (20143): Mehr Daten. Online verfügbar unter http://www.faz-forum.com/bigdata/, Abruf am 20.12.2014.

Foerster (2011): A short history of social media. Hg. v. Morrison & Foerster. Online verfügbar unter http://media.mofo.com/files/Uploads/Images/A-Short-History-of-Social-Media.pdf, Abruf am 21.12.2014.

Frost, Jetta (2014): Wissensmanagement. Hg. v. Springer Gabler. Online verfügbar unter http://wirtschaftslexikon.gabler.de/Definition/wissensmanagement.html, Abruf am 23.12.2014.

Gabriel, Sigmar (2014): Die offene Gesellschaft und ihre digitalen Feinde. Hg. v. Frankfurter Allgemeine Verlag. Frankfurt am Main. Online verfügbar unter http://www.faz.net/aktuell/feuilleton/debatten/gastbeitrag-von-sigmar-gabriel-die-offene-gesellschaft-und-ihre-digitalen-feinde-12267309-p2.html, Abruf am 23.12.2014.

Gerlinger, Thomas (2012): Bismarcks Erbe: Besonderheiten und prägende Merkmale des deutschen Gesundheitswesens. Online verfügbar unter http://www.bpb.de/politik/innenpolitik/gesundheitspolitik/72553/deutsche-besonderheiten?p=all, Abruf am 5.1.2015.

GfK Autorenkollektiv (2015): Deutsche setzen auf Sicherheit - Umfrage des GfK Vereins zur Bedeutung von Werten. Nürnberg. Online verfügbar unter http://www.gfk-verein.de/index.php?article_id=388&clang=0, Abruf am 5.1.2015.

GfK Pressemitteilung (2014): Challenges of Europe 2014. Hg. v. GfK. Online verfügbar unter http://www.gfk-verein.de/forschung/studien/studienuebersicht/challenges-europe-2014-deutsch, Abruf am 5.1.2015.

Hadoop (2015): Hadoop Software. Online verfügbar unter http://hadoop.apache.org/#What+Is+Apache+Hadoop%3F, Abruf am 23.12.2014.

Health on the Net (2014): Neue Anwendungen für vertrauenswürdige Gesundheitsinformation Die neue HONcode Symbolleiste. Online verfügbar unter https://www.hon.ch/MediaCorner/PressPdf_de/6_de.pdf, Abruf am 23.12.2014.

Heilmann, Dirk; Liegl, Thomas (2013): Big Data und Datenschutz. Hg. v. Handelsblatt. Handelsblatt Research Institute. Online verfügbar unter http://research.handelsblatt.com/wp-content/uploads/2013/12/Studie-Big-Data-Kurzfassung-II.pdf, Abruf am 23.12.2014.

Heise (2015a): Datenschutz und Sicherheit beim Cloud-Computing. Online verfügbar unter http://www.heise.de/microsites/cloud-computing-mit-windows-azure/datenschutz-und-sicherheit-beim-cloud-computing/150/367/1169/3, Abruf am 5.1.2015.

Heise (2015b): Trendkongress: Big Data, wenig Schutz. Online verfügbar unter http://www.heise.de/newsticker/meldung/Trendkongress-Big-Data-wenig-Schutz-1757864.html. Abruf am 5.1.2015.

Heuer, Steffan (2013): Kleine Daten, grosse Wirkung — Big Data. Landesanstalt für Medien Nordrhein-Westfalen (Hg.) Düsseldorf (Digitalkompakt LfM, 6). Online verfügbar unter http://www.lfm-nrw.de/fileadmin/lfm-nrw/nrw_digital/Publikationen/DK_Big_Data.pdf, Abruf am 5.1.2015.

Hoever, Wilhelm (2014): Facebook, Online verfügbar unter http://www.facebook.com, Abruf am 5.1.2015.

Hofmann, Jaenette (2015): Braucht Deutschland einen Digitalen Kodex? Hg. v. DIVSI. Online verfügbar unter https://www.google.de/search?q=Interview+mit+Dr.+Jeanette+Hofmann%3A+Selbstregulie-rung+funktioniert+beim+Datenschutz+nicht&rlz=1C1CAFB_enDE633DE633&oq=Inter-view+mit+Dr.+Jeanette+Hofmann%3A+Selbstregulierung+funktioniert+beim+Datenschutz+nicht&aqs=chrome.69i57.407j0j9&sourceid=chrome&es_sm=93&ie=UTF-8, Abruf am 03.03.2015.

Hofstetter, Yvonne (2014): Yvonne Hofstetter, was ist wirklich neu an „Big Data“? Hg. v. irights. Online verfügbar unter http://irights.info/artikel/yvonne-hofstetter-was-ist-wirklich-neu-an-big-data/24147, Abruf am 02.03.2015.

HON (2015): Qualität und Vertrauenswürdigkeit von medizinischen und gesundheitsbezogenen Informationen im Internet. Hg. v. HON. Online verfügbar unter http://www.hon.ch/HONcode/Patients/Visitor/visitor_de.html, Abruf am 03.03.2015.

Hörz, Herbert (2007): Anmerkungen zu wissenschaftstheoretischen Überlegungen von Lothar Kolditz -. Dogmatisierung, Ideologisierung und reziproker Altruismus. Hg. v. Leibniz-Sozietät der Wissenschaften zu Berlin (93). Online verfügbar unter www.leibnizsozietaet.de/wp-content/uploads/2012/11/07_hoerz2.pdf, Abruf am 03.03.2015.

IDSG (2015): Pseudonymisierung. Hg. v. IDSG. Online verfügbar unter https://www.isdsg.de/informationen/glossar/pseudonymisierung, zuletzt aktualisiert am 02.01.2015, Abruf am 02.01.2015.

IfD Allensbach (2010): Usernet. IfD Allensbach. Allensbach, Abruf am 23.12.2014.

IGC (2010): Offene Staatskunst. Bessere Politik durch » Open Government « ? Hg. v. Internet & Gesellschaft Co:llaboratory. Internet & Gesellschaft Co:llaboratory. Online verfügbar unter http://www.tagesspiegel.de/downloads/1956330/2/Offene%20Staatskunst, Abruf am 02.01.2015.

ITR (2015): Urteile des BVerfG zum Datenschutz. Hg. v. Das Datenschutz Blog. Online verfügbar unter http://www.datenschutzbeauftragter-online.de/das-bundesdatenschutzgesetz-bdsg/urteile-des-bverfg-zur-informationellen-selbstbestimmung/, Abruf am 02.01.2015.

JIM (2012): Jugend, Information, (Multi-) Media. Hg. v. Medienpädagogischer Forschungsverbund Südwest. Stuttgart. Online verfügbar unter http://www.mpfs.de/fileadmin/JIM-pdf12/JIM2012_Endversion.pdf, zuletzt aktualisiert am 12.11.2012, Abruf am 02.01.2015.

Jonitz, Günther (2003): Gesundheitspolitik - leicht gemacht. Hg. v. Ärztekammer Berlin. Berlin. Online verfügbar unter http://www.aerztekammer-berlin.de/40presse/20_VortraegePraes_nur_liste/Archiv/990_Jon_in_mb.html, Abruf am 02.01.2015.

Kaspersky (2015): Was motiviert Cyberkriminelle? Natürlich Geld. Hg. v. Kaspersky. Online verfügbar unter http://blog.kaspersky.de/was-motiviert-cyberkriminelle-naturlich-geld/535/, Abruf am 02.01.2015.

Kempf, Dieter (2013): Sicherheit und Vertrauen im Netz. Hg. v. Bitkom. Berlin. Online verfügbar unter http://www.bitkom.org/files/documents/BITKOM_PK_Sicherheit_im_Netz_Charts_25_07_2013.pdf, Abruf am 23.12.2014.

Kleinemeier, Michael (2013): Big Data. Bitkom (Hg.).. Hannover. Online verfügbar unter http://www.bitkom.org/files/documents/BITKOM_Vortrag_PK_Big_Data.pdf, Abruf am 23.12.2014.

Kochheim, Dieter (2015): Arbeitsteilige und organisierte Cybercrime. Cyberfahnder (Hg.).. Online verfügbar unter http://www.edv-workshop.de/nav/them/straf/cybercrime.htm#t002, Abruf am 02.01.2015.

Kogut, Bruce; Zander, Udo (1992): Knowledge of the Firm. Stockholm School of Economics. Institute of International Business. Stockholm (Hg.), Schweden. Online verfügbar unter www.1992_OrgSci_Kogut_Zander.pdf, Abruf am 02.01.2015.

Kraska, Sebastian (2014): Datenschutz in der Arztpraxis – welche Anforderungen sind an IT-Systeme aus datenschutzrechtlicher Sicht zu stellen? iitr. iitr. (Hg.). Online verfügbar unter https://www.iitr.de/veroeffentlichungen-des-instituts-fuer-it-recht/125-datenschutz-in-der-arztpraxis-welche-anforderungen-sind-an-it-systeme-aus-datenschutzrechtlicher-sicht-zu-stellen.html, Abruf am 02.01.2015.

Krüger-Brand, Heike (2012): Gesundheits-Apps: Rasante Entwicklung. Ärzteblatt (Hg.). Online verfügbar unter http://www.aerzteblatt.de/archiv/128313/Gesundheits-Apps-Rasante-Entwicklung, Abruf am 02.01.2015.

Kurz, Constanze: Verbrecherjagd mit Big Data. Hg. v. Frankfurter Allgemeine Verlag. Online verfügbar unter http://www.faz.net/aktuell/feuilleton/aus-dem-maschinenraum/verbrechensbekaempfung-3-0-big-data-erobert-polizeiarbeit-13294945.html. Abruf am 02.01.2015.

Kündig, Albert (2014): Die Verselbständigung des Computers. Zürich. Online verfügbar unter http://www.vdf.ethz.ch/service/3173/3201_Die-Verselbstaendigung-des-Computers_OA.pdf. Abruf am 12.01.2015.

Lagebild Cybercrime (NRW) (2013): Cybercrime in Nordrhein-Westfalen Lagebild 2013. Düsseldorf. Online verfügbar unter http://www.polizei.nrw.de/media/Dokumente/Lagebild_Cybercrime_NRW_2013.pdf, Abruf am 12.01.2015.

Lechner, Sandra (2003): Schätzung ökonometrischer Modelle auf der Grundlage anonymisierter Daten. KOPS - The Institutional Repository of the University of Konstanz. Konstanz (Hg.).. Online verfügbar unter http://kops.uni-konstanz.de/handle/123456789/11756?locale-attribute=en. Abruf am 02.01.2015.

Leutheusser-Schnarrenberger, Sabine (2013): Europäischer Datenschutz nach deutschem Vorbild. Online verfügbar unter http://www.euractiv.de/europa-kompakt/artikel/europaeischer-datenschutz-nach-deutschem-vorbild-007861, Abruf am 02.01.2015.

Lobo, Sascha (2014): Abschied von der Utopie - Die digitale Kränkung des Menschen. Online verfügbar unter http://www.faz.net/aktuell/feuilleton/debatten/abschied-von-der-utopie-die-digitale-kraenkung-des-menschen-12747258.html, Abruf am 12.01.2015.

Lüder, Silke (2014): Elektronische Gesundheitskarte: Kritischer Kurzfilm zeigt Medizin in Zeiten des Cyberspace. Online verfügbar unter http://www.stoppt-die-e-card.de/, zuletzt aktualisiert am 13.11.2014, Abruf am 13.12.2014.

Markgraf, Daniel (2015): Prosumer. Springer Gabler (Hg.).. Online verfügbar unter http://wirtschaftslexikon.gabler.de/Definition/prosumer.html, Abruf am 03.01.2015.

Markl, Volker et al. (2013): Innovationspotentialanalyse für die neuen Technologien für das Verwalten und Analysieren von großen Datenmengen (Big Data Management). Bundesministerium für Wirtschaft und Technologie (Hg.).. Online verfügbar unter www.dima.tu-berlin.de/fileadmin/fg131/Publikation/BDM_Studie/StudieBiDaMa-online-v2.pdf, Abruf am 03.01.2015.

Meister, M. (2014): Big Data und Datenschutz müssen kein Gegensatz sein, Das Unbehagen im Datenhaufen. Taz (Hg.). Berlin. Online verfügbar unter http://www.taz.de/!105884/, Abruf am 03.01.2015.

Monroy, Matthias (2014): „Big Data bei der Polizei“: Datenschützerin fordert Offenlegung des Quellcodes von Data Mining-Software. netzpolitik.org (Hg.). Online verfügbar unter https://netzpolitik.org/2014/big-data-bei-der-polizei-datenschuetzerin-fordert-offenlegung-des-quellcodes-von-data-mining-software/, Abruf am 03.01.2015.

Neiseke, Tobias (2015): Der Traum von Professional Mobile Health. Online verfügbar unter http://medizin-und-neue-medien.de/tag/medizinproduktegesetz/. Abruf am 03.01.2015.

OECD Gesundheitsbericht 2013 (2013): OECD Gesundheitsbericht: Hohe Behandlungszahlen und demografischer Wandel stellen deutsches Gesundheitssystem vor Herausforderung. Berlin. Online verfügbar unter http://www.oecd.org/germany/Health-at-a-Glance-2013-Press-Release-Germany_in-German.pdf, Abruf am 03.01.2015.

Ohm, Paul (2010): Broken Promises of Privacy. Los Angeles, Online verfügbar unter http://uclalawreview.org/pdf/57-6-3.pdf. Abruf am 03.01.2015.

Penter, Volker (2014): Das deutsche Gesundheitssystem – Qualität und Effizienz. KPMG (Hg.). Berlin. Online verfügbar unter http://www.kma-online.de/fb/download/pdf/content/32933_1.pdf, Abruf am 15.01.2015.

Piltz, Carlo (2015): Bayerischer Datenschützer: Keine Aussetzungen unter Safe Harbor; erhöhtes Bußgeld bei Browser-Fingerprinting. Online verfügbar unter http://www.delegedata.de/category/europa/datenschutz-richtlinie/, Abruf am 25.01.2015.

PWC Studie (2012): Gesundheitswesen und Pharma, emerging mhealth. New York City. Online verfügbar unter http://www.pwc.de/de_DE/de/gesundheitswesen-und-pharma/assets/pwc-emerging-mhealth.pdf, Abruf am 8.01.2015.

PWC Studie (2014): Gesundheit 2014. Online verfügbar unter http://www.pwc.de/de/index.jhtml, Abruf am 11.01.2015.

Rösch, Eike (2014): Apps in der Schule. Bad Kreuznach. Online verfügbar unter https://www.medienpaedagogik-praxis.de/2014/09/09/apps-in-der-schule/, Abruf am 18.01.2015.

Ross, Martin (2014): Der Wunsch nach Individualität. SEIN mag (Hg.). Berlin. Online verfügbar unter https://www.sein.de/der-wunsch-nach-individualitaet-/, Abruf am 28.01.2015.

Rothman, Nathaniel (2014): ENVIRONMENTAL HEALTH PERSPECTIVES. National Institute of Environmental Health Sciences (Hg.). Online verfügbar unter http://ehp.niehs.nih.gov/wp-content/uploads/advpub/2015/3/ehp.1408307.acco.pdf, Abruf am 8.02.2015.

Röttger, Ulrich (2010): Wie nutzen allogen stammzelltransplantierte Patienten das Internet im Kontext der Erkrankung und Behandlung? Medizinische Fakultät der Universität Duisburg-Essen. Soest. Online verfügbar unter http://duepublico.uni-duisburg-essen.de/servlets/DerivateServlet/Derivate-26149/roettger_onlineversion.pdf. Abruf am 8.03.2015.

SAP (2015): SAP Predictive Analysis. SAP (Hg.). Online verfügbar unter http://www.sap-cio.de/neue-beitrage/losungen/analytics/sap-predictive-analysis/, Abruf am 28.01.2015.

Sawall, Achim (2014): Polizei nutzt Predictive-Policing-Software gegen Einbrecher. golem (Hg.). Online verfügbar unter http://www.golem.de/news/bayern-polizei-nutzt-predictive-policing-software-gegen-einbrecher-1408-108388.html, Abruf am 8.03.2015.

Scheibler, Petra (2015): Qualitative versus Quantitative Forschung. Online verfügbar unter https://studi-lektor.de/tipps/qualitative-forschung/qualitative-quantitative-forschung.html. Abruf am 9.01.2015.

Schopenhauer, Arthur (1839/40): Die beiden Grundprobleme der Ethik. Online verfügbar unter https://books.google.de/books?id=2pkCAAAAcAAJ&printsec=frontcover&dq=Schopenhau-er,+A.+Die+beiden+Grundprobleme+der+Ethik&hl=de&sa=X&ei=QuoVVfO5KITVPcWkgPAJ&ved=0CCAQ6AEwAA#v=onepage&q=Schopenhauer%2C%20A.%20Die%20beiden%20Grundprobleme%20der%20Ethik&f=false. Abruf am 9.01.2015.

Schulz, Thomas et al. (2013): Die gesteuerte Zukunft. Spiegel Verlag Rudolf Augstein GmbH & Co. (Hg.). Online verfügbar unter http://www.spiegel.de/spiegel/print/d-94865611.html. Abruf am 9.01.2015.

Schulze, Jan (2015): CloudSecurity Daten und Infrastruktur schützen. heise (Hg.). Online verfügbar unter http://www.heise.de/microsites/intel-cloud-security/cloud-risiken/die-zehn-groessten-risiken-der-cloud/150/337/1014/, Abruf am 9.01.2015.

Schwentzick, Olaf (2014): Cyberkriminalität und Unternehmensschutz. Lübeck. Online verfügbar unter http://www.ds-it.de/it-sicherheit/cyberkriminalitaet/, Abruf am 29.01.2015.

SEO Autorenteam (2015): Marktanteile der Suchmaschinen in Deutschland. Online verfügbar unter www.seo-united.de/suchmaschinen.html. Abruf am 19.01.2015.

Spiegelhalter (2011): Visualizing Uncertainty About the Future. Science AAAS (Hg.). Online verfügbar unter http://www.sciencemag.org/content/333/6048/1393.short, Abruf am 29.01.2015.

Stadler (2014): Wer gegen Netzsperren ist, muss auch das EuGH-Urteil zu Löschpflichten von Google ablehnen, Online verfügbar unter http://www.internet-law.de/2014/05/wer-gegen-netzsperren-ist-muss-auch-das-eugh-urteil-zu-loeschpflichten-von-google-ablehnen.html, Abruf am 29.01.2015.

Statista (2014): Useranzahl im Internet, Online verfügbar unter http://www.statista.de, Abruf am 19.01.2015.

Stedmann (2014): Analytische Modelle für Big Data mit Stichproben übersichtlich gestalten. Newton, MA 02466. Online verfügbar unter http://www.searchenterprisesoftware.de/sonderbeitrag/Analytische-Modelle-fuer-Big-Data-mit-Stichproben-uebersichtlich-gestalten, Abruf am 19.01.2015.

Stoeckemann, Klaus (2014): Big data - Mobile Health: Revolution or evolution of healthcare? Med tech Views (Hg.). Online verfügbar unter http://medtechviews.eu/article/big-data-mobile-health-revolution-or-evolution-healthcare., Abruf am 19.01.2015.

The Economist (2005): The march of the robo-traders. The Economist (Hg.). Online verfügbar unter http://www.economist.com/node/4368214, Abruf am 02.03.2015.

Thede, Gerrit (2014): Big Data - Datenquellen und Anwendungen Ausarbeitung Grundlagen Vertiefung und Anwendungen 1. Online verfügbar unter http://users.informatik.haw-hamburg.de/~ubicomp/projekte/master2013-aw1/thede/bericht.pdf, Abruf am 02.03.2015.

TK News (2014): TK-News Informationen für die Presse. Techniker Krankenkasse (Hg.). Hamburg. Online verfügbar unter https://www.tk.de/centaurus/servlet/contentblob/660154/Datei/130123/TK_Meinungspuls_So_sieht_Deutschland_sein_Gesundheitssystem_Oktober_2014.pdf, Abruf am 02.03.2015.

Tufekci, Zeynep (2013): Ein Datensatz mit X. Online verfügbar unter http://www.theeuropean.de/zeynep-tufekci/7065-gefahren-von-big-data, Abruf am 02.02.2015.

ULD (2014): Datentreuhänderschaft in der BiobankForschung. Online verfügbar unter https://www.datenschutzzentrum.de/biobank/index.html, Abruf am 02.03.2015.

Unsexy Data Concerns (2013): Unsexy Data Concerns. Online verfügbar unter http://www.horizont.net/medien/nachrichten/-Big-Data-Wann-User-bereits-sind-persoenliche-Daten-mit-Unternehmen-zu-teilen-113475, Abruf am 02.03.2015.

Verhofstadt, Guy (2014): Plädoyer für eine OpenSourceGesellschaft - Wir müssen Big Data beherrschen! Frankfurter Allgemeine Verlag (Hg.). Frankfurt am Main. Online verfügbar unter http://www.faz.net/aktuell/feuilleton/debatten/die-digital-debatte/europas-it-projekt/plaedoyer-fuer-eine-open-source-gesellschaft-wir-muessen-big-data-beherrschen-12920338.html, Abruf am 02.02.2015.

Volkszählungsurteil (1983): Volkszählungsurteil. Online verfügbar unter http://www.telemedicus.info/urteile/Datenschutzrecht/88-BVerfG-Az-1-BvR-209,-269,-362,-420,-440,-48483-Volkszaehlungsurteil.html, Abruf am 12.03.2015.

von Braunmühl, Patrick (2013): Selbstregulierung im Datenschutz – Chancen, Grenzen, Herausforderungen. DIVSI (Hg.). Online verfügbar unter https://www.divsi.de/selbstregulierung-im-datenschutz-chancen-grenzen-herausforderungen/, Abruf am 02.01.2015.

Watzek, Sebastian (2015): Big Data – Big Business. jw. Berlin (Hg.). Online verfügbar unter https://www.jungewelt.de/2015/01-05/004.php, Abruf am 02.01.2015.

Weichert, Thilo (2013): Big Data und Datenschutz. Unabhängiges Landeszentrum für Datenschutz Schleswig-Holstein (Hg.). Flensburg. Online verfügbar unter https://www.datenschutzzentrum.de/bigdata/20130318-bigdata-und-datenschutz.pdf, Abruf am 03.03.2015.

Weichert, Thilo (2014): Datenschutz. Weichert, in: Däubler et al (Fn. 6), Online verfügbar unter https://www.datenschutzzentrum.de, Abruf am 03.03.2015.

Weigert, Martin (2007): Tech-Firmen, die 2008 das Web aufmischen könnten. Online verfügbar unter http://netzwertig.com/2007/12/25/zn-tech-firmen-die-2008-das-web-aufmischen-konnten/, Abruf am 03.03.2015.

Wikibon (2014): Big Data Vendor Revenue and Market Forecast 2013-2017. Wikibon (Hg.). Online verfügbar unter http://wikibon.org/wiki/v/Big_Data_Vendor_Revenue_and_Market_Forecast_2013-2017, Abruf am 13.01.2015.

Wirtschaftslexikon (2015): New Economy / Old Economy. Hüsli (Hg.).. Online verfügbar unter http://www.wirtschaftslexikon.co/d/new-economy-old-economy/new-economy-old-economy.htm, Abruf am 13.02.2015.

Wirtschaftwoche (2015): Soziale Netzwerke Wie Unternehmen auf Facebook & Co. um Kunden buhlen. Peter Wusing im Interview. Online verfügbar unter http://www.wiwo.de/erfolg/trends/soziale-netzwerke-wie-unternehmen-auf-facebook-und-co-um-kunden-buhlen-seite-2/5154680-2.html, Abruf am 13.02.2015.

Wyllie, Diego (2015): Herausragende Productivity-Apps für iPhone und iPad. Computerwoche. Online verfügbar unter http://www.computerwoche.de/a/herausragende-productivity-apps-fuer-iphone-und-ipad,2548254, Abruf am 13.12.2014.

Zacher, Matthias (2014): Analysieren, Visualisieren, Vorrausschauen – Datenstrategien in Deutschland 2013 Mit Big Data Analytics zum besseren Geschäftserfolg? IDC. Online verfügbar unter http://idc.de/de/research/multi-client-projekte/big-data-analytics-2013, Abruf am 13.02.2015.

ZDF Politbarometer (2013): ZDF-Politbarometer Juli 2013, Abruf am 11.12.2015.

Zimmer-Amrheim, Florian (2014): Internetkonferenz Republika - Wie man Freiheit implementiert. Frankfurter Allgemeine Verlag (Hg.). Frankfurt am Main. Online verfügbar unter http://www.faz.net/aktuell/feuilleton/medien/internetkonferenz-republica-wie-man-freiheit-implementiert-12927913.html, Abruf am 24.12.2014.

Zeitschriftenaufsatz

Benedetti, G. (1981): Zur Psychodynamik der Depression. / The psychodynamic basis of depressive states. In: *Der Nervenarzt* Vol. 52 (11), S. 621–628.

de Maiziere, Thomas (2014): Das Netz - Raum der Chancen und der Freiheit. In: *Frankfurter Allgemeine Zeitung* (190), S. 6.

Hahn, Otto (2013): Warum forscht man eigentlich? In: *Physikalische Blätter* 23 (3). Online verfügbar unter http://onlinelibrary.wiley.com/doi/10.1002/phbl.19670230302/pdf, Abruf am 23.12.2014.

Schmid, Thomas (2013): Wie man zwischen den Zahlen liest. Data-Mining und computergestützte Vorhersagen am Beispiel Bioinformatik. In: *Arbeitstitel – Forum für Leipziger Promovierende Bd 5* (Heft 1), S. S. 13-29. Online verfügbar unter http://www.wissens-werk.de/index.php/arbeitstitel/article/view/147/179, Abruf am 23.12.2014.

Anhangsverzeichnis

Anhang 1: §3 Abs. 9 BDSG

Sensible Daten

Als sensible Daten werden die besonderen Arten personenbezogener Daten im Sinne des § BDSG bezeichnet, insbesondere die Angaben über die rassische und ethnische Herkunft, politische Meinung, religiöse oder philosophische Überzeugung, Gewerkschafts-zugehörigkeit, Gesundheit oder Sexualleben.

Anhang 2: §9 BDSG

Technische und organisatorische Maßnahmen

Öffentliche und nicht-öffentliche Stellen, die selbst oder im Auftrag personenbezogene Daten erheben, verarbeiten oder nutzen, haben die technischen und organisatorischen Maßnahmen zu treffen, die erforderlich sind, um die Ausführung der Vorschriften dieses Gesetzes, insbesondere die in der Anlage zu diesem Gesetz genannten Anforderungen, zu gewährleisten. Erforderlich sind Maßnahmen nur, wenn ihr Aufwand in einem angemessenen Verhältnis zu dem angestrebten Schutzzweck steht.

Anlage (zu § 9 Satz 1)

Werden personenbezogene Daten automatisiert verarbeitet oder genutzt, ist die innerbehördliche oder innerbetriebliche Organisation so zu gestalten, dass sie den besonderen Anforderungen des Datenschutzes gerecht wird. Dabei sind insbesondere Maßnahmen zu treffen, die je nach der Art der zu schützenden personenbezogenen Daten oder Datenkategorien geeignet sind,

1. Unbefugten den Zutritt zu Datenverarbeitungsanlagen, mit denen personenbezogene Daten verarbeitet oder genutzt werden, zu verwehren (Zutrittskontrolle),
2. zu verhindern, dass Datenverarbeitungssysteme von Unbefugten genutzt werden können (Zugangskontrolle),
3. zu gewährleisten, dass die zur Benutzung eines Datenverarbeitungssystems Berechtigten ausschließlich auf die ihrer Zugriffsberechtigung unterliegenden Daten zugreifen können, und dass personenbezogene Daten bei der Verarbeitung, Nutzung und nach der Speicherung nicht unbefugt gelesen, kopiert, verändert oder entfernt werden können (Zugriffskontrolle),
4. zu gewährleisten, dass personenbezogene Daten bei der elektronischen Übertragung oder während ihres Transports oder ihrer Speicherung auf Datenträger nicht unbefugt gelesen, kopiert, verändert oder entfernt werden können,

und dass überprüft und festgestellt werden kann, an welche Stellen eine Übermittlung personenbezogener Daten durch Einrichtungen zur Datenübertragung vorgesehen ist (Weitergabekontrolle),

5. zu gewährleisten, dass nachträglich überprüft und festgestellt werden kann, ob und von wem personenbezogene Daten in Datenverarbeitungssysteme eingegeben, verändert oder entfernt worden sind (Eingabekontrolle),
6. zu gewährleisten, dass personenbezogene Daten, die im Auftrag verarbeitet werden, nur entsprechend den Weisungen des Auftraggebers verarbeitet werden können (Auftragskontrolle),
7. zu gewährleisten, dass personenbezogene Daten gegen zufällige Zerstörung oder Verlust geschützt sind (Verfügbarkeitskontrolle),
8. zu gewährleisten, dass zu unterschiedlichen Zwecken erhobene Daten getrennt verarbeitet werden können.

Eine Maßnahme nach Satz 2 Nummer 2 bis 4 ist insbesondere die Verwendung von dem Stand der Technik entsprechenden Verschlüsselungsverfahren.

Anhang 3: Interviewleitfaden

Big Data – Der Umgang mit persönlichen Daten Untersuchung der Auswirkungen des potenziellen Missbrauchs personenbezogener Daten auf das Online-Nutzerverhalten im Kontext Gesundheit

Gesundheitsdatenmanagement

Solange die User so viele Daten von sich preisgeben, wo liegen da eigentlich die Potenziale für Gesundheitsunternehmen?
Wie gelänge es Nutzen von Risiken von Big Data zu trennen?
Welche Gefahren ergeben sich aus dem Status von nicht-öffentlichen Kontroll- und Qualitätssicherungs-Instituten? Oder anders formuliert: Wäre es denkbar dass es durch Big Data und daraus resultierenden Kostenersparnissen die Aufgaben von nicht-öffentlichen Instituten wieder in die Hände des Staates zurück zu übertragen? Ist der Staat überhaupt nicht in der Lage die Expertise jemals zu gewährleisten?
Was sind die Potenziale von Smart Data?

Spezielle Fragen in Abhängigkeit zur Spezialisierung des Experten

Im krassen Gegensatz zu den Potentialen von Big Data steht der Grundsatz der Datensparsamkeit, der allerdings auch mit Auflagen der zur QS kollidiert. Wie gehen Unternehmen der Gesundheitsbranche mit diesem Spannungsfeld um?

Optimierung auch mit IT hat es schon länger gegeben, an welchen Stellen haben sich für die Gesundheitsbranche bereits Vorteile ergeben?

Was sind die Potentiale durch Ethische Vermittlerrollen?

Recht

Wo sehen bei AGBs Verbesserungsbedarf?
Führt der Zwang den AGBs zustimmen zu müssen um einen (vermeintlichen) Nutzen einer App in Anspruch zu nehmen die „informationelle Selbstbestimmung" nicht „ad absurdum"?
Wenn ja: Wie ließe sich das besser im Interesse des Nutzers lösen?
Reichen die AGBs als wirkliche Aufklärung über die Verwendung von personenbezogenen Daten?

Spezielle Fragen in Abhängigkeit zur Spezialisierung des Experten

Reidentifizierung

Ist diese Voraussetzung im BDSG über die Reidentifizierung obsolet?

Bedarf es vielmehr einer Präzisierung der Art der Reidentifizierung, z.B. dass eine Reidentifizierung aufgrund von Interoperabilität nicht möglich sein darf?

Wer würde das kontrollieren?

Datensparsamkeit

Wäre es sinnvoll in Anbetracht dieses Widerspruchs den Artikel über die Datensparsamkeit z.B. um eine Vorschrift über die Art der zu erhebenden Daten in bestimmten Sektoren festzuschreiben?

Und:

Wer besitzt die Verfügungs- und wer die Kontrollgewalt über die erhobenen Daten in sozialen Netzwerken?

Technik

Welche Verbesserungen würden sie sich wünschen um Big Data besser zu strukturieren? im Backend und für den User
Besteht die Gefahr, dass sich Big Data zum Selbstläufer entwickelt somit einer technischen und gesellschaftlichen Kontrolle entzieht?
Halten sie eine „Patienten Journey“ für sinnvoll? Glauben Sie dass Patienten so eine „Patienten Journey“ sich auch wünschen?
Ist Telematik ein technischer / ein gesellschaftlicher Fortschritt?

Spezielle Fragen in Abhängigkeit zur Spezialisierung des Experten

Wie bewerten Sie ein mögliche Konnektivität von Big Data Lösungen zu sozialen Netzwerken?

Wäre es denkbar bereits bei der Erhebung von Daten z.B. bei mHealth / Apps einen eingebauten Datenschutz durch automatisierte Anonymisierung und Pseudonymisierung (auf Wunsch des Users) anzubieten – privacy by default?

Wie Programmiert man vergessen?

Soziologie / Ethik

Überwiegt der Nutzen der Gesellschaft aus technischen Neuerungen: A) wie Telematik (eGK) B) oder auch Forschung die möglichen Schäden Einzelner?
Wie bewerten Sie dabei die Arbeit von Ethikkommissionen?
Führt das Konzept „Open Data“ zu mehr Transparenz und deswegen zu einem stärkeren Bewusstsein von im vernünftigen Umgang mit den eigenen personenbezogenen Daten? Oder : Wird hier ein falsches Zeichen gesetzt und der Umgang mit Daten wird noch leichtfertiger in der Bevölkerung und die Risiken von Big Data umfangreicher?
Ist Privatheit noch wirklich erstrebenswert?

Spezielle Fragen in Abhängigkeit zur Spezialisierung des Experten

Kann Big Data im Rahmen von Qualitätssicherung wieder größere Freiräume für den persönlichen Umgang von Ärzten mit Patienten ermöglichen oder läuft alles auf eine Art Optimierungsfalle hinaus?

Wenn man persönliche Daten schon nicht gänzlich kontrollieren kann als Normalbürger, sollten sie dann wenigstens vergänglich sein vor dem Hintergrund möglicher

A) Stigmatisierung / Diskriminierung?

B) Fehldiagnosen?

User

Handelt es sich bei Privacy Paradox um etwas Neues oder hat es das schon immer gegeben?
Hat Ihrer Meinung nach der NSA Skandal zu einer generellen Veränderung im Online Nutzerverhalten geführt?
zu einer Veränderung bei den Suchgewohnheiten in Google von Gesunden / Kranken geführt?
Was muss eigentlich passieren damit der User ein größeres Bewusstsein für Privatheit im Bereich der Gesundheit entwickelt?

Spezielle Fragen in Abhängigkeit zur Spezialisierung des Experten

Sie haben ein Onlineangebot, dass immer stärker professionalisiert wurde. Wie hat sich hier das Nutzerverhalten seit dem NSA Skandal verändert?

Gibt es bestimmte Patienten-Gruppen von denen Sie meinen dass Sie bewusster mit Ihren Daten umgehen?

Wie erklären Sie sich das Phänomen mHealth?

Anhang 4: Expertensteckbriefe

Hinweis:

Alle Experten haben sich mit dem Thema „Big Data in Medizin und Gesundheitswirtschaft / -wesen“ in ihrem beruflichen Alltag auseinandergesetzt und konnten zu **jedem** der 5 Themenkreise (Psychologie / Gesundheitsdatenmanagement / Technik / Soziologie / Datenschutzrecht) der Arbeit etwas sagen. Die/der unter dem Expertennamen hervorgehobene(n) Themenstrang/stränge der Arbeit bezeichnen den Schwerpunkt des jeweiligen Experten.

Dipl.-Informatikerin Sabine Bärwolff

(Gesundheitsdatenmanagement / Technik)

Sabine Bärwolff , Jahrgang 1967 ist seit 2006 in der POLIKUM-Gruppe tätig. Die Dipl.-Wirtschaftsinformatikerin, zuvor für den Arzt-Softwarehersteller TurboMed tätig, war an der Entwicklung der elektronischen Patientenakte sowie am Aufbau der IT-Abteilung beteiligt. Sie hat entscheiden die Prozesse und Abläufe zur vernetzten ambulanten Patientenversorgung innerhalb der MVZ's der POLIKUM-Gruppe entwickelt und gestaltet. Sie hat ein BI-System für die Analyse und das Controlling aller Patienten- und Behandlungsdaten entwickelt. Als Mitglied des JESAJA-Entwicklungsbeirates arbeitet Sie an der intersektoralen Vernetzung von ambulanter und stationärer Medizin. Heute leitet Sie den Bereich Technik und Abrechnung und ist Mitglied der Geschäftsführung.

Holm Diening

(Technik)

Holm Diening, Jahrgang 1974, ist seit 2012 für die gematik tätig. Er ist Koordinator des ISMS der Telematikinfrastruktur und außerdem der Informationssicherheitsbeauftragte des Unternehmens. Zuvor war Herr Diening als Senior Consultant für Informationssicherheit tätig und betreute hier vor allem den Aufbau von Informationssicherheits- und Business Continuity Managementsystemen, hauptsächlich in Unternehmen des EVU Sektors.

Harald Kamps

(Psychologie / Gesundheitsdatenmanagement / Technik / Soziologie / Datenschutzrecht)

Jahrgang 1951, Medizinstudium in Bonn. 1982-2002 in Norwegen als Hausarzt, Projektleiter und Universitätslektor. Seit 2002 in Berlin, seit 2005 als Hausarzt und jetzt Leiter eines hausärztlichen Zentrums (www.praxis-kamps.de).

Dipl.-Kfm. B.Sc. Tobias Leipold

(Gesundheitsdatenmanagement / Technik)

Tobias Leipold studierte Medizin-Management bei Prof. Wasem an der Universität Essen (Schwerpunkt Klinikmanagement und Gesundheitsökonomie) und Humanmedizin an der Universität Düsseldorf. Er war wissenschaftlicher Mitarbeiter Professor Wasem Universität Essen und Qualitätsmanagement-beauftragter. Es folgten wissenschaftliche Arbeiten zu Klinischen Pfaden und Qualitätsprojekten an Universitätskliniken sowie die Mitarbeit an einer wissenschaftlichen Studie am Westdeutschen Herzzentrum Essen. Seit 2007 ist er Projektleiter für Clinical Pathwayerstellung und –implementierung mit ClinPath (Clinpath GmbH), und hat dort die Prozessberatung und Projektleiter / Entwicklung verschiedener Forschungsprojekte inne. Seit Ende 2010 geschäftsführender Gesellschafter. Er leitet, entwickelt und koordiniert die verschiedenen innovativen und erfolgreichen Projekte im ambulanten, stationären und intersektoralen Bereich sowie die Forschungsarbeiten der Firma ClinPath GmbH. Mitglied im Industriebeirat SOA-Med der Charitè Berlin. Entwicklung, Einführung und erfolgreiche Umsetzung modernster Software im Healthcarebereich im Bundesgebiet und international.

Dr. med. Peter Langkafel (MBA)

(Gesundheitsdatenmanagement / Technik / Soziologie)

Dr. med. Peter Langkafel MBA, Jahrgang 1968, studierte Humanmedizin und arbeitete u.a. in der Geburts- und in der Allgemeinmedizin. Parallel zu „digitalen Projekten" in der Forschung, dem klinischen Alltag und der Lehre studierte er Medizininformatik und schloss einen MBA (Master of Business Administration) ab. Er war Gründer und CEO eines Healthcare-IT Startups. Bei der SAP AG ist er General Manager Public Sektor and Healthcare für die Region MEE (Middle and Eastern Europe) und berät hierbei nationale und internationale Kunden aus der

Gesundheitswirtschaft bei deren strategischen (IT-) Ausrichtung. Zuvor verantwortete er die strategische Unternehmensentwicklung der Charité Berlin. Peter Langkafel ist Vorsitzender des Berufsverbandes medizinischer Informatiker (BVMI e.V) für die Region Berlin / Brandenburg und Lehrbeauftragter an der Hochschule für Wirtschaft und Recht.

Dipl.-Med.Informatiker Dr. Rainer Röhrig

(Gesundheitsdatenmanagement / Technik / Soziologie)

Jahrgang 1970, Arzt und Medizininformatiker, Leiter der Sektion Medizinische Informatik in Anästhesiologie und Intensivmedizin, Mitglied der Ethikkommission des Fachbereichs Humanmedizin, Justus Liebig Universität. Vorstand der Technologie und Methodenplattform für die vernetzte medizinische Forschung (TMF e.V.)

Dipl. Ing. Florian Schumacher

(Psychologie (User) / Gesundheitsdatenmanagement / Technik / Soziologie)

Jahrgang 1980, Florian Schumacher ist Berater, Gründer von Quantified Self Deutschland und Trendscout der Wearable Technologies AG. Der Ingenieur und ausgebildete Design Thinker beschäftigt sich mit digitalen Sport-, Gesundheits- und Wellness-Produkten sowie deren wirtschaftlichem und gesellschaftlichem Innovations-Potential. Schumacher berät Unternehmen bei der Konzeption, Entwicklung und Implementierung von Quantified Self Soft- und Hardware. Als Gastgeber von Quantified Self Veranstaltungen, Keynote-Speaker und Autor fördert der Self-Tracking Pionier die Diskussion rund um die Erfassung und Nutzung persönlicher Daten. Über aktuelle Trends und Entwicklungen rund um Wearables und Quantified Self berichtet Schumacher auf seinem Blog igrowdigital.com .

Dr. med. Frank Schoeneich

(Psychologie (User) / Soziologie)

Dr. med. Frank Schoeneich, Jahrgang 1967, ist Facharzt für Innere Medizin und Ärztlicher Psychotherapeut sowie Facharzt für Psychosomatische Medizin und Psychotherapie. Nach dem Studium der Humanmedizin an der FU-Berlin war er u.a. mehr als 12 Jahre an der Charité Berlin und deren Vorläufern (UK Westend,

UK Virchow-Klinikum) tätig, zuletzt langjährig als Oberarzt. Dr. Schoeneich ist Dozent, Supervisor und Lehrtherapeut für Einzel- und Gruppenselbsterfahrung an der Akademie für Psychosomatische Medizin und Psychotherapie (APM) e.V. in Berlin. Seit 2008 Aufbau des standortübergreifenden Psychotherapeutischen Zentrums POLIKUM (PZP) mit einem neuen innovativen Konzept interdisziplinärer psychosomatisch-psychotherapeutischer wie auch psychiatrischer Versorgungs- und Behandlungsstrukturen, dessen Ärztlicher Zentrumsleiter er heute ist. Gleichzeitig ist er seit 2013 Mitglied der Geschäftsleitung der POLIKUM MVZ GmbH.

Dipl. Soz. Birgit Weber (MA LDK)

(Datenmanagement / Kultursoziologie / Datenschutz)

Birgit Weber, Jahrgang 1970, ist Diplom-Kulturwissenschaftlerin und absolvierte zudem einen Master im Fach Leadership in digitaler Kommunikation (MA LDK) an der Universität der Künste Berlin in Kooperation mit der Universität St. Gallen. Sie arbeitete von 2003-2012 als Online-Redakteurin beim Bund für Umwelt und Naturschutz Deutschland e.V. (BUND Bundesverband) und von 2012 bis 2014 ebenfalls als Online-Redakteurin bei foodwatch e.V. In Ihren Funktionen hat sich Birgit Weber intensiv mit dem Verhalten von Online-Nutzern auseinandergesetzt, um den Zugang zu den Online-Angeboten für die User so transparent und verständlich wie möglich zu gestalten. Da der Schutz von Daten, die über das Internet erhoben und gespeichert werden, in den letzten Jahren immer mehr an Bedeutung gewonnen hat und Datenschutz auch für gemeinwohlorientierte Organisationen von großer Relevanz ist, widmete sie ihre Masterarbeit dem Thema: „Datenschutz beim Online-Campaigning“.

RA Dr. jur. Thilo Weichert

(Datenschutz)

Jahrgang 1955, Jurist und Politologe, Landesbeauftragter für Datenschutz Schleswig-Holstein und damit Leiter des Unabhängigen Landeszentrums für Datenschutz, Kiel, www.datenschutzzentrum.de

Prof. Dr. phil. Oliver Zöllner

(Soziologie)

Jahrgang 1966, Studium der Publizistik- und Kommunikationswissenschaft, Kunstgeschichte, Theater-, Film- und Fernsehwissenschaft sowie Geschichte Chinas an den Universitäten Bochum, Wien und Salzburg. Danach freier Journalist. Spezialisierung: Medienfachjournalismus. 1996 Promotion zum Dr. phil. an der Ruhr-Universität Bochum mit einer empirischen Studie zum britischen Militärrundfunk British Forces Broadcasting Service (BFBS). Seit 2006 Professor für Medienforschung an der Hochschule der Medien Stuttgart in den Studiengängen Medienwirtschaft (Bachelor) und Elektronische Medien (Master). Seit 2013 im Leitungsgremium des Instituts für Digitale Ethik (IDE) und assoziiertes Mitglied des Instituts für qualitative Medien- und Innovationsforschung (IQ) der HdM Stuttgart.

Anhang 5: SGB V

Sozialgesetzbuch (SGB) Fünftes Buch (V) - Gesetzliche Krankenversicherung – (Artikel 1 des Gesetzes v. 20. Dezember 1988, BGBl. I S. 2477)

§ 275 Begutachtung und Beratung

(1) Die Krankenkassen sind in den gesetzlich bestimmten Fällen oder wenn es nach Art, Schwere, Dauer oder Häufigkeit der Erkrankung oder nach dem Krankheitsverlauf erforderlich ist, verpflichtet,

1. bei Erbringung von Leistungen, insbesondere zur Prüfung von Voraussetzungen, Art und Umfang der Leistung, sowie bei Auffälligkeiten zur Prüfung der ordnungsgemäßen Abrechnung,

2. zur Einleitung von Leistungen zur Teilhabe, insbesondere zur Koordinierung der Leistungen und Zusammenarbeit der Rehabilitationsträger nach den §§ 10 bis 12 des Neunten Buches, im Benehmen mit dem behandelnden Arzt,

3.bei Arbeitsunfähigkeit

a) zur Sicherung des Behandlungserfolgs, insbesondere zur Einleitung von Maßnahmen der Leistungsträger für die Wiederherstellung der Arbeitsfähigkeit, oder

b) zur Beseitigung von Zweifeln an der Arbeitsunfähigkeit eine gutachtliche Stellungnahme des Medizinischen Dienstes der Krankenversicherung (Medizinischer Dienst) einzuholen.

(1a) Zweifel an der Arbeitsunfähigkeit nach Absatz 1 Nr. 3 Buchstabe b sind insbesondere in Fällen anzunehmen, in denen

a) Versicherte auffällig häufig oder auffällig häufig nur für kurze Dauer arbeitsunfähig sind oder der Beginn der Arbeitsunfähigkeit häufig auf einen Arbeitstag am Beginn oder am Ende einer Woche fällt oder

b) die Arbeitsunfähigkeit von einem Arzt festgestellt worden ist, der durch die Häufigkeit der von ihm ausgestellten Bescheinigungen über Arbeitsunfähigkeit auffällig geworden ist.

Die Prüfung hat unverzüglich nach Vorlage der ärztlichen Feststellung über die Arbeitsunfähigkeit zu erfolgen. Der Arbeitgeber kann verlangen, daß die Krankenkasse eine gutachtliche Stellungnahme des Medizinischen Dienstes zur Überprüfung der Arbeitsunfähigkeit einholt. Die Krankenkasse kann von einer Beauftragung des Medizinischen Dienstes absehen, wenn sich die medizinischen Voraussetzungen der Arbeitsunfähigkeit eindeutig aus den der Krankenkasse vorliegenden ärztlichen Unterlagen ergeben.

(1b) Der Medizinische Dienst überprüft bei Vertragsärzten, die nach § 106 Abs. 2 Satz 1 Nr. 2 geprüft werden, stichprobenartig und zeitnah Feststellungen der Arbeitsunfähigkeit. Die in § 106 Abs. 2 Satz 4 genannten Vertragspartner vereinbaren das Nähere.

(1c) Bei Krankenhausbehandlung nach § 39 ist eine Prüfung nach Absatz 1 Nr. 1 zeitnah durchzuführen. Die Prüfung nach Satz 1 ist spätestens sechs Wochen nach Eingang der Abrechnung bei der Krankenkasse einzuleiten und durch den Medizinischen Dienst dem Krankenhaus anzuzeigen. Falls die Prüfung nicht zu einer Minderung des Abrechnungsbetrags führt, hat die Krankenkasse dem Krankenhaus eine Aufwandspauschale in Höhe von 300 Euro zu entrichten.

(2) Die Krankenkassen haben durch den Medizinischen Dienst prüfen zu lassen

1. die Notwendigkeit der Leistungen nach den §§ 23, 24, 40 und 41 unter Zugrundelegung eines ärztlichen Behandlungsplans in Stichproben vor Bewilligung und regelmäßig bei beantragter Verlängerung; der Spitzenverband Bund der Krankenkassen regelt in Richtlinien den Umfang und die Auswahl der Stichprobe und kann Ausnahmen zulassen, wenn Prüfungen nach Indikation und Personenkreis nicht notwendig erscheinen; dies gilt insbesondere für Leistungen zur medizinischen Rehabilitation im Anschluss an eine Krankenhausbehandlung (Anschlussheilbehandlung),

2. (entfällt),

3. bei Kostenübernahme einer Behandlung im Ausland, ob die Behandlung einer Krankheit nur im Ausland möglich ist (§ 18),

4. ob und für welchen Zeitraum häusliche Krankenpflege länger als vier Wochen erforderlich ist (§ 37 Abs. 1),

5. ob Versorgung mit Zahnersatz aus medizinischen Gründen ausnahmsweise unaufschiebbar ist (§ 27 Abs. 2).

(3) Die Krankenkassen können in geeigneten Fällen durch den Medizinischen Dienst prüfen lassen

1. vor Bewilligung eines Hilfsmittels, ob das Hilfsmittel erforderlich ist (§ 33); der Medizinische Dienst hat hierbei den Versicherten zu beraten; er hat mit den Orthopädischen Versorgungsstellen zusammenzuarbeiten,

2. bei Dialysebehandlung, welche Form der ambulanten Dialysebehandlung unter Berücksichtigung des Einzelfalls notwendig und wirtschaftlich ist,

3. die Evaluation durchgeführter Hilfsmittelversorgungen,

4. ob Versicherten bei der Inanspruchnahme von Versicherungsleistungen aus Behandlungsfehlern ein Schaden entstanden ist (§ 66).

(3a) Ergeben sich bei der Auswertung der Unterlagen über die Zuordnung von Patienten zu den Behandlungsbereichen nach § 4 der Psychiatrie-Personalverordnung in vergleichbaren Gruppen Abweichungen, so können die Landesverbände der Krankenkassen und die Verbände der Ersatzkassen die Zuordnungen durch den Medizinischen Dienst überprüfen lassen; das zu übermittelnde Ergebnis der Überprüfung darf keine Sozialdaten enthalten.

(4) Die Krankenkassen und ihre Verbände sollen bei der Erfüllung anderer als der in Absatz 1 bis 3 genannten Aufgaben im notwendigen Umfang den Medizinischen Dienst oder andere Gutachterdienste zu Rate ziehen, insbesondere für allgemeine medizinische Fragen der gesundheitlichen Versorgung und Beratung der Versicherten, für Fragen der Qualitätssicherung, für Vertragsverhandlungen mit den Leistungserbringern und für Beratungen der gemeinsamen Ausschüsse von Ärzten und Krankenkassen, insbesondere der Prüfungsausschüsse. Der Medizinische Dienst führt die Aufgaben nach § 116b Absatz 2 durch, wenn der erweiterte Landesausschuss ihn hiermit nach § 116b Absatz 3 Satz 8 ganz oder teilweise beauftragt.

(5) Die Ärzte des Medizinischen Dienstes sind bei der Wahrnehmung ihrer medizinischen Aufgaben nur ihrem ärztlichen Gewissen unterworfen. Sie sind nicht berechtigt, in die ärztliche Behandlung einzugreifen.

Anhang 6: §305 BGB

Bürgerliches Gesetzbuch (BGB)

§ 305 Einbeziehung Allgemeiner Geschäftsbedingungen in den Vertrag

(1) Allgemeine Geschäftsbedingungen sind alle für eine Vielzahl von Verträgen vorformulierten Vertragsbedingungen, die eine Vertragspartei (Verwender) der anderen Vertragspartei bei Abschluss eines Vertrags stellt. Gleichgültig ist, ob die Bestimmungen einen äußerlich gesonderten Bestandteil des Vertrags bilden oder in die Vertragsurkunde selbst aufgenommen werden, welchen Umfang sie haben, in welcher Schriftart sie verfasst sind und welche Form der Vertrag hat. Allgemeine Geschäftsbedingungen liegen nicht vor, soweit die Vertragsbedingungen zwischen den Vertragsparteien im Einzelnen ausgehandelt sind.

(2) Allgemeine Geschäftsbedingungen werden nur dann Bestandteil eines Vertrags, wenn der Verwender bei Vertragsschluss

1. die andere Vertragspartei ausdrücklich oder, wenn ein ausdrücklicher Hinweis wegen der Art des Vertragsschlusses nur unter unverhältnismäßigen Schwierigkeiten möglich ist, durch deutlich sichtbaren Aushang am Ort des Vertragsschlusses auf sie hinweist und

2. der anderen Vertragspartei die Möglichkeit verschafft, in zumutbarer Weise, die auch eine für den Verwender erkennbare körperliche Behinderung der anderen Vertragspartei angemessen berücksichtigt, von ihrem Inhalt Kenntnis zu nehmen,

und wenn die andere Vertragspartei mit ihrer Geltung einverstanden ist.

(3) Die Vertragsparteien können für eine bestimmte Art von Rechtsgeschäften die Geltung bestimmter Allgemeiner Geschäftsbedingungen unter Beachtung der in Absatz 2 bezeichneten Erfordernisse im Voraus vereinbaren.

Anhang 7: §4 BDSG

§ 4a - Einwilligung

(1) Die Einwilligung ist nur wirksam, wenn sie auf der freien Entscheidung des Betroffenen beruht. Er ist auf den vorgesehenen Zweck der Erhebung, Verarbeitung oder Nutzung sowie, soweit nach den Umständen des Einzelfalles erforderlich oder auf Verlangen, auf die Folgen der Verweigerung der Einwilligung hinzuweisen. Die Einwilligung bedarf der Schriftform, soweit nicht wegen besonderer Umstände eine andere Form angemessen ist. Soll die Einwilligung zusammen mit anderen Erklärungen schriftlich erteilt werden, ist sie besonders hervorzuheben.

(2) Im Bereich der wissenschaftlichen Forschung liegt ein besonderer Umstand im Sinne von Absatz 1 Satz 3 auch dann vor, wenn durch die Schriftform der bestimmte Forschungszweck erheblich beeinträchtigt würde. In diesem Fall sind der Hinweis nach Absatz 1 Satz 2 und die Gründe, aus denen sich die erhebliche Beeinträchtigung des bestimmten Forschungszwecks ergibt, schriftlich festzuhalten.

(3) Soweit besondere Arten personenbezogener Daten (§ 3 Abs. 9) erhoben, verarbeitet oder genutzt werden, muss sich die Einwilligung darüber hinaus ausdrücklich auf diese Daten beziehen.

Anhang 8: Skizze zur Erarbeitung der Klärung von Hypothesen und Forschungsfrage.

Forschungsfrage

Stehen das zunehmende Wissen um die komplexen Möglichkeiten von „Big Data" und der mangelhafte gesetzliche Schutz personenbezogener Daten in erkennbarem Zusammenhang mit einem veränderten Verhalten von Nutzern von Online-Angeboten im Kontext Gesundheit?

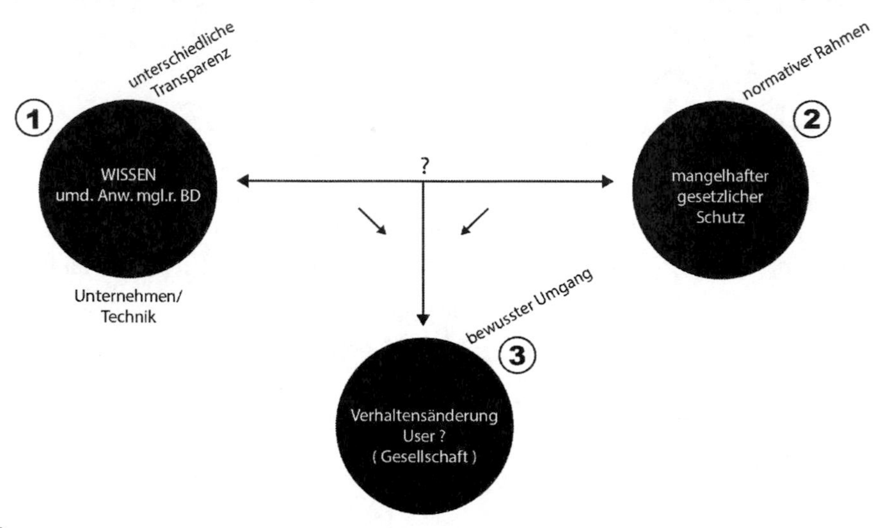

These

Im Spannungsfeld zwischen Datenschutz und unterschiedlich transparenten Anwendungsmöglichkeiten ist ein bewussterer Umgang der User mit ihren Daten notwendig als bislang.
(Gestützt durch bessere rechtliche Rahmenbedingungen)

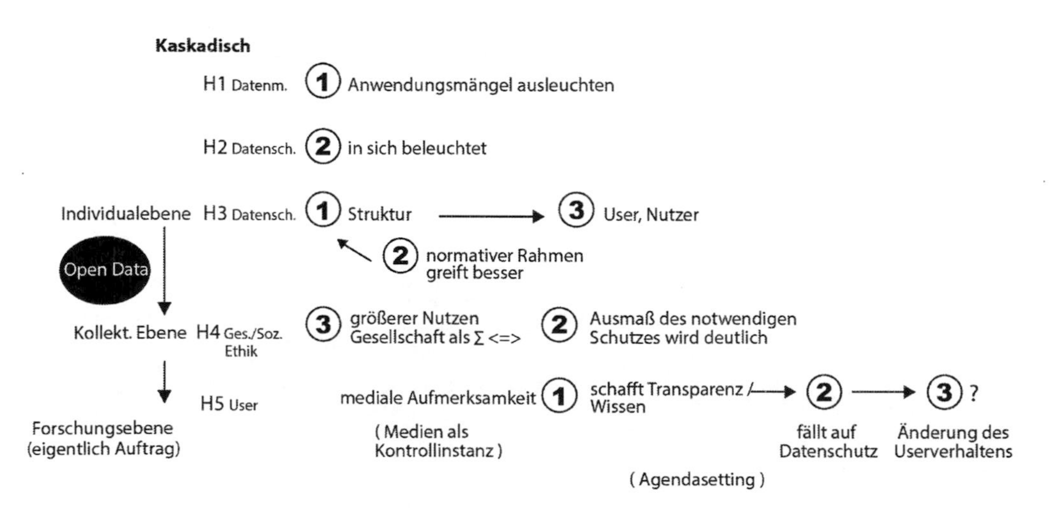

Anhang 9: Entwurf quantitativer Fragebogen

Hypothesen (Hx)	Demografische Fragen (DFx) / Fragen zum Operationalisieren der Hypothesen (HxFx)	Beantwortungsoptionen	mgl. Präzisierung d. Beantwortungsoptionen	Anmerkungen/ Möglichkeiten des Abfrageinstrumentes
	DF1 Wie alt sind Sie?	20-30 30-40 40-50 50-60 60-70		Einmalnennung
	DF2 In welcher Branche arbeiten Sie hauptberuflich?	Management Marketing Bildungswesen IT / Informatik Gesundheitswesen Kreativbranche (z.B. Grafik) Ingenieurwesen/Naturwissenschaften Verwaltung Immobilien/Baugewerbe Sonstige Dienstleistungen		Einmalnennung
	DF3 Befinden Sie sich noch in Ausbildung oder was ist Ihr höchster erreichter Bildungsgrad?	Ausbildung Studium Bachelor Diplom / Master Dr. / PhD		Einmalnennung
	DF4 Sind Sie männlich oder weiblich?	männlich weiblich		Einmalnennung
	DF5 Wie oft nutzen Sie Internet und/oder Soziale Netzwerke, Foren etc.?	Tägl.>2 Std. Tägl.1-2 Std. Tägl. 0,5-1 <Std. Tägl.<30 Min. Mehrere Std. pro Woche aber nicht täglich		Einmalnennung **Wichtig! Fragen zum Nutzungsverhalten lässt Rückschlüsse auf intensive Beschäftigung zu!**
	DF6 **Welche Internetanwendungen kennen und/oder nutzen Sie?**	Soziale Netzwerke Foren Blogs Apps für Smartphone/Tablet PC Communities		Kenne ich / nutze ich **Wichtig: Kreuztabelle Y Achse aufführen der Anwendungen und x Achse „kenne ich / nutze ich" zu ankreuzen!**
Hypothese 1 H1 (User) Eine Verhaltensänderung der Onlinenutzer hängt von wahrgenommenen Risiken und Transparenz ab.	H1 F1 **Hat sich Ihr Umgang mit persönlichen Daten im Internet seit dem Bekanntwerden von Datensammlungen im großen Stil (z.B. Snowden Enthüllungen, NSA Skandal) verändert?** **Wenn ja, wie?**	Ja / Nein Ich vermeide einige Onlineangebote ganz. Ich vermeide die Eingabe von Gesundheits- und Krankheitssuchbegriffen bei Suchmaschinen wie z.B. Google. Ich nutze die Browservoreinstellungen Stärker. Ich verwende den TOR Browser. Ich poste weniger in Sozialen Netzwerken wie z.B. Facebook, Instagram, Twitter.		Einmalnennung Mehrfachnennung

	H1 F2 **Fühlen Sie sich bedroht durch ...**	... das Sammeln persönlicher Daten durch Geheimdienste wie z.B. die NSA. ... Hacker. ... sich selbst verbessernde computergesteuerte Arbeitsprozesse (selbstlernende Algorithmen). ... durch das Erheben und Austauschen von persönlichen Gesundheitsdaten bei der gesetzlichen elektronischen Gesundheitskarte (eGK). ... Speichern von Daten in einem entfernten Rechenzentrum(Cloud Computing). ... wirtschaftliche Verwendung (z.B. im Marketing zur Positionierung individueller Werbung) von persönlichen Daten		Wenn man hier anstelle von ja / nein je Likert anwenden würde – z.B. Sehr / Mittel / Kaum / Nein wäre das großartig.
	H1 F3 **Sehen Sie Gefahren durch ...**	... die Verknüpfung ihrer Daten durch unterschiedliche Anbieter. ... die Weiterverwendung ihrer Daten. ... Zurückverfolgung (trotz vorgeschriebener Anonymisierung können Daten heute auf Sie zurückgeführt werden).		Wenn man hier Likert anwenden würde – z.B. Sehr / Mittel / Kaum / Nein wäre das großartig
		... die mangelnde Löschung / Löschbarkeit meiner persönlichen Daten. ... die gesellschaftliche Ausgrenzung bei Bekanntwerden von Krankheiten ... die Effizienzsteigerungen in Krankenhäusern und dass das die Medizin unpersönlicher macht.		
Hypothese 2 H2 (Wertesystem / Kultur) Je mehr Vertrauen Nutzer in die Datensicherheit haben desto eher stimmen sie Open Data zu.	**H2 F1** **Wer beeinflusst Ihre Haltung / Ihr Verhalten in Bezug auf die Preisgabe von Daten im Internet am meisten?**	Familie Freunde Staat Religion / Kirche Medien Sonstige		Einmalnennung
	H2 F2 **Wie ist Ihr Vertrauen hinsichtlich der Sicherheit Ihrer persönlichen Daten gegenüber ...** (Wenn nur ja / nein: Haben Sie Vertrauen hinsichtlich Ihrer persönlichen Daten in Bezug auf den Staat / Unternehmen? Oder Wo sind persönliche Daten besser geschützt?)	... dem Staat ... Unternehmen	In Hinblick auf die Sicherheit der *Erhebung* persönlicher Daten z.B. durch professionelle Marktforschungsinstitute. In Hinblick auf den *Schutz* von gespeicherten Daten und deren langjährige Archivierung. Finanzdienstleister / Versicherungen Krankenversicherungen Betreiber von Social Media (z.B. Twitter, facebook, Instagram) Betreiber von Lifestyle Apps (z.B. Runtastic) Betreiber von Online Shops (z.B. Amazon) Suchmaschinen (z.B. Google)	Likert: Würde Intensitäten abfragen (sehr spannend) Dem vertraue ich Voll und ganz Geht so Gar nicht

	H2 F3 **In welchem Zusammenhang geben Sie persönliche Daten aktiv preis?**	Wenn ich in den sozialen Medien wie z.B. facebook etwas schreibe (poste). Wenn ich Emails schreibe. Wenn ich Lifestyle Apps wie z.B. Runtastic oder Jawbone nutze. Wenn ich in Foren z. B. über meine Gesundheit /Krankheit schreibe. Wenn ich an Gewinnspielen teilnehme. Wenn ich im Internet einkaufen gehe oder mit meiner EC / Kreditkarte zahle. Wenn ich an Internetumfragen teilnehme. Wenn ich mich bei gemeinnützigen Organisationen wie z.B. Foodwatch oder Grennpeace bei Kampagnen registriere und daran teilnehme.		Mehrfachnennung
	H2 F4 **Open Data bedeutet die freie Verfügbar- und Nutzbarkeit von Daten. Sie beruht auf der Annahme, dass vorteilhafte Entwicklungen unterstützt werden, wenn Daten für jedermann frei zugänglich gemacht werden und damit mehr Transparenz und Zusammenarbeit ermöglichen.** **Wie stehen Sie zur Option „Open Data“? Sollte es das in Deutschland geben?**	Ja / Nein Wenn Ja	... nur für nicht persönliche Daten (z.B. technische Daten wie Drehzahlmoment eines Flugzeuglaufwerkes oder eines Automotors) ... nur für anonymisierte persönliche Daten, die keine Rückschlüsse auf meine Person zulassen ... für Gesundheitsdaten Lifestyleprodukten und Apps wie z.B. Runtastic oder Jawbone. ... für anonyme persönliche Daten in Bezug auf meine Krankheitsgeschichte. ... für Daten in Bezug auf mein Online-Kaufverhalten ... für solche Daten, wenn ich nach meinem Alter Geschlecht oder Postleitzahl gefragt werde.	Einmalnennung Mehrfachnennung

	H2 F5 **Durch die Möglichkeit heute sehr viele digitale Daten (auch persönliche Daten) über das Internet erheben zu können, zu speichern und zu verarbeiten ergeben sich bisher ungeahnte Vorteile für den Staat, die Wirtschaft und auch den Bürger. Wo sehen Sie diese Vorteile für sich?**	Ich sehe hier keine Vorteile. Ich fühle mich dadurch geschützter vor Kriminalität und Terror. Ich sehe hier Vorteile für mögliche finanzielle Einsparungen durch die Optimierung von Prozessen sowohl auf staatlicher wie auch privatwirtschaftlicher Seite. Ich sehe hier Vorteile in der Medizinischen Forschung zur Rettung von mehr Leben.		Mehrfachnennungen
H3 (Datenschutz) Das Bedürfnis nach Datenschutz hängt von demografischen Daten wie Alter, Bildung und Beruf ab.	**H3 F1** **Lesen Sie die AGBs (Allgemeine Geschäftsbedingungen) wenn Sie sich bei einem Onlinedienst einloggen oder eine App installieren?**	Ja / Nein		Einmalnennung
	H3 F2 **Was würde in Ihren Augen die Verständlichkeit von AGBs erleichtern?**	Userfreundliches „Layermodell“ (bei Unklarheit habe ich die Möglichkeit einer Vertiefung durch Ausklappen weiterer Texte am Bildschirm) Zusätzlicher einfacherer Text in Anlehnung an die jeweilige AGB		Mehrfachnennung
		auf einen Blick am Anfang die wichtigsten Punkte hinsichtlich der Verarbeitung persönlicher Daten hervorheben Gremium, das die AGBs hinsichtlich des Datenschutzes und deren Weiterverarbeitung beurteilt und ein für den User deutlich sichtbareres Pflichtsiegel vergibt (so wie bei Stiftung Warentest).		
	H3 F3 **Browser bieten die Möglichkeit sich gegen die automatisierte Installation von Cookies zu schützen durch eine Aktivierung bei den Voreinstellungen des Browsers. Nutzen Sie diesen browserbasierten Schutz?**	Ja / Nein		Einmalnennung
	H3 F3 **Wenn Nein, warum?**	Das ist mir technisch zu kompliziert. Dann kann ich zu viele interessante Onlineangebote gar nicht nutzen, denn diese machen eine Cookie-Installation zur Bedingung. Das interessiert mich nicht.		Mehrfachnennung
	H3 F4 **Folgende Datenschutzsiegel sind mir bekannt.**	DS-BvD-GDD-01 Schufa Datenschutzsiegel TÜV Datenschutzsiegel Dekra Datenschutzsiegel SSL Datenschutzsiegel Mich verwirrt die Vielfalt an Datenschutzsiegeln.		Mehrfachnennung